古代ローマ帝国の研究

古代ローマ帝国の研究

吉村忠典

岩波書店

著者の友であり師である

片岡輝夫氏に

拙い本書を捧げる

まえがき

本書は、やがて八〇歳を迎えようとする著者が、六〇年ほどのローマ史研究の生活を経たのちに脳裏に漂わせるに至ったローマ帝国の「かたち」、そして世界史の中でそれに与えられた運命にまつわる瞑想の一端を、いくつかの機会に公にした文章を並べることによって、みずから頭を整理しながら、可能なかぎり読者に伝えようとするものである。

本書の第一部はローマ史の専門家とは限らず、およそ高校程度以上の世界史の知識をもたれる人を広く読者として想定しており、最初の二章はいわば総論で、専門家に対しても、私にはローマ帝国はこのように見えるのだがどうだろうか、という、いわば賛同を求めようとする意味も含まれている。第三章は、一見アカデミックで読みにくいように見えるかもしれないが、ローマ史という専門領域には縛られないものである。「帝国」という概念に関してあまり知られていない、しかし基本的な事実を紹介しているので、読者がいささかの忍耐をもって読んでくださることを願っている。

これに対して第二部はむしろ西洋古代史の専門家を対象としている。しかし第五章はかつて岩波講座「世界歴史」に書いたもので、同講座の編集者の言葉を借りると、大学の一般教養のレベルを目指している。第六章は、著者が『支配の天才ローマ人』(三省堂、一九八一)を書いたときの史料解釈などの予備作業を後にまとめて西洋の学界に問うた論文の日本語版なので、日本の一般読者はこの拙著のほうを読んでくだされば十分である。

第三部は、文字どおり三つのケース・スタディーで、三章とも専門の論文であるが、第九章は一般読者をも頭においで書いたものである。

そして、「ローマ帝国」という支配の主体である「ローマ共和国」の内部を覗いた光景の一端を「付説」として加えた。ローマという国の政治組織は、いわば「政府」と「反政府」とをそっくりそのまま懐の中に抱きこんだ、わかりにくいものなので、少なくとも概説的な説明が必要と考えたからである。これは私が奉職していた湘南国際女子短期大学の学生との対話の中から生まれたものであるが、専門家に対してはいささか挑発的な内容になっている。

以上、諸論文の初出箇所などのデータは各論文の末尾に「付記」として示した。ここに転載したものは、初出のものに表記、文体などで若干変更を加えた場合があるが、論旨にかかわる変更は一切していない。これらの論文を本書に転載することを許可して下さった原出版社には深く感謝したい。

本書の編集にあたっては、私の身近な教え子である栗田伸子さん(東京学芸大学教授)に相談に乗っていただいた。たとえば本書第五章は、学園紛争のさなかに十分時間をかけることもなしに書き上げたもので、私が他のところで公にしたものとの重複も多く、本書には入れるつもりはなかったが、栗田さんの強い勧めに従って収録した。

こうして私は、これまでの私の論文の中から、私の力の及ぶ範囲では最も上出来だと思うものだけを選んで本書にまとめたわけだが、この私なりのアンソロジーは、誰よりも私の友であり師でもある片岡輝夫氏(東京大学名誉教授・ローマ法)に深甚な感謝をもって捧げられなければならない。半世紀にわたる氏の御教示と励ましなくして、私の学問はありえなかったからである。

さらに、奇しくも先年私が岩波新書『古代ローマ帝国』(一九九七)を出版したときにお世話になった岩波書店編集部の天野泰明氏が、今回もこの拙著の出版を担当して下さることになった。私の仕事をよく理解して下さる編集者のお世話になれたのは非常な幸いであった。

二〇〇三年早春

吉村忠典

目　次

II　古代ローマ帝国の「本質」をめぐって

I

諸「帝国」のなかのローマ帝国

第一章　ローマ帝国という名の国際社会

イギリスのホブズボームという学者は、「もし宇宙人が現時点の地球に現れたら、彼らが最も理解に苦しむ言葉の一つは《ネーション》だろう」という意味のことを言っている。逆に、ネーションのもとの形のナーティオ(natio)という言葉をつくりだした当人である古代ローマ人が今の世に生き返ったとしても、多かれ少なかれ同様の感想を抱くだろう。なぜなら、「ネーション」はラテン語のナーティオとは極めて異なった「政治的」な概念になってしまったからである。

ローマ人にとっては、ガリア人(ケルト人)もギリシャ人も、それぞれ多くのナーティオから成り立っていたが、にもかかわらず全体として一つの(単数の)ナーティオであった。さらに「属州人」というナーティオがあった。家畜にもナーティオのよいもの、悪いものがあった。紀元前一世紀のキケロは「ナーティオ」という名の、イタリアのローカルな女神の存在を伝えているが、これは「出産の女神」である。ナーティオとは、natura(英語の nature)、nativus(ネイティヴ)などと同様に、nasci(「生れる」、過去分詞は natus)から出た言葉で、「同じ場所、または同じ時に生れた者」を指すとされているが、実際の用語法としては、さらに、ストア派のナーティオ、選挙立候補者のナーティオという言い方すらあるから、その意味では、それはわれわれの言う「やから(族)」に若干似ている。したがって「ローマ人」を「ナーティオ」と呼ぶことも可能であるが、ローマ人は政治・外交の面では「ポプルス」の名で、あるいは「ポプルスと元老院」の名で行動する。「ポプルス」(集合名詞・単数)とは英語のpeopleの語源で、ローマが帝国を築いた時代には、ローマ市民権をもつ者の総体を指す。ここではむしろこの言葉を仮に「国民」と訳しておこう。

前一世紀のローマの政治家でもあり学者でもあったキケロは、「法についてのコンセンサスと共通の利害意識とによって集まった人々の集団が「ポプルス」であり、ポプルスの組織化されたものが「キウィタス」であり、ポプルスの《こと》が「レース・プーブリカ」だ」と言っているが、ローマ時代について、われわれが「国家」と訳しているラテン語が二つある。一つはレース・プーブリカ(res publica)であり、いま一つはキウィタス(civitas)である。

レース・プーブリカとは、ラテン語で「もの」、「こと」を意味するresと、ポプルスの形容詞女性形のpublicaから成るもので、「国民の《こと》」を意味する(日本の《こと》は日本人がやる、というような意味で)。たとえば、キケロの『レース・プーブリカ論』は日本語で『国家論』と訳されている。しかし、それは人間から抽象された、機構としての「国家」ではなく、即物的に、国民の、国民としての営みそのものを指す。したがって、紀元二一二年のいわゆる「カラカラ勅令」によってローマ帝国の殆どすべての住民がローマ市民権を与えられて法的にローマ国民になると、レース・プーブリカは「帝国民の《こと》」と同じことになる。レース・プーブリカは英語のrepublicの語源には違いないが、決して「共和国」という意味ではない。中世においても、神聖ローマ帝国はレース・プーブリカであった。

他方、キウィタスとは政治団体として組織された国民《ポプルス》の全体を指す。それは、本来は「領域」の意味を含まないが、領域のニュアンスで使われる場合にも、都会と農村を合わせた政治単位としての「都市」＝「くに」(いわゆる「都市国家」)を指す。キウィタスは英語のcityやフランス語のcitéなどの語源ではあるが、アウグスティーヌスの『神の国』は原語では『神のキウィタス』だし、のちにダンテが地獄の入口に見た言葉は、「我を過ぎれば苦悩のcittà」であった。cittàというイタリア語もキウィタスが訛ったものである。われわれがアメリカの「国民権」のことを「市民権」というのも、古来「都市」が「くに」であったところからきている。

キウィタスとしてのローマにおいて、現実に存在する都会としてのローマの主要部分をウルプス(urbs)という。ウルプスをここでは仮に「市域」と訳しておこう。これは英語のurban, urbane, sub-urbなどの語源で、ひろく都会を指すのに用いられるが、ローマ市の場合には特別の意味をもっている。それは一定の儀式によって設定された神聖な地区で(ただし「聖域」templumではない。ちなみに、ラテン語では、templumは「神殿」aedes sacraではない)、この「市域」と、その外側一マイルまでが、「内地」である。ポプルスの名における行為はすべて「市域」に起源をもった。例えば、高位の公職者がもつ「命令権」(後述)はこの中で付与され、ある期間(「内地」においてであれ、「外地」においてであれ)行使された後、またこの中で終結する。「市域」が最も厳密な意味での「ローマ」である。インペリウム・ローマーヌム(ローマン・エンパイア)というとき、ローマーヌム(ローマン)という形容詞のもとになる名詞「ローマ」は、つきつめればこれを指すであろう。

ローマ人は「諸外国」を総称するとき、しばしば「(ローマの)そとのナーティオたち」と言ったり、あるいは「ナーティオたち、ポプルスたち、キウィタスたち、王たち、土豪たち……」、などのように、必ずしも各概念がシャープに区別されていない言葉を羅列する。ヘレニズム時代以後の地中海世界東部はポリスの普及した世界であり、ポリスはラテン語ではキウィタスだが、ローマは多様をきわめた「諸外国」をその勢力下におくと、西方も含めて、これにローマ的なパターンにのっとった寡頭政的なキウィタスの形をとらせようとする。そのような諸キウィタスがローマというキウィタスないしポプルスの権力になびいている世界が、古典的なローマ帝国である。

したがって、現代語の「国家」にあたる観念はローマにはない。ローマ人が「法人」の観念をもたなかったことは、このことと関係があるだろう。

ラテン語で日本語の「公的」にあたる言葉を強いて求めれば、パブリックの語源であるプーブリクス(publicus)が思い当たる。しかしこれは上述のように「(ローマの)ポプルスの」という形容詞で、「ローマン・エンパイアの」とか「ローマ帝国民の」という意味はもたない。imperialis(「インペリアル」)という形容詞はあるが、これは事実上imperator(皇帝、emperor の語源)の形容詞になっている。「エンパイア」レベルでの「公的」を意味する形容詞をもたないことがローマ帝政時代の法学者の理論にも一定の影響を与えたことを、あるフランスの学者が示唆している。それは「皇帝所管国庫」(フィスクス)の問題、属州の土地に対するいわゆる「(皇帝またはローマ国民の)上級所有権」の問題、などの形で表れ、「エンパイア」に関することが、ローマ私法の主体である一ローマ市民としての皇帝、または「ローマ国民」という一つの国民と結びつけて考えられる。他方、プーブリクスが「ローマ国民」の形容詞であるため、地方の「都市」=「くに」の(例えば)国有財産や公有地は、ローマの支配下では本来はプーブリクスなものと称することができない。

ところで、個々の「ローマ国民」とは、ローマ市民権をもつ者を指し、それ以上でもそれ以下でもない。アウグストゥスによって平和と安定を得たローマン・エンパイアを称える記念碑的な叙事詩や歴史作品を残したウェルギリウスやリーウィウスは、北イタリアのケルト人の出であるし、同様な愛国詩を遺したホラティウスは「人種」不明の解放奴隷の子である。しかし、いずれも誇り高きローマ国民である(ホラティウスはローマ軍の高級将校を務めたことがある)。そればかりでなく、一世紀後半にアウグストゥス帝の家系が滅びた後のローマ皇帝は、初め中部イタリア、以後はスペイン、ガリア(現在のフランスを中心とする地方)、バルカン半島、北アフリカ、西南アジアの出身者を連ねた。三世紀の中頃、ローマが建国一千年の記念祝典を行なったとき、これを主催したローマ皇帝はアラビア人であった。これらの人々はすべてローマ市民権をもっていたから、れっきとしたローマ人であった。

ローマ人は奴隷を使用した。奴隷は海外から戦争捕虜や人身売買による「商品」としてイタリア・ローマに運ばれたが、都会の恵まれた奴隷は、わずかな年数だけ働けば貯めた金を主人に払って自由人になることができた。ローマでは、奴隷は正式に解放されるとただちにローマ市民権を得る。そして、その孫の代にもなればもはや「出生の汚点」のないローマ市民として、政治生活にも参加することができた。すでに前四世紀末に、出所の分からない解放奴隷の子で元老院議員になる者があったし、その後も出自不明の奴隷の子孫でローマ貴族になる者があった。帝政時代(一世紀中頃)には、おそらく非常な言いすぎではあろうが、元老院議員の大部分が奴隷の子孫だという発言まで、皇帝の周辺でなされている。したがって、すでに共和政時代の末期において、ローマ市に住むローマ市民の中で、血統の「純粋」なローマ人は極めてわずかなものになった。なお、最近の学界では、ローマ市民の嬰児遺棄が奴隷供給源の問題とからんで大きく取り上げられており(捨て子は拾われると奴隷になる)、しかも、とくに帝政時代において自家飼育の奴隷(奴隷同士を結婚させて子を産ませ、育てる)が増大するから、「外からの血」を従来ほど過大に評価することは避けた方がよいのかも知れないが、それにしても、決してそれは小さな数ではなかったはずである。少なくとも「ローマ国民」が、血筋からいうと極めて多種類のものを含んでいたことは確かである。

それに加えて、ローマの支配層は、外国の支配層に気前よくローマ市民権を与えた。大きくいって、共和政時代にはイタリア諸国の支配層、帝政時代には全エンパイアの支配層について、そのことが言える。これはローマ最古の時代からの伝統で、カエサルの属するユーリウス氏族も前七世紀にローマに迎え入れられた外来系の貴族である。その他、カトー、マリウス、キケロ、ポンペイウス、帝政時代の上記の諸皇帝など、外来系の者は極めて多く、およそ「純血を誇る」ローマ人など、貴族を含めてローマにはめったに見られない。ローマ社会には、外国人にローマ市民権を与えることに抵抗があったケースはあるが、近代のような意味での「人種問題」は存在する余地がなかった。もちろんこのことは、歴史上ローマだけに限った現象ではないだろうが、以下に述べるローマ権力の中枢部も、「血」を超越したものであることを頭においておいていただきたい。

ところで、エンパイア(empire)という英語は、ラテン語のインペリウム(imperium)が訛ったものである。ウェルギリウスの有名な詩句に、「ローマ人よ、汝はインペリウムをもって諸国民を支配することを記憶せよ」というのがある。

インペリウムとは元来、ローマの王(ローマは前六世紀の末まで王政であった)がもっていた軍指揮権を指し、これが共和政時代になってローマの最高長官たちに受け継がれ、軍指揮権のみにとどまらない至高の「命令権」になっていった。この権力が一定の手続きをへて、最高長官に期限つきで付与されるのである。最高長官は、共和政時代のごく初期から複数になる(詳しい点については諸説がある)。彼らには管轄領域が定められるが、この管轄領域から一歩外に出たからといって、その大権が失われるものではない。

インペリウムとはこのような「命令権」を意味し、また「命令」そのものをも意味したが、それからさらに転じて、空間的に、「ローマの命令の及ぶ範囲」の意味になった。これがエンパイアとしてのインペリウムである。ローマ帝国(ローマン・エンパイア)のことを「ローマのインペリウム」という。

ところが、少なくとも一般の理解では、「命令」および「命令権」としてのインペリウムは「法的」なもので、その行使が有効であり、法的拘束力をもつ特定の範囲(例えば集団や地域)があるもの、と何となく理解されているが(モムゼン(一九〇三年没、ノーベル賞受賞者)ほどの大家でもこの点は曖昧である)、他方、「命令の及ぶ空間」であるはずの、エンパイアとしてのインペリウムは、概念として極めてゆるやかな、法的な厳密性を欠いたもの、法的用語というよりもむしろ政治用語と理解されている。

すなわち一方では、「命令権」を帯びた将軍が麾下の兵士に下す「命令」が最も典型的な、テクニカルな「命令」であると考えられている。しかし他方、例えば、ローマ当局者、すなわち、いわゆる「命令権保持者」や元老院は、前二世紀にもなると、外国の王(ローマと並ぶ大国であるエジプト王国やシリア王国の王、その他)に「命令」を下す。さしあたり当時の力関係からいって、ローマはこれらの王たちを服従させることができる。しかし、これらの王は、まさにローマにとっての「外国」の王であり、ローマに何かを命令される「筋合い」がないし、ローマ側も彼らに「命令」しうる「法的根拠」をもたないから、これはノン・テクニカルな「命令」だ、と断ぜられる。しかも、およそ元老院は単なる諮問機関であって、誰にも「命令」を下す権能をもたないと理解されているところから、元老院の「命令」そのものがノン・テクニカルなものだと考えられている(モムゼンは、史料にそのような使い方が出てくるにもかかわらず、これを「命令」という言葉の「乱用」だとすら言っている)。

つまりそこでは、近代人のドグマの色に染められた一定の「法的」構成が前提されており、「法的根拠」のないインペリウムはノン・テクニカルなインペリウムだ、とされるわけである。したがってまた、このような「命令」の行なわれる範囲としての、つまりエンパイアとしてのインペリウムも、ノン・テクニカルな、むしろ政治的な用語法とされるわけである。

しかしながら、ローマ人自身は「テクニカル」な命令権と「ノン・テクニカル」な命令権との区別を知らず、共和政時代のカエサルやキケロのような政治面でのローマ最高の指導者たちばかりでなく、アウグストゥス時代の歴史家リーウィウスのように故事に詳しい学者すら、そのような区別には無頓着にこの言葉を使っている。

ローマ人が、一九世紀以来の学者たちが考えたような意味での「法的」な「命令権そのもの」を知っていたかどうかは疑問である。普通、ローマ史の研究において、「法的権力」と「法律外的(extra-legal な)権力」とが区別され、「パトロネージ関係」(一種の親分＝子分的関係)が後者の代表的なものとされて、前者から範疇的に区別されている。「制度的」な支配と「制度外的」な支配、といってもいい。「法的」には対等であるはずの人間同士が、「事実上」支配する者と支配される者との関係にある、というのが「法律外的」権力による支配だとされる(われわれの社会でも、「法的」、「制度的」に対等でありながら「頭の上がらない」人間はいる)。

しかし私見では、このような「制度的なもの」と「制度外的なもの」、「法的権力」と「法律外的権力」という区別は、ローマ人の発想とは無縁のものである。共和政時代から帝政時代初期にかけて、「誰々の命令権について」のように命令権の運用を定めた法律はあるが、「インペリウム」の理論的な概念内容については、共和政時代・帝政初期の学者の著述にも、はっきりした記述は見られず、ましてや即物的な一般のローマ人が、命令権の「本質論」について思いめぐらしたとは想像しにくい。ローマ人は、法律学の分野においてさえ、概念規定が苦手であったことも指摘されている。超越的な「命令権そのもの」はある。その起源は謎に包まれているが、それは必ずしも近代的な意味での純粋に「法的」なものではなく、例えば宗教的、呪術的なものだったかもしれない。しかし、それがある人格に付与されるとき、その人格は単に「国家利益」に仕える「法的権力」の執行者になる、というのではなく、「私人から公人へ」と性質を変えるわけでもなく、その人格は厳として生きている。「命令権」は人格をトータルに強めるのである。「命令権保持者」は「法的権力」のロボットではなく、より高められた人格である。彼の「命令」は、テクニカルかノン・テクニカルかという区別を必要としない「命令」そのものである。彼がエジプト王に「命令」を下すとき、彼は、ローマ人の観念では、「命令を下しうる人間」なのである。主権国家相互間の国際関係などという近代的な発想はない。現実に相手がそれに従うか否かは、その場合場合の力関係の問題である。

だから、一つの地域を管轄領域として委ねられた「命令権保持者」は、われわれ近代人がイメージするような「官僚」とは非常に異なったものである。彼は、ある種のカリスマを具えたものとして、戦地であれば軍を率いて、しかし平和な地域であればほんの一握りのスタッフを伴って任地に現れ、その「社会」に入りこむが、そこで彼と現地人との関係は、人格的な信頼や憎しみで彩られ、誠実があり打算があり、人間関係の万華鏡がくりひろげられる。それだけに彼は、その言動を虎視眈々とうかがう故国ローマの政敵によって足をすくわれる機会も多い。一つには、地方上層民には、すでに在ローマの有力政治家と結びついている人がいる場合もあるからである。しかしその間、彼は現地社会のエリート（王侯・族長や「名望家」——ローマが極めて多様な世界を支配したことは忘れてはならない）の中に一群の「友人」をつくる。現地のエリートにとっても、ローマ有力者とのコネは、あらゆる意味で大切だった。しかも時には、このようなエリートがローマ市民権を与えられて、ローマの支配者集団の仲間入りをする。

したがって、「命令権保持者」としての任期が切れてからも、支配者とその恩恵を受けた被支配者の間にひとたび結ばれた人間関係は後々まで残り、子孫にまで伝えられる。普通、この人間関係はパトロキニウムと呼ばれる。いわば、「パトロネージ関係」のローマ的なあり方である。「命令権保持者」の行動半径が広いほど、パトロキニウムの範囲も広くなる。有名な大スキピオは、第二次ポエニ戦争中のある時期に命令権をもってスペインを管轄したが、彼のパトロキニウムは今のマグリブ地方にまで広がった。

こうして、ローマの政治家たち(貴族)の「息のかかった」人々に支配される世界が現実のローマ帝国であり、そこでは、ローマの軍事力を支えるものとして、いざというときに各地の指導者層が兵士を率いてローマ人の援助に馳せ参ずる体制ができあがっていた。もちろん、物資の提供も要求しえた。つまり、政治的にも軍事的にも、地中海周辺諸社会のエッセンスを握っていると自負しえたところに、ローマの強さが——言うなればローマ権力の実質が——あった。「エッセンス」の方でも、ローマがあっての「エッセンス」であること、つまりエリートでありつづけうることを知っていた。すでに前二世紀から、トップ・クラスのローマ貴族は、広大な勢力圏をもって他の貴族を抜きん出るようになった。帝政時代になると、この「エッセンス」は皇帝の手に握られるようになるが、彼らエリート層は次第にローマ市民権を与えられて、ローマ国民の上層部を形成するようになる。しかし、かといって故国の市民権を失うわけではないから、彼らは二重国籍をもつことになる。近代にたとえて言うならば、インドのマハーラージャーはもとより、オーストラリアのアボリジニ系の首長であろうと、ブラック・アフリカのバントゥー系の首長であろうと、もしそれらの人がイギリス文化を身につけていれば、イギリスの伯爵・侯爵になり、そのある者が「皇帝」にすらなるに等しい。ローマ貴族になるためには特別の富が必要であったが、皇帝は、欲するならば、これと思う者に必要な富を贈与して貴族にとりたてることができたし、実際にそのような例も少なくない。

だから、あえて近代的な言葉を使うならば、一つの「国家」というよりも「国際社会」のある特殊なあり方が古典時代のローマ帝国の本質である。しかも、キウィタスが本来、地域を表す言葉ではなく、ある種の社会関係を表す言葉であったように、インペリウムも本来は、支配・被支配という社会関係そのものを意味し、二次的にその社会関係で蔽われる「地域」を指すようになった。そのような用例は前一世紀には確認できる。しかもローマ人は、彼らの知っている限りの「全世界」がローマ帝国――つまりローマの「命令」を実行するはずの世界――だと考えるようになった。アウグストゥス帝も公式の文章の中でそう書いており、具体的には南ロシアやインドまで彼の勢力下にあったように述べ、詩人ともなると、さらに中国までローマの勢力下にあったように言っている。こうなると、ローマ帝国とは支配者がローマ帝国だと思っているものを指すのであり、その意味で、ローマ帝国とは一つの「幻想」であり、実効ある支配とは一致しない。これに対し、ローマ人が多少とも実効をもって支配している地域(たとえば貢納を徴収するなど)について、あるイギリスの学者が推定したところによると、ローマに帝政が成立した当時、全帝国民男女の総人口は五~六〇〇〇万、うち支配国民であるローマ人は五〇〇万前後、そのうち海外(イタリアの外)に住むローマ国民は一二〇万いたという。

ところで、ローマ権力が地中海世界のエリートと肩を組んだということは、エンパイアの成立したときから――それはポリュビオス(前二世紀の歴史家)によれば前二世紀の前半から、ということになるが――この世界の一般大衆の側に暗い「悲惨」が制度化されていた、ということを意味し、また人々の悲惨を逆手にとってローマのエンパイアに挑戦する内外の敵を勇気づけた、ということを意味した。そのような状況下で、軍指揮権(=「命令権」)の保持者は数が増大し、しばしば十数人、共和政時代最末期には何十人という数にすら達した。彼らが広大な空間に分散して、めいめいに「至上権」を行使して功を競い合い――しかも重大な軍事行動に際しては彼らの管轄領域や兵力はますます大規模なものになる――、かつ、国内での主導権をめぐって互いに争うと、それはもはやアナーキーであった。ローマのアナーキーは、地中海世界のアナーキーに他ならなかった。このアナーキーを克服する原理が必要であった。かつては元老院という集団の「集団指導体制」がよく機能していた。しかし、共和政時代の末期には、元老院はもはや支離滅裂であった。そのような中で、カエサルやアウグストゥスがそれぞれの仕方で最終的にリーダーシップを確立しようとし、カエサルが躓き、アウグストゥスが成功したことは周知のとおりである。アナーキー・内乱という、目に見えるものを克服したのはアウグストゥスの功績であり、ウェルギリウスらが讃美してやまなかったのは、何よりもこの目に見える「平和」であった。「このレジャーを私たちに与えてくれた人(アウグストゥス)は、神様なのだ」、と彼は歌う。

しかし、ひとたびリーダーシップが確立されると、それは独り歩きをするようになる。ウェルギリウス(前一九年没)の晩年の一〇年間、そしてそれ以後、ローマの帝権は、ウェルギリウスが想像もしなかっただろうような展開をとげ、古代末期には、少なくとも支配者の理念としては、帝国は――古典的な帝国とは異なり――皇帝を頂点としてエンパイアを一元的に支配する官僚制の国家になり、「くに」であった諸キウィタスも文字どおり「帝国都市」になってしまう。

すなわち、紀元三〇〇年前後から、ディオクレティアーヌス帝、コンスタンティーヌス帝によって、ローマ帝国の性格が大きく変えられたことはよく知られている。しかし、それは突然の変化ではなかった。それを用意したものはいろいろあるが、例えばカラカラ帝(三世紀前半。帝の父は今のリビア、母はシリアの出身である)の二つの重要な施政がある。一つは、上にも触れたが、ほとんど全エンパイアの住民にローマ市民権が付与されたことである。これによって、「支配国民」としてのローマ国民は存在しなくなり、帝国民は一様に皇帝の臣民になった。今一つは、「市域」が廃止されたことである。これによって、ローマン・エンパイアの主体である「本来の」ローマが消滅し、「任意の」ローマが存在しうることになった。果たして、後に、ローマ帝国の首都はコンスタンティノープルに遷され、これが「第二のローマ」と考えられるようになる。

しかし他方、あるイギリスの学者が指摘しているように、前五九年にカエサルが制定したエンパイア統治を規制する法——これは前二世紀以来の同種類の法の延長線上にあるものだが——は、帝政時代に入ってからも、元老院決議や皇帝たちの勅令や「解釈」によって修正を加えられながら、六世紀のユスティニアーヌス帝の時代に至るまで、エンパイア統治の基本法でありつづけた。その限りでは、エンパイアのあり方は共和政後期、帝政期を通じて六〇〇年の間、基本的には変らなかったことになる。この法の規制の対象は、総督などの統治者と現地人とのさまざまな人間関係、とくに贈与・収賄の関係である。いつの時代にもローマ「当局者」は、しばしばドロドロとした現地の社会関係の真只中にあった。

もはや与えられた紙数をかなり超過しているので、ローマ世界の文化の面に触れることはできないが、上記との関連でのみ若干付言するならば、支配者＝貴族は富において他にまさる人々であった。それは当時の人にとって至極当然のことであり、反乱を起こす貧乏人もそのことを弁えていた。エンパイアを支配するポプルスとは、実際にはポプルスの中の富裕な部分にすぎなかった。人種差別を知らないローマ人は、富によって人を差別する。富者にとって、貧者は「国民の滓《かす》」である。富裕な者は(少なくともキリスト教以前には)貧者に対して同情も「うしろめたさ」も感じない。「わたしは俗っぽい民衆を嫌悪し、これを避ける」と詩人ホラティウスは言う。ローマ人はわれわれから見ればひどく冷酷である。哲人皇帝マルクス・アウレリウスすら、剣闘士奴隷が互いに殺し合い、身分の低い罪人が多数の観客の前で生きたまま猛獣に喰われる見世物を見て、「退屈した」。その意味で、ローマ世界は、ある面では「普遍性」の権化のようなものであったが、他の面ではまことに「普遍性」の理念に反する世界であった。

〔付　記〕

本稿は『国際交流』第一六巻一号(通巻六一号、国際交流基金、一九九三年四月)に掲載された。

第二章　ローマ帝国と「帝国主義の時代」

西洋人が歴史的にエンパイアと呼んできたものには二つのタイプがあり、それぞれ古代ローマ帝国の歴史の初めに出てくるものと、終わりに出てくるものがモデルになっている。本稿ではその前者、初めに出てくる方を、近代のエンパイアおよびエンパイア・イズム（＝インペリアリズム）との関係を考えながら問題にしてみたい。このテーマは「ローマ理念」という、極めてむずかしい問題とも関係があるが、西欧および東欧の中世の「ローマ理念」について、私は詳しいことを語る資格がなく、ごく一般的なことだけにしか触れられないことを初めにお断りしておかなければならない。

さて、ただ一人の超越的な専制君主である「皇帝」に支配される古代末期のローマ帝国に対し、「帝国」を築き上げた時期の古代ローマは、まだ皇帝というものの存在しない共和政の国家であった。そして、共和時代が終わりを告げる以前に、もはやローマの「帝国」支配は完全に不動のものとなっており、ローマ人はこれをインペリウム・ローマーヌム、すなわちローマン・エンパイアと呼んでいた。そこでは、社会の一部少数者が大多数の者を操作することによって「国民」（ポプルス（英語のピープルの語源）を一応こう呼んでおく）の立場をわがものとして、他の

「国」々の民を支配する、という形でエンパイアがあったのだが、主体はフィクティヴにせよ、あくまで「国民」だったのであり、(事実上寡頭政的な)「共和政」が支配の主体にとって本質的であった。そして、アウグストゥス以後の帝政期はむしろこの帝国を維持し収奪するための体制を整備してゆく時期であるが、アウグストゥスの「帝政」は「共和政治」の復興であることを、少なくともスローガンとしていた。その頃から共和政は時とともにますます幻想に過ぎぬものとなってゆくが、共和的なものがある限り、それは《古典的》な「帝国」だ、ということができよう。なぜなら、それは、いわゆるローマの古典文化が創られた時代のローマ帝国のあり方だと言えるからである。それはすべて、一定の「自由」という概念を、ローマ人が内に向かっても外に向かっても、合言葉のように使った時代である。プロレタリア(これは本来、貧困な市民を表すローマ制度史上の用語である)すら、ローマ市近辺に住む限り、「支配国民」として一定の特権にあずかった。彼らは操作の対象としてとくに大きな存在であるが、やはり帝国支配のおこぼれにあずかる「プロレタリア貴族」であった。

ところで、近代において、一八七〇年代から第一次世界大戦頃にかけての、いわゆる「帝国主義」の時代――この時代を近代史の専門家はとくに「古典的帝国主義の時代」と呼ぶようであるが――には支配者として、イギリス、フランスその他、自由主義・民主主義の洗礼を受けた国民国家としての君主国・共和国があったことは言うまでもない。それらの国の帝国主義者は、まさにそのころ澎湃として起こったナショナリズムの波に乗り、empire and colonial conquest というキャッチフレーズで民衆の国家に対する忠誠心をエモーショナルに掻きたてたという。例えば、一九〇二年のイギリスのエドワード七世の戴冠式は、the recognition, by a free democracy, of a hereditary crown, as a symbol of the world-wide dominion of their race として讃美されたという(Hobsbawm, The Age of Empire (1988), p. 70)。つまり、ここでも自由な「国民」が主役を割り当てられた者として登場する。ローマ古典期の文人は「自由」(libertas)を享受するローマ「国民」がもろもろの民に対して「支配権」をもつ、という意味のことをさかんに言うが、ローマ古典の教養の普及した近代の西洋にはこれをローマから受け取って現実の上で「再生」させる条件があった、あるいは、王や皇帝のいるところでは、その中世的な権威に古典的なローマ帝国支配者の権威をミックスして補強することができた、ラテン語のインペリウムおよび古典ローマのエンパイアに発する「帝国主義」という発想が西洋のあの時代に生じたことには何らかの必然性があった、と言いうるであろう(なお、近代の帝国主義をレーニンは経済構造の分析を中心に説明したが、いずれにしても、当事者たちがあえて「帝国」「帝国主義」という言葉を使ったのは、そこにまず政治の問題としての「帝国支配」があったからであろう。ローマ史を学ぶ者としては、このような政治的なものとしての「帝国」(ないし帝国イデオロギー)についてしかコメントできない)。

さて、周知のように、最古のローマは紀元前六世紀末期まで王政であったと伝えられる。ローマ市民が前六世紀の末に王を駆逐することによって獲得した「共和政」の「自由」は貴族だけの自由であった。その後のローマのいわゆる「民主化」もその点では事態をさほど変えず、ローマの貧民よりもむしろ外からローマに移り住んだ外来系の富裕者・権力者がローマ市民権を得てローマ貴族となり、この自由の恩恵を受けた。そのような中で、イタリアという比較的均質な世界の富裕者・権力者をよりすぐったものとして、ローマの中枢権力が形成されてゆく。それは、言うなれば帝国支配者となるローマ権力の本源的蓄積の時期であり、これによってローマ権力は、ローマとは異質のさまざまな社会形態をもつ地中海世界全体を支配する実力をそなえるに至った。そして、こうして形成されたローマ権力の中枢にあるほんの数十家族の人たちは、本当の意味での「ローマ完全市民」であり、これに対し、ローマに移ったイタリアの権力者たちの故郷であるイタリア各国が、前一世紀まではローマにとって「外国」であったばかりでなく、本来のローマ市民(国民)も大部分はほとんど政治権力にあずからず、ただ支配者に「ローマ国民」の名を僭称することを許すためにいわば飴を与えられていたか、さもなければ、完全に無視されていた。ローマには何種類かの民会があり、そこに全市民が集まって法案を審議したり、人民裁判をやったように思っている人がいるが、現実には民衆はそのような主体的な性格はもっていない。民会に集まったのはせいぜい全市民の数パーセントに過ぎない[1]。それでもローマ人は自分たちが「自由な共和政国家」の国民であると思い込んでいた、少なくとも思い込まされていた。

こういうものとしての、いわばフィクティヴなローマ「国民」が地中海帝国の主人公となるのである。ローマ「当局」は、外国に対するとき、正式の名称を「ローマの国民《ポプルス》と元老院」と称した。他方、近代の「列強」の世界では民主主義が進展して「自由」が合言葉となり、君主国でも立憲君主制が普及する。ここでも、この「自由」がフィクションを含んでいたことは社会主義運動などがつねに主張したところである。近代の自由はローマ時代の自由とは異なって、下層階級を政治的に目覚めさせるが、政治的に目覚めた近代プロレタリアも、一九世紀末・二〇世紀初めには、植民地支配から利益を得る「支配国民」であることに満足していた。その限り、彼らは自由な「国民」として、「帝国」の主人であることを誇りに思っていた。ローマでも近代でも、この誇りが国内の矛盾に対する民衆の感覚を麻痺させるのに一定の役割を果たした。二〇世紀の初めになっても労働者の間で一般にナショナリズムの方がインターナショナリズムより強かったことは、第一次世界大戦が始まった一九一四年の八月が示した、ということもしばしば指摘されている。近代のいわゆる「古典的帝国主義」の時代には、社会主義運動の中でも、反植民地主義はまだ揺籃期にしかなかったと言われる。そして皇帝のいるドイツや帝政期のフランスばかりでなく、第三共和制のフランスもアメリカも、皇帝はいなくとも「帝国主義」国として事態は同じであった。

近代と同様ローマの場合にも、実は支配者ローマは一応「国民」であってよいが、支配される側は本来じつにさまざまな形の集団である。エトノス(ethnos)というギリシャ語(エスニックの語源)も、ネーションの語源であるラテン語のnatioも、このような文脈の中で古典の史料に頻繁に出てくる。これらが政治体である場合にはそれを国《くに》と呼んでも悪くないであろうし、さらに帝政期の最初からローマ権力はこれを自分たちが観念するような(寡頭政的な)「国」(civitas)として摑もうとするが、キウィタスは後に訛って英語のcityになる言葉で、教科書などでローマが地中海世界を「都市化」した、というのは、このことと関係がある。これは、ある点では、近代世界が「国民国家」群に変容させられたことにも比せられる側面をもっているが、それがどこまで貫徹されたかについては、各地域ごとに丹念に見てゆかなければならない。

ところで、近代の西欧人が創り出した概念に「主権」という概念がある。これもむずかしい問題で、素人が簡単に論じてよい問題ではないのだが、少なくとも私が専門家にうかがって理解したところでは、「主権」という概念ははじめ主として対内主権(つまり「人民主権」とか「君主主権」とか)の意味で使われ、それがやがて国際関係にも応用されて、一八世紀になると「主権国家」、「独立国」という概念が確立したとのことである。しかし「国家主権」の観念はやがて独り歩きをするようになったようで、現在の学者は、帝国主義国がある地域を事実上経済的には支配していても、政治面で「主権」と呼ばれるものさえ相手から奪わなければ、これを「非公式帝国」(informal empire)と呼び、相手国の主権を接収してこれを自国の「領土」にしてしまうと、これを「公式帝国」(formal empire)と呼ぶ。近代の「古典的帝国主義」の時代は、アフリカの分割などにも見られるように、まさに「公式帝国」の時代であった。これに対し、古代人は主権の観念を知らないから、支配が公式であるか非公式であるか、の区別はなく、すべてはローマ権力からみれば「ローマ帝国」であったし、支配される方も「主権を喪失した」というふうには考えない。したがって、古代ローマ帝国とは、われわれの言う「国家」とはかなり違ったものである。いわば、国際社会のある特殊なあり方が、ローマ側から見た場合に、そのままローマ帝国になるのである。

ローマ権力は外国に対する「支配」を、さしあたり「(相手がローマの)言うことを聞く(dicto audientes esse)ようにする」という言葉で表し、あるいは、相手に「ローマ人の命令を実行(imperata facere)させる」という表現を使うが、この場合、命令とは、「筋合い」(「命令」しうる筋合い、「実行」すべき筋合い)という「法的」な観念のない、事実としての強制で、いろいろな社会関係・人間関係・力関係によって、強弱のむらはあれ、そういうことが成り立つ「場」ができている、ということである。この「場」の輪郭ははっきりせず、周辺はぼやけているが、これがローマ人が考えたimperium Romanum＝Roman Empireそのものである。(2) およそ古代には国家の「国家性」が稀薄であるとか、「国家」がまだ「社会」から十分に分離していないとか言われるが、帝国の「帝国性」(帝国としての構造・組織・その浸透度)も稀薄であって、なまの人間関係、社会関係、国際関係、力関係がそのまま「帝国」になる。「公式帝国」と「非公式帝国」が未分化だというのは、そういうことだとも言えよう。そしてローマにとって、はるか彼方のパルティアとかペルシャを除いてライヴァルが存在しなくなると、このインペリウム・ローマーヌムがそのまま「世界」としてイメージされる。しかし、いわゆる「世界帝国」は、決してインペリウム・ローマーヌムの本来的な属性ではない。例えばポンペイウスはインペリウム・ローマーヌムを「拡大した」と賞讃される。およそ「インペリウムの拡大」とはローマ人が好んで使う表現である。したがって、拡大する以前にすでにインペリウム(＝エンパイア)は存在したのである。また、アレクサンダー大王に心酔した一部の将軍を別とすると、ローマ人がいわゆる「世界帝国」を積極的につくろうと欲した、と考える根拠もない。ローマ人はそのようなファンタジーによって動く国民ではない。エンパイアが「世界帝国」でなければならない、というのは、それがキリスト教という「普遍宗教」と結びついてから生じた観念であろうと思われる。この結びつきのない古典時代には、エンパイアとはローマというひとつの国が支配している範囲、ないしは支配していると信じている範囲を指すに過ぎない。ローマ人がそれを「世界」と呼んでも、それは目に見える範囲の全体を指すのであって、見えない部分のことは問わないのである。そこまでファンタジーを働かせないのである。(3)

同時に他方では、ローマ権力は諸「国」に「自由」(自治)を認め、その「パトロン」であると自称する。パトローヌスというラテン語はpater(父)という言葉から出ているが、父といっても生物学的な父親ではなく、家父長を指す。ローマの家父長権の強烈さは有名で、本来、家父長は自分の妻や子供を殺すことも、奴隷として売ることもできた。したがって、ローマのパトローヌスは、「優しい父親のように守ってくれる人」という、英語のpatronという言葉が連想させるような温かい側面ばかりでなく、非常に権力的な側面ももっていた(その意味では、実は片仮名でパトロンという表現を使うとき、すでにローマのパトローヌスのイメージは歪んでいるが、ここでは仮にこの言葉を使っておく)。ローマ社会でパトロン関係のもつ重要性はすでに一九世紀から指摘されているが、ローマでは一般市民が為政者たちに操作されていた、と言うとき、その操作の手段としてパトロネージがあった。そして、一つの国民の国際関係のイメージは国内関係のイメージの投影である場合が多く、ローマ人も国際関係をこのようなパトロン関係で理解したのである。ただ、この「国際関係」を、近代国家の相互関係のように「国家レベルでの関係」というふうに狭くとってはならない。スペイン、シチリア、エジプトのような広大な地域の住民が一個人としてのローマの有力政治家をパトロンと仰いで、その権威に服する、というたぐいの関係も含むのである。そして、地中海世界のパトロンとしてのローマ人は、自己の利益に反する存在があると、これを文字どおり「つぶして」しまう。カルタゴなど、そのようにしてつぶされた国の例である。「ジェノサイド」はローマ史では珍しいことではない。新約聖書で有名なコリントも、ローマ権力に忠実なクライエントであったが、前二世紀の中頃、たまたまローマに無理難題を突きつけられ、それに逆らったためにジェノサイドの対象とされた。したがって、カルタゴも第三次ポエニ戦争でローマに滅ぼされる前から、前二世紀のローマ人の観念によれば、ローマン・エンパイアの中にあったのである。

その観点からもう一度パトロネージに話を戻すと、ローマのパトロネージは人間と人間との「信義」(fides)による結びつきだと言われるが、すでにギリシャ人がローマ人の言う信義《フィデス》を理解できなかったと伝えられている(吉村忠典『支配の天才ローマ人』三省堂、一九八一、一五四頁)。したがってギリシャ人は、われわれが片仮名で「パトロン」と書くように、ラテン語の音をギリシャ文字で写して「パトローン」という言葉を使った。このことはギリシャ人がローマ人とあい対したとき、ギリシャにはもともとない、新しい「パトローン」との関係に立たされたことを意味する。また、有名なカエサルの『ガリア戦記』にクリエンテスという表現が何回も出てくるが、ガリア人社会のクリエンテスとは一体何なのか、これまた正確には摑みがたい。ローマ権力はさまざまな人間関係、社会関係、力関係によってそのエンパイアを維持した、と述べたが、ローマともろもろの「国」との関係は、多くの微妙に腑分けをしてゆかなければならない難問を含んでいるのである(本書の第六章、とくにその注(17)を参照)。すなわち、それぞれの「国」がその内部にもともともっている固有のパトロネージ関係、それに対するローマのインパクト、そして、それらとローマとの間のいわば国際的なパトロネージ関係、などを緻密に検討してゆかなければならないのである。パトロンとクライエントがあった、というのは、親分と子分がいた、というのと同じで、どこにでも見られることである。ローマ権力は、上にギリシャの例で見たように、ある程度、力関係によって、その固有のパトロネージ観念を相手に押しつけうる立場にあったが、現地社会がローマのエンパイアの中に取り込まれ、しかも現地の支配層がローマの支配層と結びついてゆく過程では、これらすべての次元でのパトロネージの性格が問題になる。そしてこの、現地支配層とローマ支配層の結びつきこそ、ローマの「命令」がそれぞれの「国」に伝達され「実行」されてゆくための重要な回路になるのであり、ひろく各「国」を帝国権力に媒介することになるが、近代帝国主義の世界にも、ある程度これに似た現象はあるのではないであろうか。

こうして、本稿にいうローマの「古典的」エンパイアは、ローマ人という「国民《ポプルス》」による他の「国」々の支配であった。だがそれは、もともと虚構を含み、「虚構」がすっかり顕在化したときには、もはや性格の違ったインターナショナルなエンパイアになってしまう。すなわち、古典期のローマでは、前述のように、現実には、支配しているはずの国(ローマ)の中のほんの少数の寡頭支配者が支配しているだけで、大多数の国民は支配される立場にあり、それがあたかも「支配国民」であるかのように思い込まされ、操作されていたにすぎない。しかも逆に、支配されている国々のエリートの多くは早くからローマ権力と結びつき、その中のある者はローマ文化を受け入れ、ローマ市民権を得て、少数のローマ支配者の仲間入りをした。帝政期に入る頃からローマ市民権はエンパイアの中に急速にひろがり、こうして市民権を得た者の中のトップ・クラスの者が、二世紀以後はローマの帝位にすらどんどんつく。近代に喩えて言うならば、インドのマハーラージャーがイギリスの貴族になり、あるいはアフリカ人のサモリ・トゥーレがパリに入城してフランス共和国の大統領となる、というのに似ている。ローマには近代の白人優越観に相当するようなものは、本質的には存在しない。したがって、帝国支配によって利益を得たのは、実はローマの国民そのものではなく、インターナショナルな帝国支配層である。そして、紀元二一二年にはカラカラ勅令が出て、全ローマ世界の自由人がローマ国民になるが、やがては全地中海世界に広がるローマ「国民」の大部分が、農奴のような存在になり、イタリアを含む帝国全体の住民が一様に皇帝の「臣民」になり、ローマ支配下の「国」々も単なる「帝国都市」になる。つまり、古代ローマの世界「帝国」は、《(ローマ人という)一つの「国民《ポプルス》」による他の「国」々(しかも大部分はローマと異質の国々)に対する支配》(いちおう紀元前二世紀前半以後)から《一人の超越者(皇帝)による普遍的支配》(紀元後四世紀以後)へと大きくうねっているのである。その中間にあるポンペイウス、アウグストゥス、ハドリアヌスなどは、「帝国」の歴史の大きな「うねり」の軌跡を示すものであろうし、エンパイアがキリスト教という普遍宗教と結びついて普遍帝国の理念を生んだのはその完成を意味するであろう。

ところで、古代末期のローマ皇帝の専制政治では、具体的な制度やイデオロギーの面で、エジプトやペルシャの影響が非常に顕著になる。その意味では、古代末期からビザンツ、神聖ローマ帝国、と受け継がれてゆく方の《ローマ理念》は、むしろオリエント系のイデオロギーだと考えた方がよさそうである。宗教と結びついた《一人の超越者》による普遍的支配は、すでに古代エジプトから立派に存在した。他方、近代の「古典的」帝国主義は、神聖ローマ帝国に比べてはるかに「世俗的」であるが、キリスト教以前の「共和的な」ローマ帝国も基本的に「世俗的」である。もちろん、古代人の伝統や迷信からの解放度は近代とはまったく違う。しかし、古典時代のギリシャ・ローマには、古代オリエントのような神権政治(セオクラシー)の伝統はない。こうして、《一人の超越者》に率いられた《普遍的》な支配としての「帝国」という言葉は歴史上の多くの世界(少なくとも「普遍宗教」を知っている世界)について使える場合があることになるが、これに対して、普遍宗教の呪縛から解放された近代の世俗的な帝国主義(「古典的帝国主義」)は、直接にローマの《古典的エンパイア》につながるようである。というよりも、それがローマの《古典的エンパイア》のまさに「近代西欧」的な受け継がれ方だったと言えよう。「帝国主義」という言葉が一九世紀後半からという特定の時代について使われていることには意味があると言えよう。ルネッサンス頃には、中世の「神聖ローマ帝国」の実体はもう空洞化していたようであるが、エンパイアのルネッサンス(「古典」復興)はようやく一九世紀後半に訪れた、ということになる。もちろん、それを用意したものとして、政治史だけを見ても、西洋中世以来の王権の発達、近世における市民革命や国民国家の成立などがあり、他方、いわゆる大航海時代がある。

大航海時代以後、海外に広大な植民地を築いた西欧諸国が、どこかの時点で、自分の支配領域を、本国と植民地を合わせて「帝国」と呼んだかどうか、私は正確には調べていない。仮にそう呼んだとしても、「国民」が支配の主体である古典期ローマのエンパイアに対応するようなエンパイアは、近代では、国民主義の発達した一九世紀後半にならなければ再生しなかったのではないか。それはまさに「帝国主義」という言葉が出現する時代である。前二世紀のローマ帝国が紀元後四世紀のローマ帝国に変わるのが大きな「うねり」であったように、神聖ローマ帝国から近代の「古典的帝国主義」のエンパイアへの変化も、さまざまな段階をへた大きな「うねり」だったのであろう。

「神に油を塗られた者」としての「皇帝」の観念、したがって中世的な「帝国」の観念が、ハプスブルク帝国、ロマノフ帝国という形で、第一次世界大戦の時代に至るまで西洋人の意識の中にあったことは厳然たる事実である。しかし同時に、皇帝のいないアメリカや第三共和制のフランスにインペリアリズム、すなわちエンパイア・イズムという言葉が適用されたことも動かしがたい事実である。およそ一九世紀から二〇世紀にかけて、西洋人がこのへんをどう使い分けていたか、私にはよく分からない。彼らが神聖ローマ帝国から古典的ローマン・エンパイアへと「エンパイア」の観念を転換したのがどの程度意識的であったのかは、近代帝国主義に関する私の手許にある書物(例えば、スナイダー編の史料集(L. L. Snyder, The Imperialism Reader, 1962)など)を見てもよく分からず、専門家のご教示を待つのみであるが、少なくとも一九世紀といえば古典の教養の黄金時代とも言えるので、意識されていたことは十分にありそうに思われる。彼らが自己の植民地支配を美化しようとするとき、キケロを知り、ウェルギリウスを知り、リーウィウスを知った彼らやそのイデオローグにとっては、古代の古典的ローマン・エンパイアこそ再演するのに最もふさわしい、しかも栄光に満ちた祖形であることに思い至ったであろう。スキピオやアウグストゥスやトラヤヌスの名で飾られた古典的ローマ帝国の名こそ、自己の国民大衆を眩惑するだけの輝きをそなえていたはずである。彼らが好んで用いた「帝国支配のもたらす恩恵」とか「被支配民へのパトロネージ」という言い方も、まさにローマ支配層の常套文句であるから、彼らはキケロやリーウィウスなどの古典から借用したに違いないと、ローマ史を学ぶ者ならば想像する。それに、古くはパックス・ブリタニカとか、最近ではパックス・アメリカーナとかパックス・ルッソ・アメリカーナなどの表現は、パックス・ローマーナの転用でなくて何であろう。また、エンパイアの主人公となることが神から与えられた神聖な使命である、という意識も近代同様、ローマ人についても確認される。ウェルギリウスの『アエネーイス』という叙事詩では、神ジュピターが、ローマ人を世界の支配者・主人公たらしめる、という予言を幾度も行なっており、これがこの叙事詩のライト・モティーフとすらなっている。

以上に述べたところから近代の「古典的」帝国主義を定義しなおすと、それは(政治的側面に関する限り)意識的ないし無意識的にローマの古典的エンパイアを模倣ないし継承しようとする政策だ、その再生だ、ということになる。両者とも人類史の中でも、「自由」や「共和政治」を(そして皮肉なことにhumanitas (humanity)をも!)価値として掲げる「脱宗教的」な時代と社会の真只中で、むしろそのような状況を逆手にとって、寡頭支配者が「国民」の名において他の異質の国々を収奪し、自己の権力を拡大ないし維持するさいのイデオロギーとして機能した。そこには「海」が前提されており、海の彼方の世界があり、その間に多少とも活発な商業活動や政治的関係があったことも、両者共通の環境といえよう。

（なお、アテネも、古典文化と民主政治の全盛期であるペリクレス時代に、デーロス同盟の盟主として多くのポリスを支配し、最近の歴史家はこれを「アテネ帝国」と呼んでいるが、当時のアテネは寡頭政社会ではなく、また、支配の対象がアテネと同質のポリス社会であった点、ローマの支配とはまったく異なる。[4]）

したがって、この問題の一面として、ネーション・ステイトの時代にローマ人が一つのネーションのようにイメージされ、帝国の支配者であるローマ国家が「国民国家」のアナロジー現象のように考えられる傾向があった、ということがある。しかし、私には、西欧における国民国家の観念の歴史を説明する能力はないので、ここでは福田歓一氏の文章を引用させていただく。それによると、「（ネーションとは）古典古代の観念ではない。……ナポレオンがヨーロッパに帝国を作り、フランスによる異民族支配をうちたてようとしたとき、これに抵抗する運動を通じて、nation はそれ自体獲得すべき目標となり、国民主義は強力なイデオロギーとなった。対ナポレオン戦争が Befreiungskrieg : the war of *nations* と呼ばれるのが、まさにこれを象徴する」（川田順造・福井勝義編『民族とは何か』岩波書店、一九八八、五六～五七頁、傍点吉村）。その他、国民経済をめぐる多くの問題もあろうが、いずれにせよ歴史時代のローマのポプルスとは、伝説に包まれた往古、ローマがまだ小さな都市国家にすぎなかった時代、ローマ人が貴族の支配下にもそれなりに団結した存在であった時代の言葉が、歴史的状況がまったく変わった中でもそのまま用いられているにすぎないのであって（このことが実は「国民《ポプルス》」という概念が虚構を含む、ということの一部を説明するのであろうが）、われわれが同時代史料から多少とも詳しく知っている最古のローマ（古くとも前三世紀末）は、すでにそのように国民として凝集した存在ではなかった。そのような凝集を必要とする条件は存在しなかった。歴史時代のローマ人がポプルスというのは、少なくとも「法的」には人種・民族などとはまったく関係なくローマ市民権をもつ者の総体を指し、彼らローマ市民は共和時代にも、ローマ、イタリアばかりでなく、スペインやアルジェリアからシリアに至るまで原住民の世界の中に散在していた。[5] しかし、主としてローマの民会の常連であるローマ市近辺在住の民衆(ローマでは民会日は——暦の上の民会日に必ず民会が開かれるわけではないが——平均して二日に一回以上あった)、および、毎年一定の時期に選挙のためにローマ市まで旅行をすることのできるような、ゆとりのある者だけが為政者に「国民」の名を僭称させていたのであって、その限り「国民生活」に参加していたのである。事実、僻地に住む没落市民など、支配階級からまったく問題にされない(注(1)参照)。近代史上のある特定の時期における西洋人のイデオロギーとしての「国民国家」と、単に古代ローマ世界において「法的」にポプルスとして一括される人々から成る「国」とは、まったく違ったものであることは当然と言わなければならない。とくにローマが、いわゆる共和時代から帝政時代に変わってゆく歴史は、ローマ市においてではなく、その外部でつくられた。ローマ市民だけをとっても、ローマ市の民会に集まる人々ではなく、イタリアの田舎に住む人々が、とくに兵士として帝政時代をつくったのである(ただし、皇帝がローマ以外のところでつくられるものだ、という「アリバイ」は、古代の歴史家によれば、ようやく紀元後六〇年代の終わりになって人々の目に明らかになったというが。Tacitus, Historiae 1, 4, 2 posse principem alibi quam Romae fieri)。

ところが、このような現実離れのした「法的」な観念を徹底的に押しつめてローマ「国法」の理論体系を築き上げたのが、まさにいわゆる「古典的帝国主義」の時代に現れたテオドール・モムゼンの『ローマ国法』(Röm. Staatsrecht^3, 3 Bde. 1887–1888)という大著である。彼はまずローマ国家を「ナショナリティーにもとづく国家共同体」と規定する(R. Str. III 3《Populus ist der Staat, insofern er auf der nationalen Zusammengehörigkeit der Personen ruht》,《auf der Nationalität ruhendes staatliches Gemeinwesen》)。これはローマをNationalstaat、ネーション・ステイトと呼ぶのと同じことであろう。果たして彼は、民会決議という形で表明されるローマ「国民」の総意が共和政ローマの本来的な国家意志であり、主権は民会にあるのであり(R. Str. III 300f. 358f. vgl. R. Gesch. I 306f.)、そういうものとしてのローマ国家が地中海世界の諸共同体を支配した、と考えた。しかし、前述のように、古代人は「主権」という観念を知らないから、国内政治についてもローマ人にとっては民会、公職者、元老院の三者のいずれが主権者であるか、という問題は存在せず、ただこれら三者の力関係によって政治が動いていた。前五世紀や前一世紀のように、護民官のようなデマゴーグをリーダーとする民会が力を得た時期はあるが、その場合にも民会はローマ市近辺に住む民会「常連」の民会であったし、およそ「人民主権論」という発想は生じえなかった(本書「付説」参照)。したがって一九世紀に、西欧がローマを「国民国家」たらしめ、ローマが西欧諸国をエンパイアたらしめた、という面があった。古典期ローマと近代西欧とが、互いに相手をわがものとしあう「蜜月」には、しかしながらやがてひびが入る。インペリアリズムはやがて「悪い意味の言葉」になり、どの国も「わが国は帝国主義国なり」と高らかには言えなくなる。また、これまでローマに近代国家のイメージを投影し過ぎたことも、ようやく最近になって反省されるに至った。

なお、近代史の専門家に教えられた重要な点であるが、近代の(とくに「古典的帝国主義」時代の)「国民国家」というものは、貧富の差・社会の上層と下層の差を覆い隠すフィクションであるばかりでなく、それに加えて、国内の人種・民族の差別を隠す、という点でもフィクションである。これはドイツのポーランド人迫害、フランスのブルトン人抑圧などに見られるとおりである。これはローマ時代との大きな違いである。ローマ時代にはわれわれがいう「人種問題」はない。例えばローマの町には「奴隷」という名の「外人労働者」が多数いたが、彼らは一〇年足らず働けば奴隷身分から解放されてローマ市民になり、為政者に「国民」の名を僭称することを許す「プロレタリア貴族」になることが可能であった。共和時代末期から帝政時代にかけて、ローマ市住民の大部分はこのような外来系の人々、ないしはその子孫であったと考えられている。

かくして、上述のことを結論的に言いなおすと、古代にローマの古典的エンパイアがあった、それは一定の共和制制度を備えた(しかし虚構を含む)支配国による他の国々に対する支配という形をとった、そして、その支配国ローマを近代的な「国民国家」のイメージで捉え、その支配を近代の特殊な社会経済的状況の中に置き換えて再生しようとするのが近代のインペリアリズムである、ということになる。しかもその時には、強烈な人種差別観・白人優越観に加えて、ローマ時代のエンパイア観念にはもともとなかった「主権」接収という峻厳な論理をそなえたものに形を変えているのである。それは、上述のように、エンパイアのルネッサンスである。したがってわれわれは、近世初頭に始まるローマ「文芸」の復興そのものが、一九世紀後半になってまったきものとなった、とさえ言いうるのではなかろうか。というのは、およそ古典ローマの文人の作品は古典的ローマ帝国という政治状況と不可分の関係にある。そうだとすると、この段階で「西欧」はローマ古代を「西洋古代」とすることに完全に成功したことになる。

ちなみに、「ローマのインペリアリズム」がしばしば論ぜられるが、それは「デカルトのデカルト主義」というのと同じで、つきつめれば「インペリウムのインペリウム主義」という、一種の同語反復にすぎないことになる。その場合、インペリアリズムという言葉は、「記述用語」としては使えるであろうが、「分析概念」としては特別の意味をもつものではない。しかし、一九世紀後半にこの言葉がつくられてから、歴史家の間でもこの言葉は一種の流行語になった。だが、特定の歴史的状況の中から生まれたこの言葉を使わなくとも、たとえばシュンペーターのように帝国主義を「国家の際限なく拡張を強行しようとする無目的的な素質」と定義するのならば(『帝国主義と社会階級』、三〇頁)、帝国主義という、いわばホットなジャーナリズムの言葉を好んで使わなくとも、「無目的的拡張主義」と言った方がはっきりする。シュンペーターは、たとえばルイ一四世の「帝国主義」について論ずるが、ルイ一四世時代を研究している人は、「帝国主義」という言葉を分析概念として、さほどに必要としているであろうか(ただし、近代帝国主義論の中でのシュンペーターの方法のもつ学問的価値については、私は門外漢であって、判断を保留する)。しかし、外国では「帝国主義は人類の歴史とともに古い」という言い方がしばしばなされるほどで、このような言い方は、この言葉の学術用語としての価値を疑わせる。さいわいにして日本の学者は、西洋の学者と違って(西洋の例はSnyder, 21f.)、「帝国主義」という言葉をそのように濫用してこなかったので、私としては、「共和的ローマのエンパイアは、近代に特有な帝国主義的エンパイアのプロトタイプである」、と言うにとどめたい。「帝国主義」という言葉の不用意な使用は、歴史像を不必要に混乱させるおそれがある。

前にも挙げた福田歓一氏は西洋における国家の発展をいくつかのモデルで説明しておられるが、それは国家pc(polis, civitas)、国家R(regnum = kingdom)、国家S(state)、国家N(nation state)の継起として説明される。しかしここでは、西洋だけが対象であるとしても、およそローマ帝国が欠落している(「ローマ帝国」は「国家」ではない、というのならば十分に理由があるのだが)。これに対して川田順造氏(『民族とは何か』二三六頁)が「帝国(E)」を提唱しておられるのはもっともであるが、ただし、その範囲を現世界の各地域から全世界史にまで拡げると、「帝国(E1)」、「帝国(E2)」……「帝国(E*n*)」など、大変なことになる。しかもその前に、まず「国家」と違うものとしての「帝国」というカテゴリーを概念的に明確化するところから始めなければならず、例えば明治初期の大日本帝国は「帝国」か「国家」か、など、悪くすると概念の遊戯になりかねない(なお、この問題の「正解」は本書第三章の三を参照)。

話は飛ぶが、ローマの政治的伝統はイスラーム世界にどのように継承されていったのであろうか。「一人の超越者による普遍的支配」という観念がイスラームにあったかどうか、私には分からないし(ただし、イスラームにはキリスト教のような人間の聖別(司祭や皇帝にコンセクレートする)という観念はないと言われる)、また、ひとつの「国民」による他の「国」々の支配という意味でのエンパイアの観念もイスラーム世界には入っていないと理解している。まず「ムスリム」とは、いかなる意味でも「国民」ではない。ムスリムとは、あくまで「イスラーム」を信奉する人々のことであって、専門家にうかがったところでは、そこではむしろ、「一つの宗教的コミュニティとしてのムスリム・コミュニティによる他のもろもろの宗教的コミュニティに対する支配が成立していた」といった方が実態に即しているとのことである。すなわち、しばしば指摘されるように、「剣かコーランか」というのは西洋人が発明した神話にすぎず、イスラーム世界では、非ムスリムが宗教別にある種の共同体をつくって、ムスリムと平等ではないが、かといってとくに厳しく「搾取」されることもなく、ムスリムの支配下に一応平和に暮らしていたのである。また、オスマン「帝国」(エンパイア)とは何のことかとうかがってみたところ、「オスマン・エンパイア」(これをトルコ語では《オスマンル・インペラトールルウ》というのだそうであるが)という表現そのものはもともとオスマン朝の人々によっては決して使われず、ようやく一九世紀に入って近代西欧の影響が浸透し始め、「西洋化」が進んでゆく中で、西欧のタームから受容された新しい外来語にすぎない、とのことである。オスマン朝の人々は普通自らの国家のことを「オスマン家の王朝＝国家」とか、「オスマン家の崇高な王朝＝国家」とか、より多くは「崇高な王朝＝国家」と呼んだとのことであるが、この王朝＝国家(devlet)という概念にはここでは立ち入る余裕がないし、私自身もそれをよく理解してはいない。また、オスマンの古典期には、エンペラーを表すラテン語のインペラートルがそのまま外来語としてトルコ語に入り、稀には用いられた由であるが、これはもっぱら西洋の神聖ローマ皇帝をさしたようであるという。これに対し、オスマン朝のスルタンは、コンスタンティノープルを占領した後、数ある称号の一つとして、《ローマ皇帝》(カイセリ・ルーム Kayser-i Rum)と称した由である。そして、オスマン朝の土地は近隣のムスリムたちによって「ルーム」(すなわちローマ)と呼ばれさえしたとのことである。

さて、四世紀前半にローマ帝国の首都がコンスタンティノープルに移され、その世紀の後半に東西両ローマ帝国はいわゆる「分裂」をするが、その後も、確かに東西両皇帝はそれぞれ独立の君主であったが、東西両帝国は必ずしも別々の国家だったとは言えない。両者の一体感は強く、市民権は東西共通であったし、法も基本的には東西共通であり、勅令は東西両皇帝連名で出され、定員二名の統領《コンスル》は東西から一名ずつ出され、ものや人間の移動には障壁がない、等々(Jones, The Later Roman Empire, I, 325f.)。四七六年に帝国の西半分は事実上失われたが、帝国そのものはさらに千年以上も存続する。四七六年にローマ帝国が「滅亡」して、その後、歴史の中心がフランクに移ったように考えるのは、西欧中心的な見方であって、ローマ帝国は「滅亡」などしないし、フランクなど、ビザンツからみるとまったくの「田舎」である。そして、一五世紀にローマ帝国の首都とその支配領域はオスマン朝に受け継がれる。その意味では、「第三のローマ」としては、モスクワよりもイスタンブールの方が「本家」のようにも見える。事実、ローマ帝国は歴史上さまざまな形を取ってきたし、また帝位簒奪者、とくに帝国の辺境地域の出身者でローマの皇帝になった人は少なくない。こうしてローマ帝国は、一応、異教の時代、キリスト教の時代、イスラーム教の時代と、三つの時代を経たようにも見えるが、しかしオスマンにおける「ローマ理念」は、コンスタンティノープルを占領したメフメト二世以後は史料がなくて明確なことは語ることができず、まもなく意味を失った、と専門家は言っている。いずれにしても、異教の時代のローマ帝国は、時代的に、大体上に述べた「古典的エンパイア」に一致するし、キリスト教時代のローマ帝国は「一人の超越者による普遍的支配」に一致する。ビザンツ帝国は「中世ローマ帝国」と呼ばれるが、コンスタンティノープルを占領し、ビザンツの後を受けてビザンツ帝国とほぼ同じ地域を支配した当初のオスマンのスルタンは、それに加えて一時はローマ皇帝と称したけれども、オスマンはいわば「近世ローマ帝国」となることはなく、やがて「ローマ帝国」との繋がりの意識をまったく失ってしまったようである。当時のオスマン朝は文化的にも同時代の西欧に劣らぬものをもち、軍事的・経済的にはむしろそれを凌いでいたが、イスラーム世界は結局「ローマ帝国」を選びとらなかった。むしろオスマン朝は、一五世紀末から一六世紀にかけてイスラーム世界の心臓部へと進出してゆく中で、イスラームの二大聖都メッカ・メディナを保護下におき、いわゆる「イスラーム帝国」の伝統の後継者としての道を歩むことになった、というのが専門家の話である。オスマン「帝国」が「一人の超越者による普遍的支配」であったにせよ、なかったにせよ、オスマン朝をエンパイアと呼ぶにせよ、呼ばないにせよ、ローマン・エンパイアの伝統はローマから東西ヨーロッパにだけしか伝わらなかったことになる。ローマン・エンパイアの記憶が一九世紀後半になって、まさにヨーロッパにおいて古典的な形で再生されたのは、理由なきにあらずであった。

さて、二〇世紀に入ってから帝国主義が経たさまざまな変化を考えれば、「新帝国主義」とか「社会帝国主義」とか、いろいろな言葉が生まれてきたのは当然であろうし、また、近代の帝国主義に付随する諸現象、たとえば文化に関する事態を「文化的帝国主義」と呼んだりするのも、それなりに意味のあることである。しかし、帝国主義という言葉が生まれた近代のいわゆる「古典的帝国主義」の時代には、「帝国」とか「帝国主義」などの言葉の背後にローマの古典的エンパイアがあったのではないか、言い換えれば、帝国主義という言葉をつくった西洋人の意識の中に、ローマから発して西洋の歴史を貫いてきたインペリウム、エンパイアの観念があり、近代、国民経済・国民主義が発達した時代は、まさにエンパイアの観念が新しい形で再生されるのに熟した時代であった。中世的エンパイアに代わって古典的ローマン・エンパイアが斬新な価値、ないしは努力目標として立ち現れる条件が完成された時代であり、事実それが行なわれたのではないか、と考えられる。そればかりではない。はるか昔に「エンパイア」を包摂吸収して、それをイスラーム的な政治体の中に再編成して組み入れて、いわば消化してしまったオスマン「帝国」もすでに一八世紀末以降、西洋的な国民国家の観念のインパクトによってかなり動揺していたが、これを決定的にむしり取ったのは、一九世紀も後半になってから西方に蘇った古代の古典的ローマ帝国の亡霊にほかならなかった、ということになる。

(1)　民会参加の可能な市民の全市民における割合は、時代が降るとともに低下するが、カエサルが発案してアウグストゥスが完成させた壮大な民会場(現在のローマ市のパンテオンの近くにあった)は、七万人ぐらいしか収容できなかった。だが、当時のローマ市民の総数は何百万という数にのぼった。これを遡ること二百余年、前二三三年の国勢調査では、ローマ市民成年男子の総数は二七万強であった。

(2)　「場」といっても、それがローマの支配領域という特定の「地域」を指す用例が確認できるのは、前一世紀からである(Thesaurus Linguae Latinae, s.v. imperium, 579)。インペリウムとは、「ローマ帝国」が成立してからも長い間、主として「支配」という社会関係そのものを指したようである。

(3)　確かに東方にはパルティアという強国があった。しかし、パルティア勃興後前一世紀前半までのローマ人は、セレウコス朝のシリアがローマに靡いたことに安心して、その彼方までは見なかったようである。前五〇年代から三〇年代にかけてのローマはパルティアに苦しめられた。しかし、アウグストゥス時代からは、パルティアは内紛のために国力が振るわず、しかもアウグストゥスの巧みな宣伝もあって、一般のローマ人は、パルティアも潜在的にはローマのエンパイアの中にあると思っていたようである。いずれにせよ、ミトリダテスが出ても、パルティアが出ても、ローマ人は、「ローマ世界」と並んで、別の中心をもつ「第二の世界」が存在するとは考えなかった。およそ、アウグストゥス時代について知られるところでは、人々は、ユーラシア大陸はそんなに大きいとは思っておらず、Brunt, Roman Imperial Themes (1990), p. 107 によれば、ピレネー山脈からライン河まで(両者はほぼ平行していると考えられていた)がほぼ九二〇マイル、そしてライン河から中国の果て、つまり世界の果てまでは、その三倍半ぐらいと考えていた。

(4) M. I. Finley, Empire in the Greco-Roman World, *Greece and Rome* 25 (1978), 1ff. は、大家の論文であるが、われわれの関心にはあまり答えてくれず、中でも、この最後の点をまったく無視している。

(5) 前八八年に小アジアにローマ市民が八万人もいたという伝えがあるが、これは誇張のようである。Brunt, Italian manpower, p. 224f. 海外に住むローマ市民については、同書 p. 159ff.

［付 記］

本稿は横浜国立大学における筆者の最終講義(一九九〇年二月三日)の原稿を拡大して、二度にわたって書き直したものである。第一稿(横浜国立大学教育学部歴史学教室刊行の『歴史学論集』(一九九〇)に掲載されたが、大学の改組によってこの教室はなくなり、この刊行物も入手不能となった)は「帝国」の語義に関する二頁にわたる議論で始まるが、その後私はこの問題を考え直して、本書に第三章として収録した結果を得た。したがって読者にはそちらの方を見ていただくことにして、ここではこの二頁ほどは割愛した。

筆者はこの文章の最初の草稿を木村英亮氏(横浜国立大学・近現代史)、鈴木董氏(東京大学・オスマン朝)、柳原正治氏(九州大学・国際法)、永原陽子氏(千葉大学・近現代史。氏には本稿の着想上、負うところが大きい)、および弟・吉村忠穂(亜細亜大学・近現代史。以上すべて、所属は一九九〇年のもの)にお見せし、修正しうる範囲で修正していただいた。それ以外にも、筆者の質問に答えて下さった方たちに厚くお礼を申し上げたい。

第三章 「帝国」という概念について

一 「帝国」は和製漢語

1 中国人は一九世紀末まで「帝国」という言葉を知らなかった

われわれは中国史を学ぶと、秦漢「帝国」や明清「帝国」などの表現に親しみ、「中華帝国」という言葉ともすっかり馴染みになる。

だが意外にも、一九世紀末までの中国人は「帝国」という言葉を知らなかったように見える。(1) 康熙帝勅撰の『佩文韻府』は、漢語の熟語集として最も権威ある書物と聞くが、「帝國」という熟語をそもそも取り上げておらず(王國、公國、侯國は取り上げている)、また何よりも、コンピューターで検索してみると、中国の正史(『史記』から『明史』まで)にこの語が一度も現れないことは注意を引く。(2) 中国史をごく概説的にしか学んだことのない一介のローマ史研究者にすぎぬ私などは、中国の正史に用いられず、『佩文韻府』にも取り上げられなかった単語など、あったとしても――中国三千年の文書の堆積にかんがみて皆無ということは私には殆ど信じられないが――中国人にとってさして意味のある単語ではなかったのではないかと想像してしまう。

しかしようやく、民国一六年(一九二七)完成の『清史稿』に引用された史料(中華書局標点本一二八二九頁、一九一七年のもの)に「大清帝國」という言葉が使われているが、幕末から明治にかけて、多くの和製漢語が作られて、これが逆に中国に輸出されたことはよく知られている。「帝國」もその例かもしれない。

とくに外国との条約において(王鉄崖編『中外旧約章彙編』を参照。なお、中国の条約集の利用にあたっては、山根幸夫、並木頼寿両氏にお世話になった)、中国語が用いられた史上最初の国際条約である南京条約(一八四二)は「大清國」の皇帝と「大英國」の君主との条約であって、そのいずれについても「帝國」は使われておらず、一八四四年の米清修交通商条約(いわゆる望厦条約)を見ても、英語の正文でTa Tsing Empireとあるところは、漢文ではすべて大清または大清國になっている。その状態がしばらく続いたのち、ようやく一八九五(明治二八)年三月の日清間の「停戦条款」と、続く四月の「下関条約」において大清帝國欽差頭等全権大臣……伯爵李鴻章らが大日本帝國全権弁理大臣……伯爵伊藤博文らと並んで登場する。これが、私が見た範囲では中国人が「帝國」という語を用いた史上最初の例であり、それ以前には、条約においても、日清間のものを含めて、「帝國」という言葉はまったく使われなかった。(3) この一八九五年には、下関条約以後にも「大清帝國」と「大日本帝國」の間に結ばれた条約(「遼南条約」)がある。だが、中国人はその後もなお「帝國」を使いたがらなかったようで、この「遼南条約」(王鉄崖編・上掲書のナンバーではこの条約は第一九二号である)以後、清朝の滅亡までのすべての条約、すなわち王鉄崖の第一九三号から第五三九号まで(一八九六年三月から一九一二年二月までの一六年間にわたる)全三四七点のうち、どのような脈絡の中であれ「帝國」という語が現れるのは——私に見落としがないとすると——全一七点にすぎない(王鉄崖、第一八一、一八三、一八四、一九二、二〇一、二一〇、二八〇、二八七(以上第一冊)、三九九、四一六、四一八、四五三、四五八、四九四、

五一一、五二八、五三三号(以上第二冊))。詳しくいうと、「大清帝國」が現れるもの一一点、「(大)日本帝國」が現れるもの一一点、「大韓帝國」一点、「奧斯馬加帝國(オスマン帝國?)」一点で、のべ数にすると二四点になる。ふつうには「大清國」であり「中國國家」という言い方がなされ、日本は「日本國」である。これに対し、イギリス・ドイツ・ロシアなどは、清末までの中国との条約の中で、一度も漢語で「帝國」とは呼ばれたことがない。

さらに、一九世紀末までに中国に「帝國」観念がなかったことを思わせるのは、大陸で出版された英華辞典の記載である。私が閲覧しえた辞典を引用すると、以下のとおりである。

一八一八 R. Morrison, Vocabulary of the Chinese Dialect『広東省土話字彙』
empire の項なし。

一八二二 R. Morrison, A Dictionary of the Chinese Language(英華)(澳門、道光二年)
empire of Mancho Tartars =「大清國」。

一八四四 S. W. Williams, An English and Chinese Vocabulary in the Court Dialect(澳門、道光二四年)
——court dialect とは北京官話。
empire =「大清國」。

一八四七 W. H. Medhurst, An English and Chinese Dictionary(上海、道光二七年)
empire =「天下、國家」。
これに対し、同じ Medhurst が同じ empire の語を、『英和辞典』(一八三〇、後述)では「帝國」と訳しているのは注意を引く。

一八六五 R. Morrison『五車韻府』A Dictionary of the Chinese Language(華英), reprint 版、上海、London, 1865

第一巻、六八四頁、Kwo(國)の項に「中國、大清國、國朝」はあるが「帝國」はない。

第二巻、三八七頁、Te(帝)の項に「帝國」はない。

一八六六～六九　W. Lobscheid『英華字典・English and Chinese Dictionary』4 vols. 香港(井上哲次郎『訂増英華字典』一八八三＝明治一六は本字典の日本版である)

empire＝「國、皇之國」。

the empire of China＝「中國、中華、天下」。

そもそも中国人にとって「帝」とは「天下」を支配する者であり、「くに」という範囲の限られた地域の支配者のイメージとは相容れないものであったと想像される。(4) だが日本では、聖徳太子の昔から「日出ずる處の天子」と並んで「日没する處の天子」があり(『隋書』一八二七頁)、中国的な「天下」は相対化されていたから、「帝」が「國」に結びつくのには不自然さはなかったのであろう。

2　日本における「帝国」概念の誕生

とはいえ、『古事類苑』には、幕末以前の日本で使われた言葉として、「皇國」は挙げられるが、「帝國」は挙げられない。

『大言海』に引用してあったのだが、『日本書紀』欽明天皇一三年(西暦五五二年)一〇月の条に、百済王が日本に仏教を伝えたときの手紙に、「帝國《みかど》に伝へ奉りて、畿内(＝日本)に流通《あまねは》さむ」とある(岩波文庫版)。青木和夫氏にうかがったところ、この「帝國」とは「貴国」の意であり、「帝國」の「帝」は「皇帝」の「帝」であって、国交においては「天皇」の代わりに「皇帝」という称号を使う旨、七〇一年施行の大宝令に規定のあること（『律令』日本思想大系版、三四三頁）を引用などして説明して下さった。

右の『書紀』のような例を別とすれば、「帝國」という単語が日本で一般に使われるのは、ようやく一九世紀もかなり進んでからであるが、すでに朽木《くつき》昌綱《まさつな》（丹波国福知山藩主）が『泰西輿地図説』（寛政元＝一七八九）の中でこの言葉を使っており（西川治氏の御教示による）、やや間をおいて山村才助の『訂正増訳采覧異言』（享和二＝一八〇二）にもこれが見られる。それは、近世日本の世界地理学の二つの巨峰とされる蘭学者であるが、ともに大槻玄沢とゆかりの深い人で、才助は玄沢の蘭学塾である芝蘭堂で昌綱の『泰西輿地図説』を読んだと考えられる。

後にも述べるが、朽木侯――にせよそれ以前に現れて侯に「帝国」概念を教えた人にせよ――はオランダ語の「ケイゼレイク」という単語を「帝国」と直訳したと思われる。オランダ語の「ケイゼル」はドイツ語の「カイゼル」と同じで「皇帝」を意味し、「レイク」（rijk＝ryk）はドイツ語の「ライヒ」で「国」という意味である。したがってオランダ語の「ケイゼル・レイク＝ケイゼレイク」はドイツ語の「カイゼルライヒ」Kaiserreich と同じく、帝王の国、つまり「帝国」ということである。

しかし、朽木侯が「帝國」の語を使い始めてからも「帝國」という言葉が日本に定着するには時日を要した。昌綱・才助に続く世代がこの語を愛用するようになったについては、彼らの語学学習の伴侶となった辞書類の影響が大きかったと思われる。

一八世紀末以来の洋学者が用いた蘭和・英和辞典としては、次のものが挙げられる。

A　一七九六（寛政八）『波留麻《ハルマ》和解《わげ》』（いわゆる「江戸ハルマ」、稲村三伯等。東大本および静嘉堂文庫本を利用）

B　一八一〇（文化七）『訳鍵』（藤林普山、青史社、蘭学資料叢書5（一九八一）の影印本を利用）

C　同年『蘭語訳撰』(奥平昌高編、馬場佐十郎稿、一九六八年臨川書店発行の復刻版を利用)

D　一八一四(文化一一)『諳厄利亜《あんげりあ》語林大成』(本木正栄等、一九八二年大修館書店発行の長崎原本影印本を利用)

E　一八三〇(天保元) W. H. Medhurst, An English and Japanese and Japanese and English Vocabulary (英和・和英語彙), Batavia, 1830. 本書を底本として『英語箋』(一名『米語箋』井上修理校正、村上英俊閲)前編(英和)が安政四年(一八五七)に、後編(和英)が文久三年(一八六三)に出た。*

＊本辞典については井田好治氏から詳しい情報(必要部分のコピーを含む)をいただいた。厚く感謝したい。

F　一八三三(天保四)『ヅーフハルマ』=『道訳法児馬』(いわゆる「長崎ハルマ」)。一八〇三(享和三)〜一八一七(文化一四)に長崎出島のオランダ商館長だったH. D. Doeff指導下のハルマの改訳。静嘉堂文庫本を利用)

G　一八五五(安政二)より『和蘭字彙』(桂川甫周(国興)『ヅーフハルマ』の改訂版、一九七四年早稲田大学出版部発行の影印本を利用)

H　一八五七(安政四)より『増補改正訳鍵』(広田憲寛、刊本)

I　一八六二(文久二)『英和対訳袖珍辞書』(堀達之助。杉本つとむ『江戸時代翻訳日本語辞典』早稲田大学出版部、一九八一、影印本)

本邦最初の蘭和辞典と呼びうるのは、右のA稲村三伯等の『波留麻和解』で、B『訳鍵』はその簡約版である。Aは三〇部ほどしか印刷されなかったが、Bは初版が一〇〇部で、後にも増刷されている。Aがオランダ語の「ケイゼレイク」を「帝王ノ國」と訳しているのに対し、Bはこれを「帝國」と言い換えた。Cも「帝國」を使った。だが「帝國」とは、前述のように朽木昌綱や山村才助がすでに使っている言葉であり、しかも才助は享和三年(一八〇三)の編訳書『大西要録』(静嘉堂文庫に自筆本がある)で、世界の「帝國」「王國」などの一覧表まで提示している。

馬場佐十郎と藤林普山とが殆ど同時に「帝國」という訳語を使ったのは、おそらく偶然ではないだろう。山村才助と稲村三伯は大槻玄沢門下(芝蘭堂)の四天王の中に数えられた人で互いに関係が深く、普山は三伯の弟子であり、また佐十郎の影響を受けた学者であることも指摘されている。そして、前野良沢の教えを受けた「蘭癖大名」の朽木昌綱は、年齢からいってこれらすべての大先輩であり、家門からいっても最もプレスティジがあり、具体的には大槻玄沢のパトロンでもあった。昌綱の著書がこの人脈にのって読みつがれ、したがって彼が用いた「帝國」という言葉がこれらの人々の影響で日本に根づいたとしてもおかしくない。

他方、Dの編者、本木正栄(一七六七〜一八二二)は大通詞《おおつうじ》という高位のオランダ通詞だったが、日本最初の英和辞典の中で「帝國」を英語の empire の訳語として採用した[5]。これは、彼がオランダ通詞でありながらフランス語をも能くしたこととも関係がありそうである。

日本における「帝国」の概念の歴史にとって、本木正栄のこの選択(empire=「帝國」)は決定的な意味をもつので、彼がこの訳語を選択した経緯を考えてみたい。

彼は本書の「叙」文の中で次のように述べている。「斯に於てか諳厄利亜《あんげりあ》所有の言詞悉く纂集譯釋し傍ら参考するに和蘭の書を以てし猶其疑きものは拂郎察《ふらんす》の語書を以て覆譯再訂し……」。したがって、彼が「帝國」という訳語に到達したのには、二つの経路が考えられる。第一に、英蘭辞典の検索。いま一つは英語の empire と同形のフランス語の empire からの類推。

まず英蘭辞典を考えてみると、彼が利用したと思われる英蘭辞典に W. Sewel, A Large Dictionary, English and Dutch, Amsterdam, 1735 があるが、この辞典の Empire の項には次の三つの訳語が挙がっている。het Ryk, Kaizerryk, heerschappy. これは文字どおりにドイツ語に訳すると、das Reich, Kaiserreich, Herrschaft(日本語では「国」「帝国」「支配」である。

また、『福翁自伝』によれば、諭吉が英語の学習を始めたとき、安政六年(一八五九)に買ったのは J. Holtrop, English and Dutch Dictionary だったというが、それは一八二三年の改訂版だったろうし、私も初版は見られなかった。改訂版は Empire に Sewel とまったく同じ三つの訳語を与えている。初版が何年に出たかは記されていなかった。本木の辞書は一八一四年に完成しているから、彼はこの辞書を見たとしても初版だったはずだが、第二版と、それほど違った記載があったとは想像されない。かくして、『諳厄利亜語林大成・草稿』の Empire の項そのものにも、見出し語(Empire)と訳語(「帝國」)の間に朱も鮮やかにオランダ語で Keijzerrijk, rijk, heerschappij という、まさに二つの英蘭辞典が挙げる三つのオランダ語の単語が書き入れられている。しかし、見逃せないのは、Sewel も Holtrop も rijk, keijzerrijk の順に挙げているが、本木の辞書では keijzerrijk, rijk の順に入れ替わっている。すなわち、Sewel と Holtrop は、empire を「まずレイク(くに)、而してまたケイゼレイク(帝国)」と説明しているように受け取れるが、本木はこれを「まずケイゼレイク、而してまたレイク」と理解しているようである。当時の日本人にとって君主のいない国というものは考えられなかっただろうから、本木大通詞が、empire に対するこの Sewel(-Holtrop) の説明を見て、「帝國」という訳語に思い至ったのは自然である。彼は寛政一〇年(一七九八)に江戸番小《こ》通詞《つうじ》を勤めたのをはじめ、幾度か江戸をおとずれているので江戸の蘭学者とも親交があったと想像され、朽木侯の著作を読んだ可能性も大きい。

さらに彼は上引の「叙」文の中で、和蘭の書を参考にしたうえ、なお疑わしいものをフランス語の書物で確かめたと言っている。ただでさえ彼が英語の empire(エンパイア)を理解するのに、フランス語の empire(アンピール)の観念に引きずられたことはおおいにありそうであるが、果たして『波留麻和解』の原典である François Halma

出版の蘭仏・仏蘭辞典、[6] およびハルマと並んで日本の蘭学者がよく使った仏蘭・蘭仏辞典として普通「マーリン」と呼ばれたもの、[7] そのいずれにおいても、フランス語の empire は domination d'un empereur(皇帝の支配)であり、オランダ語の「ケイゼレイク」である。したがって、英語の「エンパイア」とフランス語の「アンピール」の微妙な違い(まさに一方 Sewel-Holtrop と他方 Halma-Marin の記載はこの微妙な違いを表している)に注意が向かなければ、英語のエンパイアはオランダ語のケイゼレイクであり、したがって日本語の「帝国」だ、ということになってしまう。

だが、英語のエンパイアを「ケイゼレイク」、つまり「帝」国と訳したのは、実は正確ではなかった。愚見では、フランス語の empire は、皇帝の不在を許容しながらも、[8] 英語の empire よりも「ケイゼレイク」のニュアンスがはるかに強いように思われる。例えば、イギリスでは、ヴィクトリア女王はインドの Empress になったが British Empire には「皇帝」はいなかった。しかしフランスでは、一九世紀において、「皇帝」のいる時期を le premier/le second Empire(第一、第二帝政)と呼んだ。いずれにせよ、エンパイアも(そして実はアンピールも)、ケイゼレイクとは訳しうるが、ケイゼレイクとは同じではない。だが、これに疑問をはさむ蘭学者や通詞はおらず、後に英学が栄えた時代には、もはやエンパイアの訳語は決定的に「帝國」であり、[9] エンパイア＝「帝國」という等式は日本人にとって固定観念になった。

これをさらに促進したのは、Medhurst の辞書Eであろう。この著者は序文の中で、入手しうる限りの the best native works、つまり最良の日本の書物を何種類か利用したと言っているが、その中には『訳鍵』や『諳厄利亜語林大成』があったことは当然として想定されるだろう。果たして辞書Eの英和之部(三頁)に Empire は「帝國」と訳されており、和英之部(二九六頁)ではとくに「帝國」という見出しを設けて An empire と記している。前にも見たように、この著者は、英華辞典においては、empireに「天下、國家」という訳語を与えた。

他方、「長崎ハルマ」の系統では、G桂川甫周『和蘭字彙』にいたってもなお「帝王國」という訳語が記載されたが、これは魅力ある訳語ではなかったようで、Iの堀達之助の辞書は、H『増補改正訳鍵』(ケイゼレイクの項はBと変わりない)とG『和蘭字彙』に負うところが大きいと言われるが、[10] empireの訳語は「帝國」となっている。堀は、Dはもとより、EのMedhurst系の辞書も見なかったはずはないだろう。こうして、ヘボン以前に日本で現れた三つの英和辞典(D・E・I)が、そろって日本人にエンパイアを「帝国」と教えたのである。

3 日本における「帝国」の語の普及

いずれにせよ、私が見た限りでは、朽木侯および山村才助の影響に加えて、藤林の『訳鍵』(および本木の『諳厄利亜……』)によって、おそらく一九世紀前半、文化・文政から天保にかけて「帝国」という訳語はわが国に一応の定着を見たようである。私の目に触れた狭い範囲からとくに注目すべき例を引けば、岩波文庫の『崋山・長英論集』(佐藤昌介校注)の中で、渡辺崋山は天保九年(一八三八)の『鴃舌或問《げきぜつわくもん》』(二四頁)の中で次のように言っている。

「ある人問う、一地球中、帝國と称し候は。
　答えて曰く、ドイツのヲーステンレイキ(オーストリア)、ロシア、ペルシア、ブラジリー(ブラジル)。
　按ずるに、古志、帝國と称するもの、ロシア、ドイツ、シナ、トルコ、マロッカ、日本をいう。ブラジリーの名、疑うべし[11]」

この対話は、「帝国」という言葉がある程度広まっていたことを示している。

また箕作省吾(一八二一〜四七、箕作阮甫の養子、箕作麟祥の父)も『坤輿図識』(弘化二＝一八四五)でさかんに「帝國」

の語を使っている。例えば、第一巻、亜細亜洲総括のところで「本邦、漢土ヲ二帝國ト稱ス」と述べ(ムガール帝国はもはや帝国と見なされていない)、第二巻、歐邏巴洲総括には「帝國ト稱スル者三アリ、曰ドイツ、曰トルコ、曰ロシア」と言う。

以後、「帝国」は、日本では一九世紀の世界地理、世界歴史の書物における極めて当たり前の言葉になった。馬場佐十郎、佐藤信淵などの著作については後に触れるが、ここで大槻西磐『遠西紀略』(安政二＝一八五五)の例を挙げておこう。この書物は西洋の歴史を四巻にわたって叙述するが、その巻一は「帝國紀」(太古(ノアの洪水以前)、バビロニア、ペルシャ、マケドニア、ローマ、トルコ、ロシア)である。

また、近世日本の対朝鮮関係においては、外交文書では日本国大君(ある場合には国王)が用いられたというが、一八五〇年代中頃からの幕府外交では、「帝國日本」「日本帝國」は「日本國」とならんで日本を指す極めて当たり前の言葉になっている(ただし、徳川時代には「帝《ケイゼル》」は将軍を指した)。

公式の文書で「帝國」が現れる最初の例は、嘉永七年(＝安政元＝一八五四)三月三日の日米和親条約(神奈川条約、『大日本古文書・幕末外国関係文書之五』四四九頁以下。正文はオランダ語)に付せられた「和解《わげ》」(日本語訳)においてであるようである。この条約では、英訳の Empire of Japan が、「和解」では「帝國日本」となっているし、漢文のテクストの「和解」でも「帝國日本」が使われており、ただ漢文のテクストだけ「日本國」としか言わない。これは当時の中国語と日本語との慣用の違いを表していると思われる(唐通事は中国語のプロとして、「帝國」という中国にない言葉は使わなかっただろう)。同じ嘉永七年三月、ロシアの使節プチャーチンが日本当局者に呈した蘭文の書簡(『幕末外国関係文書之五』六一八頁以下)を「和解」した通詞は、日本・ロシア両国を「帝國」としている。しかしここでも、漢訳には、「帝國」の語はない。

こうして、これまで見た限りでは、「帝国」という言葉は寛政元年発行の一蘭学者の著書にはじめて現れ、おそらく芝蘭堂を拠点として、他の蘭学者のあいだにも広まり、やがて英語のempireの訳語にも転用され、広く使われるようになったが、それ以前の日本ではこの言葉はまったく使われなかったであろうか。この点について（『古事類苑』に「帝国」がないことは上に述べたが）、私は、一八世紀の日本の著作家のうち、とくに海外事情に関心が深かったと思われる人々について、その主要な作品に目を通してみた。

藤林普山の『訳鍵』などからほぼ一世紀遡った、新井白石の『采覧異言』（初稿、一七一三）と『西洋紀聞』（初稿、一七一五）には、「大西洋」「地中海」その他われわれに耳慣れた言葉が出てくるにもかかわらず、「帝国」という語は見当たらない（後述）。神聖ローマ帝国はもとより、中国もムガールもオスマンも「帝国」とは呼ばれない。また、白石の同時代人である西川如見（一六四八〜一七二四）の『増補華夷通商考』にも「帝国」は現れない。このことは一八世紀末までほぼ変わらず、私の見たところでは、まず、前野良沢（一七二三〜一八〇三）に関しては『魯西亜本紀』および『魯西亜大統略記』の両訳書、および岩崎克己・片桐一男『前野蘭化』（東洋文庫）第三巻（良沢の作品集）には、「帝国」の語は一度も出てこない。工藤平助（一七三四〜一八〇〇）の『赤蝦夷風説考』もこの言葉を使わない。林子平（一七三八〜一七九三）の『三国通覧図説』や『海国兵談』も同様である。本多利明（一七四三〜一八二〇）も『経世秘策』『西域物語』『交易論』などの主要作品を見た限り、一度もこの言葉を使っていない。洋風画家として知られる司馬江漢（一七四七（?）〜一八一八）は海外事情に関心が深く、蘭学にも造詣の深い人であるが、その全集四巻（八坂書房）にも「帝国」という語はまったく現れない。志筑忠雄（一七六〇〜一八〇六）の訳書『魯西亜志附録』と『鎖国論』も同様。桂川甫周（国瑞《くにあきら》、一七五一（?）〜一八〇九）が『北槎聞略』の中で、「帝號を稱する國」と言ったり「皇帝統御の國」と言うのは、「あと一歩」という感じがする。だが彼は、ここでも、また『新製地球万国図説』でも

「帝国」は使わない。彼が「魯西亞《ロシア》はもと王爵の國なり。千五百十四年(永年(永正)一一)に厄力西亞《ゲレシア》(＝ビザンツ)の帝爵を嗣で始めて帝號を稱す」というときの「帝爵」は後に問題にしよう。

ともかく、これだけの人がこれだけの書物で「帝国」という語をまったく使わなかった、ということは、当時の日本人がこの語を使わなかったというのにひとしいだろう。

では『和蘭風説書《おらんだふうせつがき》』(12)ではどうであろうか。

『和蘭風説書』とは「長崎入津のオランダ船によってもたらされた海外情報をいう。これは新たに来朝したオランダ商館長もしくはオランダ船の船長から長崎奉行を経て(邦訳されて)幕府に呈上された」海外「ニュース」(nieuws)である(岩生、解題(片桐一男執筆)、三頁)。岩生監修の書には、風説書が和文・蘭文あわせて三一八点集録されており(第二六七号まで和文、二六八号以下が蘭文)、時期は寛永一八年(一六四一)から安政四年(一八五七)に及ぶ。そのうち一六四九年の蘭文風説書(第二七六号)に 't keyserryck van Duytslandt(ドイツのケイゼレイク)とあるが(下巻、二八一頁)、これが編者による現代語訳で仮に「ドイツ帝国」とされており(上巻、九頁)、もとの和訳は存在しない。現存の和文『風説書』には、「ドイツ國」「獨逸國」「ドイチ國」その他、ドイツ(神聖ローマ帝国)を表す言葉はいろいろ使われているが(下巻、地名・件名索引の「ドイツ」の項、「ホーゴドイチ」の項を参照)、「帝国」という言葉だけは一度も使われていない。むしろ、和文にドイツ「國」とある箇所は、分かる限り、蘭文では(ケイゼレイクやレイクではなく)ケイゼルになっているし、上巻、三一七頁で神聖ローマ皇帝を「ドイチ國之國主」と呼んでいるので、神聖ローマ帝国は和訳の『風説書』では「ドイチ國」「獨逸國」などのようになっていたに違いない。つまり、およそ『和蘭風説書』には「帝国」という言葉は使われなかったと考えるべきであろう。

また、天野泰明氏の御教示で、さらに一世紀さかのぼった文禄四年(一五九五)出版の『羅葡日対訳辞書』(ラテン語の見出しで対応するポ・日語を引く）にあたってみたが、imperium の項では、[13]「命令」を意味する系統の訳語ばかりで（下知、勅命、等々）、「帝国」ないしその系統の訳語は見受けられず、慶長八年（一六〇三）発行の『日葡辞書』にも「帝国」の項はない。

したがって、一部の蘭学者がこの語を使ったことがあったとしても、それは、『訳鍵』などの辞書が蘭学生にこの言葉を教えるまでは、決して一般に使用されるには到らなかった、と想像しても誤りではないだろう。

こうして「帝国」という言葉が一八世紀末の日本で忽然として発生したこと、この発生に近代西欧語がかかわっていたことが、おおよそ明らかになった。すなわち、それは初めおそらくオランダ語の「ケイゼレイク」の直訳として生じたが、ほどなく本木正栄の責任において英語の「エンパイア」の訳語とされ、安政ごろから蘭学に代わって英学が盛んになると、「帝国」は、その出自を忘れて、あたかも「エンパイア」の本来の訳語であるかのように思われるにいたった。――この判断が正しいとすると、このようにして歪んだ「帝国《エンパイア》」の観念は、さしあたり人々の世界史理解を非常に混乱させるものとなった。というのも、「エンパイア」が皇帝を必要としないにもかかわらず（だからアメリカの「帝国」主義という言い方が成り立つ）[14]、「帝国」は「帝王ノ国」のことだったからである。

二　「エンパイア」の源流

以上、日本・中国における「帝国」の語の起源とその普及のあとをたどった。次に、西洋側における「エンパイア」（ラテン語ではインペリウム）の語の起源とその展開のあとをたどってみよう。

本木正栄は「エンパイア」という英語に遭遇したとき、入手可能な文献を調査した結果、これがオランダ語の

「ケイゼレイク」であるという結論を得た。しかし、実は「ケイゼレイク」というオランダ語は「ケイゼル」(＝カエサル)、すなわち皇帝の存在を前提する言葉であった。だが、インペリウムというラテン語は、いわゆるローマ帝政の成立より五〇〇年以上も古くから存在した言葉である。ではそもそも、インペリウムとは、西洋において、どのような概念だったのであろうか。

この概念の展開は、大きくいって三つのレベルに分けて理解することができる。

1　古代ローマの「命令権」としてのインペリウム

「インペリウム」とは、元来ローマで最高の公職者がもつ「命令権」、あるいは彼が下す「命令」を意味する言葉である。国民は命令権を保持する人物を選挙で選ぶが、この命令権そのものは、一定の儀式によって、神ジュピターから直接に与えられる。

命令権は、太古の王の軍指揮権から発するというが、共和政期に歴史がやや明らかに分かるようになった時代には、軍指揮権、行政権、司法権、財政権などを包括し、人々に服従を強制し、かつ、服従しない者を処罰できる、包括的な至高の権力である。命令権をもつ者がさらに個々の行動へのお墨付き(一種の占いによる吉兆)を神ジュピターから与えられた場合、彼の行なうことは絶対であり、その絶対さはローマ人にとって説得力をもった。古代には国家主権という観念は存在しないから、ローマの命令権保持者は、ジュピターの嘉納を得れば、例えば純然たる外国であるはずのエジプトに兵を進め、力関係にものをいわせて、エジプトの王を命令に従わせてはばからない。

ローマには元老院という長老政治家の集団があって、これがある意味では「政府」のような役割を果たしていたが、元老院は年々複数の「命令権」保持者を各地に派遣して、ローマの利益を守った。一つの地方が平定されてローマにとって心配がなくなると(つまりローマの言うことを聞くようになると)、命令権保持者は送られない。だが、問題が生ずるとまた派遣される。

2 換喩としてのインペリウム＝エンパイア

ある時期から後には、特定の地域には毎年かならず命令権保持者を派遣する習慣が確立する。そのような地域を、われわれは「属州」と呼ぶ。しかし、「属州」でもそれ以外の土地でも、ローマ市域の外で命令権保持者が派遣される地域は「戦地」と考えられていたので、彼は強者の権利にもとづいて行動する。このようにしてローマの権威が確立した地域、ローマの命令が実行されると考えられた地域を、全体として、ローマ人はインペリウムと呼んだ。エンパイアである。つまり、『古代ラテン語集成』(Thesaurus Linguae Latinae)や『ゲオルゲス』などのラテン語辞典が説明しているように、「命令権」の「換喩」(metonymia)としてインペリウムという言葉は「エンパイア」の意味で使われることになるのである。「換喩」とは、ギリシャ以来の修辞学の術語で、比喩の一種であり、「教壇」が「教授のポスト」を意味し、「采配を振る」というと「指図をする」ということになるように、ものごとを表すのにそれと密接な関係のあるものや属性で表現する修辞法を指す。

つまり、インペリウムという言葉が、元来の意味から派生した用語法として、空間的に「ローマの命令が実行される(とローマ人が考えた)地域」という意味でも使われるようになった。この「派生」がいつ生じたか、言い換えれば、ローマ人が、いつ、どの範囲の空間を初めて「ローマ帝国」(Imperium Romanum)と呼んだかは不明である。ひょっとしたらそれは、かつては日本の一つの県ほどに小さな、まわりを敵に囲まれたエンパイアだったかもしれない。そうだとすると、それは、ローマに皇帝が生ずるよりも三〇〇年も前のことになるが、残念ながらこの時代の記録はほとんど残存しないに等しく、よく分からない。

したがってローマン・エンパイアは、その定義上「全世界」や「天下」と結びついていたわけではない。確かに前一世紀後半になると、少なくとも一般ローマ人の意識ではローマにライヴァルが存在しなくなり、ローマン・エンパイアは全世界を包含するものだ、という考えが普及する。このイメージが、ウェルギリウスの叙事詩などに担われて、後世に大きな影響を与えた。しかし前二世紀初めに西アジアの支配者は、ローマがそのエンパイアをヨーロッパより東に拡大しないことを願い、前一世紀前半にポンペイウス将軍はローマのエンパイアを「拡大した」と称賛された。手近な例では、前一世紀中頃のカエサルの『ガリア戦記』の第四巻、一六章(岩波文庫版、一三一頁)「レーヌス河(ライン河)はローマの支配の限界である」の「ローマの支配」が原語では「ローマ人の imperium」である。したがって、拡大する前からエンパイアはすでに存在したのである。

その場合、エンパイアの外部にある国々は、敵国である場合もあり、ローマと平和共存しうる国である場合もあった。ローマの強大化がこれらの国々とローマとの間の力関係を変えることによって、ローマのエンパイアは拡大する。そして、その最盛期に「全世界がローマン・エンパイアである」という観念が生じたのである。このようなエンパイアが、はじめから、天帝と直結した天子が「天下」を支配するものとしての中国皇帝の支配と性質の異なったものであったことは明らかであろう。

日本の「国語辞典」の類のおおくは——一九九八年一一月発行の『広辞苑』第五版にいたるまで——「帝国」をempire の訳語と理解しながら、「皇帝の統治する国家」と定義している。だが、まさに古代の古典的な「ローマ帝国」の支配の主体が共和制の「ローマ国民」であったことを、私は別著[15]で詳しく論じた。歴史的には、エンパイアの特質は——日本の諸辞典における「帝国」の説明とは反対に——支配の主体が「エンペラー」と称するところにあるのではなく、むしろ支配の客体が、主体の外部にある複数の「国ぐに」(さまざまな種類の政治集団)であるところにある。ローマン・エンパイアは、原則として、古典的な形ではローマという共和制的な——あるいは共和制であると主張する——「国」が複数の「国ぐに」(civitas)を支配するものであり、神権政治的なところのない、その意味で世俗的な性格のものであった。しかし、古代末期には「皇帝」が「神の恩寵」を受けて複数のcivitas(事実上「帝国都市」と化した「国ぐに」——ラテン語のcivitasは英語のcityの語源である)を支配するものになる。東西ヨーロッパ中世のローマ帝国はこの性格を保ってゆく。

3 濫喩としてのエンパイア=諸「帝国」

ところで、一方ではこのローマ帝国が東西ヨーロッパにおいて、二〇世紀の初めに至るまでその伝統を伝え(ハプスブルク、ロマノフ)、(神聖)ローマ帝国という名称そのものも一九世紀初めまで存続したことは周知のとおりである。これに対し、ローマ帝国の他にも、中国、日本、オスマン・トルコなど、ふつう「エンパイア」と呼ばれているものの数は多い。だが、これらのエンパイアは、ローマを含めて、ある特定の構造を共通にもつからエンパイアと呼ばれるのではない。もし共通の構造というなら、それはきわめて単純かつ表面的なものでよい。むしろ、これらの「エンパイア」は西洋人によってローマン・エンパイアのメタファーとして、ローマン・エンパイアを想起させるような強大な支配を指す言葉として使われたのである(このエンパイアを本木は「帝国」と訳したのである)。

西洋には古代から、「エンパイア」の意味でのインペリウムという言葉に、メタファーとしての一連の用法があった。これによってローマ人は、ローマン・エンパイアのライヴァルとされたカルタゴの「帝国《インペリウム》」をはじめ、マケドニアの「帝国《インペリウム》」、アケメネス朝ペルシャの「帝国《インペリウム》」などの表現をした。このようなメタファーは、のちのちまで繰り返された。[16]

他方、近世の日本人は、「ケイゼレイク」(「帝王の国」)というオランダ語表現にしたがってある国を「帝国」と特定した(もちろん「ケイゼル」とは「カエサル」のことであり、本来ローマ皇帝のことである)。そして、才助、省吾、その他おおくの近世の地理学者は、神聖ローマ帝国が「正統の」帝国であることを理解していたが、それ以外にも、少なくともトルコ、中国、日本、ムガールを「帝国」としている(その他の例はすでに見た。本稿、一・3)。他方、山村才助はモロッコを「帝国」と見るが、箕作省吾は「西書亦誤リテ(モロッコを)帝國ト為ス者アリ」と述べながら、「誤り」である根拠を挙げない。新井白石はトルコのスルタンを「なお王と言うがごときなり」とするが、才助(六〇三頁)は「シュルタンハ大君ト云ル義ニシテトルコノ帝號ナリ」といい、『和蘭風説書』も一六四八年にスルタンをケイゼルと呼んでいる。[17] つまり、日本人はオランダ語の「言いまわし《フィグーラ》」(オランダ人が使ったメタファー)を直訳している。そして、スルタンを「帝」と表現する「言いまわし」が有力であれば、トルコはケイゼレイクであり、したがってその意味の「帝国」となる。

このように、寡頭政のカルタゴ「帝国」にせよ、スルタンの率いるオスマン「帝国」にせよ、理解の筋道こそ違え、レトリックの技法としては、これらを「帝国」と呼ぶのは、メタファーの中でも「濫喩」(catachresis)と呼ばれるもの、すなわち、机の《脚》、鋸の《歯》のように、本来それを直接的に指示する用語がわれわれの語彙の中に存在しないときに用いるものである。たとえば中国を呼ぶ場合、天子が天下を統べる世界という観念・言語を西洋人はもっていないので、「インペリウム=エンパイア」が代用されたのである。

「代用」が認められることによって、ローマと関係のないアフリカやアメリカにも、さまざまなものの代用として「エンパイア」がいくらでも存在しうることになった。モロッコ帝国やインカ帝国はその例である。

他方、二千年以上にわたる西洋のエンパイアの歴史の中で、エンペラーとエンパイアとが深い関係をもつようになったことは確かである。これが「エンパイア」を「帝国」と誤訳させた一つの誘因になっていたことは容易に想像される。しかし、皇帝の存在から自由なエンパイアという空間は、エンパイアが事実上「ケイゼレイク」であった時期にも、エンパイア観念の根本に存在したことを忘れてはならない。(18)

それにしても、メタファーはどこまで拡大可能であろうか。「帝国」がこのエンパイアの訳語であるならば、「太古の闇より連綿と続く帝国という物語」(山内昌之・増田一夫・村田雄二郎編『帝国とは何か』岩波書店、一九九七、一頁)という言い方は正しいであろうか。——「太古の闇」の中で、縄文時代のある集落が近隣の幾つかの集落を征服し、これをわれわれが「帝国」と呼ぶ場合、メタファーは学問的方法ではなく修辞的方法である限り、このような言い方の是非は、学問的当否の問題ではなく、修辞的・文学的な適否の問題となろう。「大日本帝国」の「帝都」のまっただ中に「やくざの帝国」があった、と言うのも同様である。だが「論壇」にはこれによって帝国概念のアナーキーが生じた。本稿はこれに交通整理をする前提として、若干の基本的な点を押さえようとするものである。

三　日本における「帝国」の概念内容の変遷

1　近代国際法上の「帝国」は「国家」の下位概念

日本の「帝国」に戻ろう。

近代西欧特有のもので、数世紀にして世界を風靡した《state》という概念が、おそらくempire→「帝国」よりはずっと後に、日本では「国家」と訳されることになった。「国家」は昔からある言葉で、日本の江戸時代には日本全体を意味する場合と、藩を意味する場合とがあった。この語がstateの訳語に使われたのである。日本の国語辞典は現代語の「国家」をstateのことと理解しているし、『国史大辞典』(吉川弘文館刊)の「国家」の項(石井紫郎・水林彪)も、「国家」は、「学問上の意義」としてはstateを指すとしている。state, Staatという概念の成立については、多くの文献がある。stateは「帝国」(imperium)からではなく、「帝国」支配の対象である「くに」(近世ラテン語でいうcivitas/respublica)から発するものであり、「帝国」の普遍性を破って、ドイツであれば領邦(帝国諸侯の邦)から、一定の限られた領域と「国民」をもち、かつ自他の「主権」を認めるものとして生じたものである。

問題は、まさに日本人が「帝国」という言葉を使いだした一九世紀に、西欧では近代国際法が完成され、エンパイアが、本来のインペリウム＝エンパイアとはまったく異質のもの、すなわち「国家」の一種と理解されるようになったことである。東アジアでは、とりわけ、アメリカ人H. Wheatonが著わしたElements of International Law(ジャニン・ジャンの考証では一八五五年の第六版)がW. A. P. Martin(中国名・丁韙良)とその中国人の助手たちによって一八六四年(清の同治三年)に『万国公法』と題して中国語に訳され、それが日本にも輸入されて読まれたばかりでなく、早くも慶応元年(一八六五)に開成所によって翻刻・出版され、明治三年には重野安繹によって『和訳万国公法』として出版されることになる。それは、「当時あたかも宗教の経典の如き権威を以て多くの人々に読まれたのであった」(尾佐竹猛)。また、一八六八年には、西周《にしあまね》の『万国公法』(オランダ人フィッセリングの国際法講義の翻訳。大久保利謙編『西周全集』第二巻所収)が刊行され、西欧で完成された近代国際法を、幕末・明治の人々は熱心に学び取った。

丁韙良訳の『万国公法』(19)では、「帝国」という語は用いられておらず、empireは、丁韙良訳でも重野訳でも、すべて「国」とされている(the Austrian, Prussian and Otoman empires＝墺地利、普魯士、土耳古ノ三国、German empire＝日耳曼国、French empire＝法国、なお French republic も法国）。Martin（丁韙良）を助けた中国知識人たちは、少なくとも半世紀も前から日本人が使ってきた「帝国」を使わない。重野はそれに従った。『万国公法』の構成単位は基本的に「国」である。「帝国」と称する国も王国などと横に並ぶ一個の「国」にすぎない[20]。

また、『万国公法』では「帝」「皇」も稀にしか使われない（例えば、第四巻第二章第六節でフランス皇帝ナポレオン一世は「法君拿波良第一」）。稀に使われた例の中に第二巻第三章第六節「君國の尊號」がある。ここでは次のようなことが述べられている。

「自主之國」（独立国）は、みずから侯・王などの尊号を称し、他国がこれを認めればその号を称することができる。……ただ、君主の称、「皇號より尊きはなし。けだしもって、ローマの古皇の嗣續と爲すが故ならん。但だゲルマンの皇のほか、他國の君この號を立つる者の、即ちもって諸國の君王に較べて更に尊位ありとなすは、いまだこれ有らざる也」。

だがこれは、歴史的に存在したものとの妥協であって、本書の論は君主の「称号」を越えた、「自主之國」相互の関係を中心に進められてゆく。つまり、近代国際法の体系にとって「皇帝」「帝国」という概念はなくてもよいのである。

こうして、『万国公法』（当時、国際的に評価されていたこの国際法の参考書）では、山村才助・渡辺崋山・箕作省吾などが「帝国」と呼んだものは、明確に「国家」、しかも「主権国家」の一種（下位概念）と理解されていた。すなわち、当時の日本人は、「帝国」をState＝「国家」の一形態と見なすことを学んだ。たまたま、前述のように、紀元前一世紀後半以後近代にいたるまでエンパイアと呼ばれる国々にはおおむね皇帝がおり、またエンパイアと語源的に同系の語である emperor が皇帝を指したので、一九世紀西欧の国際情勢を忠実になぞって、「皇帝のいる国家」が単純に「帝国」とされたように見える。

2　近代国際法以前の「帝国」＝歴史上の「帝国」

しかし、一八世紀にはなお事態はこれと異なっていた。新井白石は、『釆覧異言』(正徳三＝一七一三)巻第一と『西洋紀聞』(正徳五＝一七一五)中巻のヨーロッパの政治体制の記述[21]では、複数の情報のくいちがいを意識しつつも、ヨーロッパの多数の国々の「君長」におよそ六つの等級があるとして、最高の者を「教化王」たるポンテヘキス・マキスィムス(pontifex maximus, ローマ教皇)、次に「諸國相推して」立てた「漢に帝と言うがごとき」者として「インペラドール」(imperator＞emperor)、その下に「漢に王と言うがごとき」者としてレキス(rex)がいる、として、以下プレンス(蘭 prins＝英 prince)、ホルスト(蘭 vorst＝独 Fürst)、ドウクス(拉 dux＝英 duke)を挙げている。[22] つまり、白石の理解では、神聖ローマ帝国は「国」ではない。皇帝はローマ教皇のように「くにぐに」の上に立っている。[23] 神聖ローマ皇帝は「漢に帝と言うがごとき」者であった。それは「凡そ一世界の人主をわかつ」場合に、ローマ教皇に次ぐ高貴な存在であった。

一八世紀前半までの日本人が知った神聖ローマ帝国は、情報源からいうと、ウェストファリア以前の世代に属する利瑪竇(Matteo Ricci, 一五五二～一六一〇)や艾儒略(Giulio Aleni, 一五八二～一六四九)で、それらは漢文であったために、その書物には「帝国」という概念はなかった。例えば、艾儒略の『職方外記』において、神聖ローマ皇帝は「国王」であり、「七大属国」をもっている。

ところで、ウェストファリア条約(一六四八)以来、神聖ローマ皇帝は皇帝としての実権を失い、「帝国」はほとんど名のみの存在となっていた、とはしばしば説かれるところである。では、シドッチは白石に「時代おくれ」の情報を与えたことになるのだろうか。だが、「「……最近では、一八世紀における帝国の意義を評価する研究がかなりみられるようになってきている」。「……いずれにしろ、一八世紀後半においても依然として、すくなくとも、「帝国」理念が当時の思想家たちのモデル形成に大いなる影響力を及ぼし続けた、ということはまちがいない。……」(柳原正治)。新井白石が上記の箇所で描こうとしたのはそのような世界であった。すなわち、シドッチの時代およびそれ以後何十年かの西欧の法学者たちは、たとえば神聖ローマ帝国において、「主権」が皇帝にあるのか、諸侯にあるのか、あるいは何らかの形でその両者に分有されていたのか、を論じあっていた。というよりも、それはまだ、近代的な「国家主権」の観念生成の揺籃期であった(私はこの知識をとりわけ柳原正治氏に負うている)。

3 『采覧異言』から『万国公法』へ

そのような中で、まさに一八世紀後半の日本で、白石・利瑪竇と類似の見方が、若干ニュアンスを変えて出現する。そこに初めて「帝国」という言葉が現れる。私の知りえた範囲では、それが最初に見られるのは前述のように福知山侯朽木昌綱の『泰西輿地図説』(寛政元＝一七八九)においてである。

この書物はドイツの地理学者ヒューブナー(J. Hübner, 一六六八〜一七三一)の地理書ないしその改訂増補版の蘭訳――日本人がひと口に『ゼオガラヒー』というときにはこの書物、およびその一連の改訂版を指した――を中心において、これにその他の書物から得た知見を付け加えている。[24] およそ『ゼオガラヒー』は「当時の西洋家が金科玉条としたもの」(大久保利謙)であって、日本の地理学者に与えた影響には絶大なものがあった。それは、原著者の死後も息子によって改訂版が出され、その死後も学者たちに改訂の手を加えられて、西洋でも広く読まれたものである。

まず昌綱の著書を手にするとき、その第一巻のはじめ近くにある「爵名」と題する短い章が注意を引く。そこには次のように記されている(青史社刊影印本の二五頁以下)。

「此ノ「ヱウロッパ」ノ州中三ツノ帝國アリ。其一ハ「イタリヤ」ノ帝ナリ。則チ「ヱウロッパ」州中ヲスブルノ帝王ニシテ、昔時「イタリヤ」ヨリ出テ後「ドイツラント」ノ「ウエイネン」(＝ウィーン)ニ移テ都セリ。其太祖、漢ノ平帝・元始元年・本朝・垂仁天皇三十年・辛酉(＝西暦元年)ニ當テ始メテ帝業ヲ開キショリ今ニ至ル迄テ諸國尊シテ帝トイヒ、「ヱウロッパ」州中ニテ用ユルトコロノ年紀ハ則チコノ年スウナリ。[25]……其二ハ「リュスラント」(＝ロシア)ノ帝ナリ。昔時ハ帝爵ノ國ニアラズ侯爵ノ國主タリシガ、近歳「ピイテル」姓ナル人帝位ニ即テヨリ諸州ヲ攻落シ、勢イ甚ダ大ニシテ、今世界第一ノ帝國トナレリ。其三ハ「トルコ」ノ帝ナリ。昔時ハ「ヱウロッパ」ノ地ヲ領スル事甚ダ少ナカリシガ、近歳甚ダ強大ニシテ、諸州ヲ従ヘテ「アジヤ」ノ震旦(＝中国)ニツグノ帝國トナレリ……」

この新しい表現(帝爵の国＝帝国)をもう少し追ってみよう。

昌綱の後、新井白石が『采覧異言』を著わしてから一世紀をへて、前述の大槻玄沢の高弟・山村才助(名は昌永)が、白石のこの著書に対する丹念な注釈を作成した(享和二＝一八〇二)[26]。

彼は一三五頁に次のように記す。

「昌永(＝才助)按ズルニ……「イムペラトヲル」亦ラテン語ナリ。フランス呼デ「エムペレウル」ト云ヒ、オランダ呼デ「ケイゼル」ト云、乃チ帝者ノ義ナリ。凡ソ威徳隆盛ニシテ諸邦ヲ臣服スル大國ノ君ニ非ザレバ此ノ爵ヲ称セズ。歐羅巴洲中、惟ゼルマニア・ムスコビア(＝モスクワ＝ロシア)ノ二國ノミ。其他ハ支那・トルコ・モゴル(ムガール)等ヲ西人此ノ如クニ稱ス。又西書所載ヲ按ズルニ、此ノ外ニモペルシア・アビシニイ・

マロッコ等ノ諸大邦、又シャム・日本及ビジャワノマタラン等ハ皆勢盛ニ自立シテ他ニ属セズ、各雄ヲ一方ニ称スルニ因テ、西人又呼テ帝國トス」

すなわち才助によれば、「威德隆盛ニシテ諸邦ヲ臣服スル大國ノ君」、「勢盛ニ自立シテ他ニ属セズ、各雄ヲ一方ニ称スル」者が「帝」という「爵」を称し、その大国を西洋人は「帝国」と呼んだ。

私の知りえた限りでは、上記のように「帝国」という語は、昌綱が初出であり、才助がこれに続く。いずれの場合にも、それは「帝爵」という概念と結びついており、[27] 才助はこれを「諸邦ヲ臣服スル大國」と呼んでいる。

才助の後、佐藤信淵が『西洋列国史略』(文化五＝一八〇八。『佐藤信淵家学全集』(下)、岩波書店、一九二七、七八三頁)の中でやはりヨーロッパにおける帝爵の国としてドイツ・ロシア・トルコを挙げ、王国としてフランス以下の一〇国をあげる。しかも、数百年前にアメリカ大陸に帝爵の国が二国あったことまで言及する(七九五頁、八〇五頁(帝国)、同書附論八二七〜八二八頁(メキシコ、ペルー)も参照)。また、その翌年(文化六＝一八〇九)に、馬場佐十郎が公命によって『帝爵露西亜国誌』を翻訳した。その原書はJacob Broedeletのロシア誌(一七四四、後述)で、吉雄幸作、前野良沢、山村才助も同書を訳している。才助の場合には帝・王・公・侯などは「歐羅巴諸國君長の爵」であった(一三五〜一三七頁)。馬場佐十郎も、皇帝を「帝爵」をもつ君長と考え、才助が「帝國露西亜」と呼ぶものを「帝爵露西亜國」と呼んだ(しかし、前にも見たように、佐十郎は翌年に中津侯・奥平昌高の名で公にされた『蘭語訳撰』ではkeizer-rykを「帝国」と訳している)。のち、数十年をへた安政二年(一八五五)発行のオットモンヱセ著・魁山無懐子(誰かの匿名らしい)訳『倭蘭年表』(『文明源流叢書』第三巻所収)も、西暦四二〇年および一六四七年の条で「帝爵」という語を用いている。同年には、大槻西磐も『遠西紀略』の中で「帝爵」を使う。

橋本宗吉という人が寛政八年(一七九六)に『喎蘭《オランダ》新訳地球全図』を著わし、享和元年(一八〇一)に山村才助は恩師大槻玄沢の命を受けてその批判文を作成した。[28] その中で、宗吉が、「歐羅巴、東西千八百里。南北千里……總名ヲ泰西ト云……三部ニ分チ、各天子アリ」と述べるのを受けて、才助は次のように批判する。

「三部ニ分チ各天子アリ。永(昌永＝才助)按ズルニコレ乃チ(朽木侯の)『泰西圖説』ヲヨミタガヘテ自分モ未ダ解セザル事ヲ記スモノ也。歐羅巴ノ中ニ三ノ帝爵ノ國アリト云ヘルヲヨミ誤リタルナリ。歐羅巴ヲ三部ニ分ツト云フ事ハ未ダイヅレノ書ニモ見ヘズ」

という。ヨーロッパに帝爵の国が三国ある、に類することを言ったのが、この時点で、朽木侯の踏襲と解された、ということは、それまでに朽木侯以外にこのことを言った人がなく、侯が最初の例だということを意味するだろう。また、朽木侯自身、この書物を完成させた二年前の天明七年(一七八七)にはまだ著書『西洋銭譜』の中で、ドイツ帝国皇帝を単に「獨逸國帝王」と呼んでいる。

朽木侯の『泰西輿地図説』が現れてから五年ほど後に、桂川甫周(国瑞)は、『北槎聞略』巻之五(寛政六＝一七九四。引用は亀井高孝校訂本(一九三七)による)の中で(一一三頁)、次のように言っている。「按ずるに吉雄幸作永章(耕牛、一七二四～一八〇〇)か譯せしベシケレーヒンギハンリュスランド[29]といふ書に云。魯西亞《ロシア》はもと王爵の國なり。千五百十四年(永正一一)に厄力西亞《ゲレシア》(＝ビザンツ)の帝爵を嗣て始て帝號を稱す」。これは、「帝爵」という言葉を使った例として、朽木侯以前に吉雄幸作の訳書(安永七＝一七七八。大久保利謙『海外知識』三九三頁)があったことを意味しているように一見したところでは見えるが、実はそういうことではないようである。[30] 幸作は「帝爵」を使わず、また「帝国」という言葉も使っていない。吉雄幸作を引用している甫周も、「魯西亜帝國」という言葉は一度も使わず、それ以外の国についても、「帝號を稱する諸國」「皇帝統御の國」と言うが、「帝国」とは言わない。

「帝爵」も「帝国」も、ともに朽木侯の創始ではないだろうか。「彼のような為政者的立場の人の蘭癖の場合、その立場からも自然と地理学への傾斜が生まれるという事情が考えられる。……つまり多くの蘭学者は医学者であり、その専門への志向からオランダ医学を学んだが、為政者的立場に属する武士階層の場合はやはりその発想、その志向はおのずから「天下」「国家」にあった」[31]。「天下国家」にまつわる新しい概念が一人の大名によって創造されたとしても不思議はない。

　だが、桂川甫周において、「爵」は、巧まずして新井白石のいう「位号」とは異なった、新しいヴェクトルを担うことになった。

　すなわち、甫周は『北槎聞略』の中で次のような大黒屋光太夫の報告を伝えている。「帝號を稱する國をイムペラトルスコイといひ、王爵の國をコロレプスツワといふ[32]。彼邦(ロシア)にて他邦の者ともおち合ひ、互に其許(あなた)の國は何國にて何爵ぞと問とき、コロレプスツワなりといへばとり合ふ者もなし。イムペラトルスコイなりといへば席中形を端し上座を譲ると也。世界の間四大部洲にして其容るところの諸國千百に下らず、其内帝號を稱する國僅に七國にて、皇朝(日本)其一に居る」(二六八頁、なお一〇五頁以下を参照)。

　ここでは、「某(たとえば一人のドイツ人、日本人)は帝爵の國の民、某(たとえばイギリス人、大革命前のフランス人)は王爵の國の民」として、ネーション観念の芽生えが感じ取られ、ネーションを単位とする国際社会が考えられている。そして、総計が千百を下らない国々のうちの七国が帝爵国だというのであるから、帝爵の国も国際社会の一員以外のものではない。ここでは、「帝国」は白石や才助が言うような「王国」や「公国」を「臣服スル大國」ではなく、それらと横に並ぶ存在である。

　してみると、一八〇二年の山村才助よりも、一七九四年の桂川甫周の方が新しい時代の考え方に近い。山村才助は「アームチェア」の学者であった。彼よりも、「フィールド」から戻ったばかりの光太夫に耳を傾けた桂川甫周の方が西洋人の新しい考え方を伝えている。

古代中国の史料にも「天子」を一つの爵とする考えはあった。(33) だが、それらが、たとえば周公の創始という公・侯・伯・子・男の五爵や、漢代の二〇等爵(西嶋、一四〇頁以下)とどのような関係にあるのか、私には分からない。諸橋轍次『大漢和辞典』(Ⅶ・五七五頁)によると、天子は普通、爵(元来は礼器としての「さかづき」)を授ける側であって、受け取る側ではない。

いずれにせよ、白石自身は「爵」という言葉を用いていない。だが、彼が「帝」を、侯・公・王などをつらねる「君長の位號」「一世界の人主の位」たる六つの等級の中に位置づけたとき——「帝」を下位の号から上位の号への延長線上に据えることによって言わば相対化したとき——、そこには、少なくとも周代の爵にとっての天子とは性質の違ったものが考えられていると言えるだろう。ならば『佩文韻府』がオーソライズする王国、公国、侯国になならって、「帝国」があってもよく、ここに、「帝爵の国＝帝国」という言葉が使用される前提がつくられていたことになろう。

シドッチを深い尊敬の心をもって「尋問」して「漢に帝と言うがごときもの」が人君の一種(しかも上から二番目の)にすぎないことに目を開いた新井白石と、大黒屋光太夫の物語を虚心坦懐に受けとめてネーションの時代の黎明を描いてみせた桂川甫周とは、「近代的」な国際社会のありように対する日本人——鎖国中ながら懸命に「世界」を模索する一部日本人——の認識が深まってゆく過程を表していると言えないだろうか。

その後、「帝爵」という言葉は結局はあまり好まれなかったようであるが、(34) 帝位の「爵」的理解は定着した。渡辺崋山も『外国事情書』(天保一〇＝一八三九)で、「國々ヲ帝國〈ケイズル〉、王國〈コーニング〉、上公國〈アールツヘルトーゲン〉、大公國〈コロートヘルトーゲン〉、侯國〈ヘルトーゲン〉ナド称シ、其國ニ位階有レ之、頗ル名教行ハレ中候」と言っている。そしてそれは、一八九七(明治三〇)年の福沢諭吉の言葉(全集・第一巻・緒言、一四頁)、「(国々には)帝国の位もあり王国の位もあり……」につながってゆく。「位」というのだから、それは「主権国家」の、いわば「プレスティジの違い」にすぎないという理解であろう。

このようにして「帝国」は、『万国公法』が説くような近代「国家」の下位概念になってゆく。

さて、一九世紀中頃から後の東アジアに、近代国家の観念がどのように成熟していったか、この間に「帝国」の観念に何が生じたか、という問題は、私には論ずる能力がない。この時代には魏源の『海国図志』が日本でも広く読まれたが[35]、魏源は清国をなにものと見、近代国家をなにものと見、この両者をどのように見較べたか、その日本に対する影響いかん、など、私には手に負えない問題が山積しており、専門家の御教示を仰ぐほかない。これ以後、大日本「帝国」憲法までの「帝国」概念の歩みを論ずるのも、私のアマチュア作業の域をこえる。

おわりに――飛び交うメタファー

一六世紀後半から日本人は世界に向かって目を開きはじめたが、一八世紀初めの新井白石や西川如見以後[36]、鎖国の日本にも、輸入書や西洋人からの伝聞によって、「世界地理」のパラダイムと呼びうるようなものが成立し、オランダ人のいう「ケイゼレイク」を幾つか含む「国々」の世界が表象され、一八世紀後半からの史料にはそれらの国々の君長を「帝爵」以下の爵に整序する考えが見られ、同時に「帝爵の国」が「帝国」と呼ばれることによって、「帝国」の歴史が始まった。こうして「帝国」とは、日本人が西洋との接触の結果としてつくりだした、中国人には不可解であったと想像される観念であり、蘭学の全盛期である一九世紀前半の日本に普及し、後半には完全に定着して、漢文化の伝統の厚い壁を破って中国に輸出すらされた言葉である。

その間に英学が蘭学に代わって洋学の中で重きをなすようになると、「帝国」は「ケイゼレイク」の訳語から「エンパイア」の訳語にすりかわったが、誰もその意味に気がつかなかった。

だが、このエンパイアとは何かといえば、古代に地中海の周辺に打ち立てられたローマン・エンパイアを想起させるもののことであり、あるいは、中世・近世のヨーロッパ人にとっては、間接に、身近にあって古代のエンパイアを伝えるとされたもの(たとえば神聖ローマ帝国)の他世界(たとえばトルコ)への投影がエンパイアだった。われわれはア・プリオリに「帝国」の定義を設けて、ローマも秦漢もオスマンも「この定義に合致する」から「帝国」である、と考えるべきではない。ローマがエンパイア「であった」のであり、秦漢やオスマンは西欧人の目から見てこれに似ていると考えられたから、アナロジーとして「エンパイア」と「呼ばれた」のである。われわれはこれを慣習上、本木正栄に従って「帝国」と訳しているのである。

われわれ日本人は明治以後、「ケイゼレイク」である帝国と「エンパイア」である帝国との絡み合いの中に生きてきたが、日本の言論界で「帝国」という言葉が新しいいのちを得たのは、「大日本帝国」崩壊の後であろう。旧「帝国」の崩壊とともに、「帝国主義」が学界で自由に論議されるようになった。戦後の日本における「帝国」「帝国主義」の議論の展開を追うのは私の任ではないが、これが歴史学の中でも最もアクチュアルな問題の一つとして人々の関心を引く中で、歴史学以外にも影響を与え、ケイゼレイクとしての「帝国」の問題が「天皇制」の問題としても論じられるかたわら、エンパイアとしての「帝国」概念は、一方では帝国主義論の延長線上に問題を深め拡げる方向に、しかし、ある時期から後は国民国家の時代の中から未来に新しい世界を模索する方向を含めて、社会科学全体に、そしてジャーナリズムに、さらに文学にすら「帝国」の語が飛び交うようになった。果ては、術語の精確さにこだわる歴史学の方が取り残されてゆくほどの状態となり、現在の若い人に「帝国」という言葉で何を思い浮かべるか、と尋ねると、たとえば「メディアの帝国」という言葉が返ってくる。

だが、メタファーはしばしば慣用によって「もはやメタファーではない」ものになり、辞書の一角に場所をあたえられることがある。「机の脚」というとき、われわれはもはやメタファーを語っているとは意識していないし、辞書もこの語法に独立の地位を与えている。多くの言葉・表現が泡沫のように現れては消えてゆく中で、メタファーとしての「帝国」の何が「正しい」日本語として認知されて残るべきか考えてみなければならない。

歴史家にとっては、「エンパイア」の訳語としての「帝国」をいまさら拒否しえない限り、この概念で説明せざるをえない、切実な問題があるのである。

（1）　諸橋轍次『大漢和辞典』(Ⅳ・四二五頁)は隋の王通という学者が「帝國」という言葉を用いた例を引用しているが、鶴間和幸氏によれば、王通の原文は、われわれがふだん使う意味での「帝国」(エンパイア)を意味するものではないとのことである。「帝国と支配」(本村凌二氏との共同執筆)『岩波講座　世界歴史』5、一九九八年、一三頁以下。

（2）　『佩文韻府』の利用にあたっては並木頼寿氏のお世話になった。また、コンピューター検索は青木敦氏にお願いしたが、二十五史の中で「帝」と「國」の二字が続いて現れる箇所は次のとおりである(数字は中華書局標点本の頁数)。『漢書』三一二〇、『魏書』二四五六、『旧唐書』六一、九五六、『新唐書』一五〇四、四二九〇、『清史稿』三〇六九、一二八二九。この中で「帝國」と読めるのは最後の一例のみである。その後、あらためて青木氏からいただいた書簡によれば、「台湾の中央研究院のデータベースが拡充されて、四書五経や通典、朱子語類などかなりの数の原文検索ができるようになり、「帝國」を入れてみましたが、意外にも近代の事例しかなく、古典のどこかにあるだろう、という私の予測は裏切られました」とのことであった。なお、本書第二章末尾の「付記」を参照。

（3）　王鉄崖の条約集を見ると、一七六八年のロシアとの条約ではロシアのエカテリナ二世が「俄羅斯(オロシア＝ロシア)帝國女帝」とされているが、これは後代の想像による復元で、原文にはなかった言葉である。

（4） 鶴間和幸、上掲論文を参照。

（5）『諳厄利亜語林大成』とあわせて考えるべきものに、同じ本木正栄の手になる英語学習書『諳厄利亜興学小筌』があり、ここでも巻之二に「帝國」がEmpireおよびmonarchyの訳語として使われている。この二書については、井田好治氏らの手によって大修館から影印本が刊行されており、別冊としてその解説書、日本英学史料刊行会編『『諳厄利亜興学小筌』『諳厄利亜語林大成』研究と解説』(大修館書店、一九八二)がある。これによれば、両書の成立の次第は次のとおりである。文化六年(一八〇九)春に幕府から「諳厄利亜文字言語修学の命令」が下り(その前年に英艦が長崎港を襲ったいわゆるフェートン号事件が起っている)、本木正栄がその「せわやく」とされた。二年をへて文化八年(一八一一)春に『諳厄利亜興学小筌』が完成した。同年秋九月に「言語集成の書訳編の命」、すなわち辞典編纂の命令が正栄に下った。半年後の文化九年五月に『諳厄利亜語林大成』の初稿が成った。定稿は文化一一年に幕府に献上された。『諳厄利亜語林大成』は全一五巻、約六〇〇〇語を収録する当時としては大きな辞典で、これが半年で完成したのは、それが『興学小筌』編纂とひとまとまりの事業であったことを示すと思われる。したがってここでは、辞典の方を挙げた。——本書より前に、この同じプロジェクトの成果として吉雄権之助らが文化七〜八年(一八一〇〜一一)に『諳厄利亜言語和解』を作成したが、これは東京大学総合図書館に蔵されていたところ、一九二三(大正一二)年に関東大震災で焼失した。

（6） Woordenboek der Nederduitsche & Fransche taalen ; Dictionnaire flamand & françois, Leiden & Utrecht. 私が見たのは、蘭仏辞典は『波留麻和解』の訳者たちが使用した一七二九年の第二版そのものであり、仏蘭辞典は一七三三年の第四版である。仏蘭辞典はEmpireを次のように説明する。《*Etendue d'un pais sous la domination d'un empereur*, Keizer-rijk, Rijk, gebied van een Keizer, *un vaste empire*, een groot rijk》.

（7） P. Marin, Dictionnaire complet françois et hollandois ; Groot Nederduitsch en Fransch Woordenboek. 私が見たのは仏蘭は一七二八年、蘭仏は一七三〇年版で、ともに第二版である。その仏蘭辞典のempireの項は、《*Domination d'un Empereur, d'un Monarque* Ryk, Keizerryk, Gebiet, Heerschappy van een Keizer of Oppervorst...》と説明して例をあげ、さらに《*Empire, l'étendue des Pays sous la domination d'un Empereur* Rijk, Ryksgebiet *Empire, absolument dit, s'entend de l'Empire d'Allemagne*》と説明する。

（8） 例えばモンテスキュー、田中治男・栗田伸子訳『ローマ人盛衰原因論』(岩波文庫)、八八頁、一〇〇頁に現れるローマ共和制時代の「帝国」は、フランス語原文(一七三四年)ではempireである。

(9) ただし、ヘボンの『和英語林集成』(明治五＝一八七二の第二版。初版は見ることができなかった)の英和の部ではempireには「シハイ、マツリゴト、テンカ、コク」という訳語が与えられている。——井田好治氏の書簡によれば、本書初版本(慶応三＝一八六七)ではempireの訳語は「クニ、コク」である由。

(10) 森岡健二編著『近代語の成立・明治期語彙編』一九六九、四〇頁以下。

(11) 引用にあたっては、現在の読者に分かりやすいように、原文に若干手を加えた(他の史料についても同様である)。

(12) 日蘭学会・法政蘭学研究会編、岩生成一監修『和蘭風説書集成』一九七七、一九七九、を利用した。

(13) われわれが「古代ローマ帝国」「神聖ローマ帝国」というとき、「帝国」は、ラテン語ではImperiumであるが、この言葉にもさまざまな使い方がある。——なお、empireは、この「インペリウム」が二千年の間に音韻変化をとげたものにすぎない。

(14) インペリアリズムとはエンパイア・イズムということである。

(15) 吉村忠典『古代ローマ帝国』(岩波新書)、一九九七。さらに本書第二章も参照。

(16) たとえば清露間のネルチンスク条約(一六八九)のような公式の文書でも、ラテン文では、清およびロシアは、ほぼ一貫してimperiumとされる(この条約のラテン文テクストは木村英亮氏の御尽力で入手しえた)。また、北島見信『紅毛天地二図贅説』(元文二＝一七三七、原書はJ. Hevelius (1611-1687)の著作。開国百年記念文化事業会編、鮎沢信太郎・大久保利謙『鎖国時代日本人の海外知識』(以下『海外知識』と略す)、八二頁)中巻も、ムガール帝国をMagni Mogolis Imperium(大ムガールのインペリウム)とし、「ケイスル」をその「王者」とするが、中国はregnum Sina(シナ王国)とし、これを「紅毛(＝オランダ人)ハコーニンキレーキ(＝王国)ト云フ」と述べる。

(17) 岩生、下、二八〇頁。一八四〇年の『風説書』ではKeizer van het Turksche rijk, Sultan Mahnaoud'、岩生、下、三八八頁。

(18) このことをOED(Oxford English Dictionary)のEmpireの項の冒頭は、裏側から、次のように説明する(すなわち、OEDの執筆者と私との説明が表裏反対の方向からなされるほど、この語に対する日本人の理解はイギリス人の理解と食い違っているのである)。「一つには歴史的な事情から、また一つにはempireとemperorという二つの単語に語源上の親縁性が意識されるところから、empireという言葉は、その語源からくる広い意味と並んで、つねに《rule or territory of an EMPEROR》という特殊な意味を併せそなえてきた」。私自身、現在ロマンス系の諸言語を語る人々がimperiumの系統の言葉(empire, impero, imperio)を聞いたとき、どの程度「皇帝」を思い浮かべるか、よく分からない。

(19)　加藤周一・丸山真男校注『翻訳の思想』「日本近代思想大系」一五、岩波書店、一九九一、に本書の部分対訳が収録され、原文、漢訳、和訳の対訳に注解を付してある。これは、漢訳原文の第一巻第二章の第一節から第一三節までである。なお私はこのテクストとその注解、およびジャニン・ジャン(張嘉寧)による巻末の解説から非常に恩恵をこうむっている。私は、上記の慶応元年開成所翻刻の『官版・万国公法』全篇に目を通したが、「帝国」という言葉は一カ所も使われていなかった。

(20)　第一巻第二章第九節、第四巻第三章第四節などは墺・法(仏)・英・普・俄(露)を「歐羅巴ノ五大國」とするが、実際にはそのうちの墺・英・俄は帝国と称していた(フランスは、原著の第六版が出たときには第二帝政下にあったが、初版が出た一八三六年には七月王政であった)。さらに第二巻第三章第三節、第四巻第三章第二九節など、一般に帝国とされる国が王国や「民主之國」などと横に並ぶ例はいくらでも拾うことができる。――フィッセリング・西周『万国公法』第二巻第二章(『西周全集』版、二二二頁以下)を参照。とくにその第一六節にいう、「帝ト王トノ尊號方今ニテハ更ニ差別ナシ……併ニ民主ノ國エモ是(王者に対する礼)ヲ歸スルヲ常習トス」。

(21)　『采覧異言』は『新井白石全集』第四巻、八一九頁上・下段、八二〇頁下段、『西洋紀聞』は宮崎道生校注、東洋文庫版、三八頁、四三頁。この宮崎校注本に附録八として収録された『ヨハンバッテイスタ物語』(『西洋紀聞』の下書き)、二二八頁以下、二三二頁以下をも参照。――白石の当面のインフォーマントであるシドッチ(Giovanni Battista Sidotti, 一六六八〜一七一四)はシチリア出身の壮年のカトリック宣教師であり、中国舶載の古めかしい文献(とくに利瑪竇の『坤輿万国全図』(一六〇二＝明の万暦三〇))やオランダ系の情報とは異なる言葉を語っただろう。

(22)　これは、基本的には利瑪竇にさかのぼる見解である(新井白石は禁書を目にしうる立場にあった)。利瑪竇『坤輿万国全図』(私が利用したのは京都大学所蔵本が一九三六年に一八枚の切図として北京で影印刊行されたものだが、故・秋岡武次郎先生未亡人から西川治氏に贈られたものを西川氏からコピーしていただいた)には、次のような記載がある。「此れ歐邏巴州に三十餘國あり。皆な、前王の政法を用う。一切の異端に従わず、而して獨り天主上帝の聖教を崇奉す。凡そ官に三品有り。

其の上は教化を興すことを主(つかさどり)(山村才助の読み方に従う)、其の次は俗事を判理し、其の下は兵戎を専治す」(切図第一六図)。この言葉を白石はシドッチに解説させた(『采覧異言』八一九頁)。

(23) 「諸國其の君を推稱して之をインペラドルと謂う。其の屬國の君長亦ホルストの號あり」(『采覧異言』全集版、八二〇頁下段)。利瑪竇(切図第一三図)は、神聖ローマ皇帝をゼルマニア諸国の「総王」とした(白石はこれを誤解した。才助の注釈を参照)。

(24) ヒューブナーの書物は何回か改訂増補をされたが、朽木昌綱がどの版を用いたかについては議論が分かれる。この論争の当事者の一人である石山洋氏はこの問題に関し、多くの貴重な資料を提供して下さった。厚く感謝したい。しかし、ここでこの問題に立ち入る余裕がないのは残念である。日蘭学会編『洋学史事典』一九八四、「ゼオガラヒー」の項(石山氏執筆)を参照。

(25) すなわち、西暦とはローマ帝政成立の年を元年とする紀年法であるという理解である。しかし、昌綱の次の世代はすでに西暦元年がキリスト降誕の年であることを知り、これを「中興革命」あるいは簡単に「革命」の年と呼んだ。なお、この時代に、「革命」がまだ revolution の訳語でなかったことは言うまでもない。東洋の辛酉革命説との関係(西暦元年=辛酉)については、蘭学資料研究会編『箕作阮甫の研究』思文閣出版、一九七八、所収、小沢栄一「箕作阮甫の歴史学」一一四頁参照。

(26) 山村才助『訂正増訳采覧異言』(蘭学資料叢書1および2の影印版(青史社、一九七九)を利用した)。本稿での引用頁数はこのテクストによる。

(27) 朽木侯の『泰西輿地図説』より前に、工藤平助『赤蝦夷風説考』下巻(天明元=一七八一脱稿、天明三に上巻とともに発表)は、ロシアを「帝釋號の國」としている(大友喜作校訂解説、北門叢書版、一九四三、二三二頁)。帝「釋號」とはどういう意味だろう。——朽木侯の数年後に、前野良沢は『魯西亜本紀』(寛政五=一七九三)の中で、「ケイセルの爵」という言葉を使っている。

(28) 鮎沢信太郎『新井白石の世界地理研究』一九四三、九九頁以下にその文章が紹介されている。

(29) =Beschrijving van Rusland=独 Beschreibung von Rußland=前記の J. Broedelet のロシア誌。

(30) 吉雄幸作に〈ロシア誌〉に類する訳書があったことは確認されず、ただ、彼が『ベシケレーヒンギ』第一巻に収めてある

「ラウレンツ・ランゲンス」(L. Lange)の支那紀行の部分を一七七八年に邦訳したことが分かっている(岩崎克己「ベシケレイヒング・ハン・リュスランドの流伝と翻訳」(『書物展望』一一巻一一号(三六四頁以下)・一二号(四四六頁以下)、一九四一)、大久保利謙『海外知識』三九三頁)。だが、この文章(静嘉堂文庫本で『魯西亜志附録』と合綴)は、「爵」のことには何も触れていないから、前記の甫周の言葉は、「幸作は『ベシケレーヒンギ』のある部分を訳したが、その『ベシケレーヒンギ』の別のところ(幸作が訳したのではないところ)に「爵」の記事がある」、と言っていることになる。しかも、その記事がオランダ語の原文にあるのか(そして甫周自身がそれを「爵」と訳したのか)、それとも誰かの邦訳にあるのか分からない。もし後者ならば、甫周は、幸作の名ではなく、その人の名を挙げただろう。甫周がとくに幸作の名を挙げたのは、日本で最初に『ベシケレーヒンギ』の原典を入手し、かつその一部を邦訳したのが吉雄幸作であること(岩崎論文参照)が知られていたからであろう。

(31) 沼田次郎「丹波福知山藩主朽木昌綱の蘭学研究について」(『日蘭学会会誌』第一七巻第二号、一九九三)、一二頁。一七三〇年前後の仏蘭・蘭仏の辞典が日本人にkeizerrijkという言葉を教えていたことは上述のとおりであるし、すでに一六四九年の『和蘭風説書』が神聖ローマ帝国を「ドイツのケイゼレイク」と呼んだことも上に見た。また、ヒューブナーの著書の蘭訳(一七三二・三四)で「後まで蘭学家の宝典となった本」(新村出)とされる『コウランテン・トルコ』という百科事典(『洋学史事典』「コウランテントルコ」の項(石山洋執筆)参照)のRyk(レイク)の項は、「Rykとはケイゼレイク(keizer-ryk)コーニングレイク(koningryk王国)の事だ」としている。朽木侯はこのあたりから知られていたkeizerrijkというオランダ語を、おそらくは『佩文韻府』の王国、公国に倣って、「帝国」と訳したのだろう。

(32) ロシア語で、イムペラトルスコイは「皇帝」の形容詞中性形。コロレプスツワは、「王」の地位、その国などを表す名詞である。

(33) 『孟子』万章章句下、第二章。西嶋『秦漢帝国』(講談社学術文庫)、一九九七、三六五頁。同書、四七四〜四七五頁によれば、後漢の班固らが編纂した『白虎通義』が「爵」について論じているというが、私にはこのような問題に深入りする能力はない。

(34) 現在の国語辞典、漢和辞典に「帝爵」という言葉が拾われていないばかりでなく、前に見たように、近世の蘭和辞典、英和辞典にも「帝爵國」という訳語は使われなかった。

(35)『海外知識』一三五頁以下、一三九頁以下、石山洋「箕作阮甫の地理学」(蘭学資料研究会編『箕作阮甫の研究』思文閣出版、一九七八、所収)、二四三頁以下参照。

(36) これに前述の北島見信『紅毛天地二図贅説』(元文二＝一七三七)を加えてもよいだろう(新村出『続南蛮広記』一九二五、一頁以下、二二二頁。『海外知識』八二、八三頁も参照)。ただし、本書の地理叙述はアジア州の部分しか伝わっていない。

[付記]

本稿は『史学雑誌』第一〇八編第三号(一九九九)に「研究ノート」として発表された。

II

古代ローマ帝国の「本質」をめぐって

第四章　属州クリエンテーラと補助軍*

一

共和時代盛期におけるローマの軍隊は、ローマ有産市民に形成される正規軍団(legiones)とイタリアの同盟諸市から出される補助軍諸部隊(alae)とから成り立っていた。しかしイタリア農民層の没落、人口の減少などの社会史的発展はこの軍事体制を破産せしめ、すでにヌマンティア戦争時代にはローマ市民軍とイタリア同盟軍との数は、当時のローマが直面した軍事的課題を果たすに足りず、また同盟市戦争のときにも兵員の不足のために人々は解放奴隷まで兵士として動員した。(1)(2)(3)

このような事態において、マリウスはユグルタ戦争の際に兵制改革を行ない、プロレタリイを軍団兵として使った。ただしこれは決して急激かつ飛躍的な改革ではなく、兵役に要求される財産資格が時代とともに引き下げられるという、長い期間にわたる漸次的な発展の一帰結にすぎなかった。マリウスがこのようなプロレタリイを含む軍を率いてヌミディア人やゲルマン人などを破ったことは有名であるが、やがてプロレタリイ兵はローマの戦争遂行(4)(5)

にとって不可欠な存在となるに至った。しかもかかる兵士は退役後その将軍の尽力(植民法などを民会で成立させること)によって土地などを得て老後の生活を安定させることを期待したので、従軍中から将軍を一生のパトロンと仰ぐようになり、ここにローマ史上新しい形のクリエンテーラ(保護関係)が生じた。それがいわゆる軍事的クリエンテーラであり、わが国でローマ共和末期史上の「私兵」と呼ばれるものである。これは周知のように政治史の上でも重要な役割を果たすこととなる。(6)

これと並んで、ローマ旧来の軍事制度のゆきづまりを打開するためにとられた今一つの重要な方法は、ローマの軍隊を海外(属州内外の友邦・盟邦)の住民が提供する補助軍によって補うことであったが、それはとくに同盟市戦争以後の時代にさかんに行なわれるようになった。しかしこれも決して急激な改革によったのではなく、以前から徐々に行なわれていたものの発展にすぎなかった。すなわちすでに前二一〇年から二〇六年にかけて大スキピオはイベリア半島でその軍隊の中にヒスパニア人、アフリカ人、およびおそらくヌミディア人、ガリア人の補助部隊を有し(後述を参照)、また小スキピオもヌマンティアに向かうときに、クリエンテス(被護民——古い意味における)や友人からなる軍と並んで、諸都市・諸王が彼に好意的に提供した軍隊を有した。(7) そのとき彼に兵を送った王としてはヌミディア王ミキプサが知られている(Sall. Jug. 7, 2)。またユグルタ戦争のときにもトラキア人などがローマ軍中にあった(Sall. Jug. 38, 6)。同盟市戦争のときにも前九〇年のコンスル、L・カエサルはガリア人、ヌミディア人、マウレタニア人の補助部隊を、(8) また前八九年のコンスル、ポンペイウス・ストラボーはヒスパニア人の騎兵隊をもち(Dessau, *ILS* 8888)、「そしてラテン市民および外民族の補助軍がローマ人のもとに送られた」。(9)

同盟市戦争時代にイタリアに市民権が普及してからのちは、ローマ軍は市民兵の正規軍団(ときとして少数の市民騎兵隊を含む)(10)と属州民や国外民の補助軍とから成り立つこととなり、時とともに補助軍の騎兵部隊を alae、(11) 歩兵部

隊をcohortesと呼ぶ習慣も確立していった。(12)

しかし内乱時代の補助軍の組織について詳しいことは分からない。当時の軍事史の最大史料であるカエサル(『ガリア戦記』『内乱記』)およびその継続者の作品(『アレクサンドリア戦記』『アフリカ戦記』『ヒスパニア戦記』)――以上の五書を今後便宜上「カエサル文書」(Corpus Caesarianum)と呼ぶ――には補助軍の編成に関する記述はみられない。ただ注意してよいのはデュラキオンでカエサル側に参戦したアロブロゲス族の貴族、ロウキルスとエグスの兄弟に関するカエサルの記述である(後述を参照)。この兄弟はequites, clientes, comitatus, familiaresなどと呼ばれる手兵を率いてカエサルのために戦い、カエサルから報酬(stipendium)も受けた。(13) しかしその手兵の総数は不明である。(14) 確かなことは、彼ら二兄弟がローマ人の騎兵隊長(praefectus equitum)C・ウォルセーヌス・クァドラートゥスの下に、一種の将校として自己の騎兵隊を率いていたことである。ところでわれわれはある碑文から(15) ala Scaevaという補助騎兵隊の存在を知っている。この名はカエサルの部下の下士官であったスカエワ(17)(Scaeva)の名から出ているが、(16) このスカエワは武勇抜群のため補助軍騎兵隊長(praefectus alae)に昇進せしめられた。(18) またキケロは、その子マルクスが内乱のときにポンペイウス側の補助軍騎兵隊長であったことを伝えている。これらの例からわれわれは、すでに内乱時代から補助軍騎兵隊がalaとしてローマ人のpraefectus alaeに率いられていたことを知るのである。

さて共和時代におけるこれらの軍制上の発展に対して、われわれは他方帝政時代において皇帝が全軍隊のパトロンであり、そのことが共和末期におけるクリエンテーラとしての軍隊のあり方の必然的な帰結であったことを知っている。皇帝たちは軍隊を「朕の兵士」とさえ呼んだ。(19) しかし従来の研究者は皇帝のクリエンテーラとしての軍隊を、いわい市民の間における皇帝権の支柱としてのみ問題とし、(20) およそ帝国の国防を担うための――したがって国家の対外的存立そのものを維持するための――軍隊が、何ゆえに皇帝のクリエンテーラ下に独占されなければならなかったか、ということは問わなかった。しかもその際、「帝権の支柱」としての軍隊のうちでも正規軍団ばかりが関心の対象となり、補助軍が皇帝のクリエンテーラとして[21]もつ意味には観察の目が向けられなかったことは注目をひく。しかし軍隊が国家の対外的存立(階級的存立という観点は本稿ではしばらくおく)を保証するためにも存在したことはさておいても、ローマ帝権は単に支配階級内部における特定有力者の主導権の問題としてばかりではなく、多数の民族をふくむ一大世界にローマの支配権を築き、これに新しい秩序と安定を与えた力の問題として取り上げられなければならず、この観点にとっても、皇帝と異民族軍事力との関係は十分に問題とされなければならない。

その際「軍事的クリエンテーラと個人的・政治的クリエンテーラとの間にはおおむね密接な有機的連関があり、両者は互いに補強しあい交錯しあう[22]」ことに注意しなければならない。したがって、クリエンテーラとしての補助軍の問題は、いわゆる属州クリエンテーラ(Provinzialklientel、もっと広くいえばforeign clientelae)との連関において考えられなければならない。しかしここでもまた、帝政成立史において属州クリエンテーラがパトロンにとってもつ意味として、従来つねに内政史的なものばかりが考えられてきた。すなわちそれは本質的には一カエサルが一ポンペイウスに対して自己を主張するための勢力地盤としか考えられず、属州クリエンテーラが補助軍の母胎としてローマ国家の防衛に果たした役割は顧みられなかった。M・ゲルツァー(M. Gelzer, Nobilität, 70f. 76f.)、A・フォン・プレマーシュタイン(A. v. Premerstein, Vom Werden und Wesen des Prinzipats, 16f. 20)、R・サイム(R. Syme, The Roman Revolution, 73f. 395f.)、L・R・テイラー(L. R. Taylor, Party politics in the age of Caesar, 44)、L・アルマン(L. Harmand, Le patronat sur les collectivités publiques, 124f.)、E・ベイディアン(E. Badian, 後述)、みなしかりである(ただしF・ミュンツァー(F. Münzer, Adelsparteien, 418)は意識的に対外関係の問題を研究の対象から除外する)。

これに対して筆者は、非市民補助軍が皇帝のクリエンテーラ下におかれたのは、決してローマ市民内部における皇帝の主導権を裏づけるためばかりでなく、むしろ当時のローマ国家総体の軍事体制そのものの要請として行なわれたのである、という立場から、共和時代の属州クリエンテーラもむしろこの見地からローマ国防の問題として積極的に築かれた面をもつ、という考えをこれまでたびたび公の場所で根拠をあげずに主張してきた。それゆえ筆者は以下にあらためてこの考え方の根拠を示し、これを学界の批判に供したいと思う(パトロンと属州クリエンテーラを相互に結びつけるモメントは他にもいろいろあるが、本稿ではそれらをいちいち取り上げない)。そのためにわれわれはまず具体的な例について補助軍動員の実体を分析し、それにとって決定的と思われるモメントを明らかにしたのち、ひるがえってそれと属州クリエンテーラとの関係を考え、さらにその結果にもとづいて、いわゆる「党派」の問題にふれることにより帝政成立史にも一側面から光をあててみたい。

二

われわれはまず一つの具体的な例を詳細に検討することから始めよう。共和時代における非市民補助軍動員の例として最も規模も大きく最も注目を引くのは、前四九年から四八年にかけてポンペイウスがバルカン半島において行なったものである。当時カエサルとの内乱に突入したポンペイウスは、かつてスラがなしたように東方に拠点をおいて多数の補助軍を含む大軍をつくり、ここからイタリアとローマを奪回しようとした(23)。いまわれわれにとって興味があるのは、彼が何によってこれらの補助軍を動員したかということである(24)。しかしわれわれはこのことをより深く理解するために「カエサル文書」の全体を考慮し、バルカン半島以外の出来事も比較のために十分に顧みることにしたい。

その前にことわっておきたいのは、「動員」という言葉が明確な術語としては存在しないことである。カエサル文書はこれに「集める」とか「調達する」という言葉を使い、それは兵を集めることと軍需品を集めることとにひとしく用いられる。すなわちcomparare,[25] parare,[26] praeparare,[27] cogere[28] などの語であるが、これに対し conquirere という語は――募兵官が conquisitor と呼ばれるにもかかわらず――補助軍動員の意味ではほとんど使われない。[29]
さて、はじめにポンペイウスがバルカン半島に動員した補助軍を、筆者の知り得た限りすべて網羅してみる。[30]

1 Hispani (Lucan. VI 258. VII 232. 541. ――また Caes. III 4, 3. 44, 6. 45, 3. 88, 6. 93, 7. 94, 4. Dio Cass. XLI 59, 1. 60, 1. Lucan. VII 513 が伝える一二〇〇名の投石兵の中には、トラキア人(Appian. II 49, 202)、クレタ人(Appian. II 71, 294)、ポントス人(Appian. II 49, 202)、イタリア人(Appian. II 75, 313. もっともイタリア人の投石兵は他に類例がなく、この記述は信じられない)とならんで、投石兵として当時もっとも有名かつ有能なバレアレス諸島出身者もいたであろう)。

2 Numidae (後述参照)。

3 Mauri (Lucan. III 294)

4 Galli および Germani (市民兵を除いたいわゆる Gabiniani (Caes. III 4, 4. cf. Dio Cass. XLII 38, 1)、いわゆる Labienani (b. Afr. 19, 3, cf. 4. 29, 1. 40, 5)。その他のゲルマン人(Lucan. VI 259)およびガリア人(Caes. III 59, 1f. Appian. II 49, 202. Lucan. VII 231. 541))。

5 Illyrii (Dardani (Caes. III 4, 6), Parthini (Caes. III 11, 3, cf. 41, 1, しかし 42, 5. Dio Cass. XLII 10, 1f.), Enchelia (Lucan. III 188/189), Liburnia の軍艦 (Caes. III 5, 3. 9, 1. Plut. Pomp. 64, 1. Cat. min. 54, 5. Lucan. IV 530), Curicta における Histri (Lucan. IV 529))。

6 Corcyra (Caes. III 3, 1)

7　Epeiros(Caes. III 4, 2. 13, 2. 61, 2 に現れるのはおそらく市民兵である。——Thesproti, Dryopes, Selli(Lucan. III 179/180), Athamanes(Lucan. III 187/188——Athamantes にあらず), ギリシャ都市 Orikon(Lucan. III 187))。

8　Thracia(Astaei 系の王 Cotys とその息子 Sadala(Caes. III 4, 3. 36, 4. Flor. II 13, 5. Lucan. V 54f. Dio Cass. XLI 51, 2. 63, 1), Sapaei 系の王 Rhascypolis=Rhaskuporis(Caes. III 4, 3. Flor. II 13, 5. Lucan. V 54f.), Bessi(Caes. III 4, 6), その他 Caes. III 95, 3. Appian. II 49, 202. 71, 294. Flor. II 13, 5. Lucan. III 197f. 199f.)。

9　Byzantium(Cic. Att. IX 9, 2)

10　Macedonia(Caes. III 4, 6. Appian. II 49, 202. 75, 315. Flor. II 13, 5——トラキア王 Rhaskuporis(ex Macedonia)については上記)。

11　Achaia

a　Achaia 一般(Caes. III 5, 3. Lucan. III 171. VII 635)。

b　Thessalia(Caes. III 4, 6, cf. 80, 3. Lucan. III 191f.)

c　Oetaea(Lucan. III 178 Trachinioi)

d　Locris(Lucan. III 172 Amphissa)

e　Phocis(Lucan. III 172f. Kirrha)

f　Boeotia(Appian. II 49, 202. 70, 292. 75, 315. Lucan. III 174f.)

g　Athenae(陸軍(Appian. II 70, 293. 75, 315. Lucan. III 181)，海軍(Caes. III 3, 1. Lucan. III 181f. 後者はスコリア参照))。

h　Peloponnesos 一般(Appian. II 49, 202. 70, 292. 75, 315)。

i　Arcadia (Lucan. III 177f.)

j　Laconia (Caes. III 4, 3. Appian. II 70, 292, cf. Ehrenberg, *RE* 3A, 1446)

k　Elis (Lucan. III 176f. 198)

12　Cyclades 諸島 (Caes. III 3, 1. Cic. Att. IX 9, 2 (Chios, Lesbos, Cos), Jos. ant. XIV 231f. (Delos). 233 (Cos). Appian. II 71, 294 *ὅσοι ἄλλοι νησιῶται*)。

13　Creta (Caes. III 4, 3. Appian. II 49, 202. 71, 294. Lucan. III 184f. VI 214. VII 229f.)

14　Rhodos (海軍 (Cic. Att. IX 9, 2. Caes. III 5, 3. 26, 2. 27, 1f. Appian. II 59, 243f. Dio Cass. XLI 48, 4. Cic. div. I 68f. II 114. Plut. Cic. 38, 4)、陸軍 (Appian. II 71, 294) ——cf. Plut. Cat. min. 54, 3. Lucan. V 49f.)。

15　Asia (海軍 (Caes. III 3, 1. 5, 3. 7, 1. 32, 2. 40, 4. Plut. Cat. min. 54, 1. Cic. Att. IX 9, 2 (Zmyrna, Miletus))、陸軍 (Caes. III 32, 2. Appian. II 49, 202. 71, 294. 74, 308 (Phryges, Iones, Lydoi). Plut. Cat. min. 54, 1. Lucan. III 203–213. Jos. ant. XIV 228 (Ephesos, 234. 240). 230 (Asia). 232. 235 (Sardes)))。

16　Bithynia (Caes. III 3, 1. Appian. II 71, 294)

17　Paphlagonia (後述参照)。

18　Galatia (後述参照)。

19　Cappadocia (後述参照)。

20　Lycia (Cic. Att. IX 9, 2)

21　Pamphylia (Cic. Att. IX 9, 2. Appian. II 49, 202. 71, 294)

22　Pisidia (Appian. II 49, 202. 71, 294)

23 Cilicia(後述参照)。

24 Cyprus(Cic. Att. IX 9, 2. Appian. II 71, 294)

25 Pontos(後述参照)。

26 Colchis(後述参照)。

27 Syria(海軍(Caes. III 3, 1. 5, 3. 31, 2. 101, 1. Plut. Pomp. 62, 3)、陸軍(Caes. III 31, 2)。Antiochus Commagenus, Sampsigeramos, Ituraei については後述参照)。

28 Phoenicia(Caes. III 3, 1. 101, 1. Cic. Att. IX 9, 2. Appian. II 71, 294. 83, 349. Lucan. III 217f.)

29 Judaea(後述参照)。

30 Arabes(Appian II 71, 294. Lucan. III 247f. VII 514f.)

31 Armenia(後述参照)。

32 Aegyptus(後述参照)。

以上のごとくである。

さて、カエサル(b. c. III 4, 6)によれば、ポンペイウスはその補助軍騎兵隊の中に、Dardani と Bessi を、「一部は傭兵として、一部は命令権(imperium)または恩顧関係(gratia)によって comparare して」もっていた。また bell. Afr. 40, 5 にはアフリカの戦線でQ・メテルス・スキピオに従ったガリア人とゲルマン人が現れるが、「彼らの一部は彼(部将 T. Labienus)の権威(auctoritas)に従ってガリアから来た者であり、一部は報酬や約束にひかれて彼のもとに馳せ参じた者であった」(partim eius auctoritatem erant ex Gallia secuti, partim pretio pollicitationibusque adducti ad eum se contulerant)。これらの言葉の示すところによれば、補助軍は、

A　物質的利益を目当てに傭兵となった。

B　将軍の法的根拠をもつ命令権(imperium)によって多少とも強制的に集められた。

C　法律外的(extra-legal)かつ私的な関係(gratia, auctoritas)から将軍を援助するために馳せ参じた。[31]

これをいま少し詳しく見てみよう。

A　物質的な利得はつねに兵を集めるための一つの重要な力であり、[32]とくにカエサルのガリア戦争ではゲルマン人の騎兵や軽装歩兵がこのようにして集められた。[33] またすでに軍中にある兵士も物質的利益につられて武勇を発揮することが多かった。[34] しかしこの種の募兵は古代ローマに限らずいつの時代にも、どの世界においても行なわれたことであり、われわれにとってさほど重要ではない。

B　プロウィンキアの総督またはその代理官は自己のプロウィンキア住民に兵力や軍需物資の供出を命令する権利をもっていた。すなわち彼はimperium(命令権)によってimperareする(命令する)ことができた。[35] これはどのようなプロウィンキアにおいても当然のこととして行なわれたが、とくに顕著なのは、勝利者の敗北者に対する場合である。『ガリア戦記』ではimperata facere(またはquae imperasset facere, id facere quod imperabaturなど、いずれも「imperareされたことを行なう」の意)という表現は多くの場合にdeditio(「無条件降伏」)との関連において使われている。[36] かくてカエサルが前四九年一月にルビコン川を渡ると、キングルム市は彼にimperata facereする態度を表明し(bell. civ. I 15, 2)、スルモー(I 18, 1)、コルフィニウム(I 20, 5)も同様にした。またマッシリアの降伏もimperata facereと結びついていた(II 12, 3)。[37] かくてカエサルはキングルム市に兵を出すようimperareし、同市はこれにしたがった(milites imperat, mittunt, I 15, 2)。また彼はイタリア半島を従えると「すべての自治都市の長官に、船を集めてブルンディシウム港にまわすように取り計らうことをimperareした」(duumviris municipiorum omnium imperat, ut naves conquirant Brundisiumque deducendas curent, I 30, 1)。ゲルマン人の王アリオウィストゥスが「勝者が敗者に対して欲するままに imperare するのは、戦争の掟である」(ius esse belli ut qui vicissent iis quos vicissent quemadmodum vellent imperarent, bell. Gall. I 36, 1)と言ったのはこの事実を物語っている。このようにして今バルカンの地で、多数の命令権保持者を従えたポンペイウスが、どれだけの兵力を集める力を有したかは明らかである。――しかし、「命令」によって兵を集めることもまたどの時代にも、どの世界においても行なわれた。そしてローマの「命令権《インペリウム》」の特性は何か、ということは別個の問題となる。

C　かくしてわれわれの関心は、「権威」(auctoritas)、「恩顧」(gratia)というような、すぐれてローマ的な諸関係に集中するのである。われわれはこの二語(権威・恩顧)について具体的な理解を深めるために、ポンペイウスのこの形による動員の例をできるだけ詳細に検討して何が真に本質的であるかを吟味してみよう。

まず一例として上記の表からポンペイウスのガラティア人補助軍を取り上げたい。ガラティアの四分王デーイオタロスは六〇〇の騎兵を率いてポンペイウスの援助に馳せ参じた。[38] キケロ(Deiot. 10-13)によれば、デーイオタロスは若いころからローマ元老院に対して深い尊敬の念をもっていた。[39] にもかかわらず彼は内乱が始まると元老院を即座には援助しなかった。むしろポンペイウスが彼を手紙や使者で呼んでから初めて彼は出兵の決意をしたが、キケロの表現によれば、「デーイオタロス王はかの人物(ポンペイウス)の権威に屈した」(eius viri auctoritati rex Deiotarus cessit)のであって、元老院の権威(Deiot. 11)だけでは彼を動かすには足りなかった。この史料(『デーイオタロス弁護論』)は、キケロがカエサル邸においてカエサルの前でデーイオタロスを弁護するために行なった演説であり、デーイオタロスを動かしたものとしてはポンペイウスの権威よりも元老院の権威を前面に出した方が、デーイオタロスとその弁護者キケロにとって都合がよかったはずである。にもかかわらずここではデーイオタロスに対しポンペイウスが有した権威が強く前面に押し出されている。Bell. Alex. 67, 1 によれば、デーイオタロスはポンペイウスが敗れたのち、みずからカエサルに会って、「カエサル方の防衛軍のまったくない地方にあり、(ポンペイウスの)軍隊や命令権に強いられてポンペイウスの陣中にあった」ことを弁解した。この時の状況からいって「軍隊や命令権に強いられて」という表現をそのまま受け取るわけにはゆかないとしても、少なくともこの史料は、キケロの言葉と同様に、デーイオタロスが当初に示した躊躇を反映している。[40]

また同時に、キケロの言葉の後半(Deiot. 13)では、デーイオタロスとポンペイウスとの個人的な友誼関係が詳しく述べられている。第三次ミトリダテス戦争において、デーイオタロスはポンペイウスに軍事的援助を与えた。[41] そのため、ミトリダテスを破ったポンペイウスが前六三年にガラティアを三人の四分王に分与したとき、[42] デーイオタロスは父祖伝来のトリストボギイ(Tolistobogii)の四分王領、ガゼロニーティス(Gazelonitis)の一部、「およびファルナキア(Pharnakia)とトラペズーシア(Trapezusia)のあたりをコルキス(Kolchis)および小アルメニアにいたるまで」[43] 得てその王に任ぜられた。[44] その後もポンペイウスは「全世界でただひとりデーイオタロスをこそ心からの友人、真に好意をもつ者、ローマ人民に対して唯一の忠実なる者」として高く評価した(Cic. Phil. XI 34. Deiot. 9. 13)。この関係があったからこそデーイオタロスはローマ元老院には動かされなくとも「パトロン」たるポンペイウスには動かされたのである。なぜならば考えられるのは、元老院が最初デーイオタロスに出陣をうながして彼がこれを拒否したか(これは証明されない)、さもなくば元老院は最初からポンペイウスの動員力にすべてを任せていたか(Cic. fam. XVI 11, 3 参照)、その二つしか考えられないからである。どちらにしても元老院そのものは無力であった。

しかしガラティアからポンペイウスに援軍を送ったのはデーイオタロスだけではなかった。ドムニラウス(Dom-

Domnilaus)[45]とカストル[46]もまたともに合計三〇〇の騎兵をつれて援助に馳せ参じた(Caes. III 4, 5. Cic. Deiot. 28–29)。ドムニラウスはポンペイウスによって――おそらくテクトサゲスの[47]――「ガラティア四分王」(τετράρχης Γαλατῶν)[48]に任ぜられた者であり(Strab. XII 543)、カストルの父のタルコンダリウス・カストル(Tarcondarius Castor)もポンペイウスによってテクトサゲスの領域のゴルベウス(Gorbeus)の王宮を与えられた。[49]したがって、われわれはこの二人においても、ポンペイウスとの個人的なつながりによる軍事力提供を想定することができる。

しかしポンペイウスはこの他にも多数、国内国外の[50]諸王侯から提供された補助軍をもっていた。Dio Cassius XLI 55, 3によれば「ファルナケスとオローデスを除いて……他のすべての王たちで、かつて彼(ポンペイウス)と親密にした限りの者は、彼に軍資金を与え、また援軍を派遣したり率いていったりした」[51]。その際に注意すべきことは、ローマの「盟邦」「友邦」と称せられる者がローマと軍事条約をもっていたとは限らないことである。[52]したがって彼らがポンペイウスに軍事援助を与えた直接の理由は、何よりも彼に対する個人的な恩顧関係と、ポンペイウスの「権威」とに求めなければならないのである。こうしてわれわれは内乱でポンペイウスに軍事的援助を与えた王侯として、ガラティア人の他さらに次のものをあげることができる。

一　パフラゴニアもポンペイウスのために兵を出した(Appian. II 71, 294)。ポンペイウスは前六四年に、それまで多数の支配者の下にあったパフラゴニア内陸部をピュライメネス(Pylaimenes)[53]とアッタロスなる二支配者に与えた。[54]したがって内乱のときにはこの両者はその恩義のためポンペイウスに兵を提供したと想像することができる。

二　カッパドキアからはアリオバルザネス王が五〇〇の騎兵をつれて現れた。[55]またAppian II 71, 295にはその兄弟のアリアラテス[56]も現れる。この二人の祖父はミトリダテス戦争時代にローマに味方し、ポンペイウスはこれにソフェーネー[57]とカスタバラ(Kastabala)およびキュビストラ(Kybistra)の地を与えた。[58]またアリオバルザネス自身はポンペイウス(Cic. Att. VI 1, 3. 3, 5)とブルートゥス(Cic. Att. VI 2, 7. 3, 4)とにかなり借財をしていた。さらにアリオバルザネスがポンペイウス派のために兵を出した動機の一つであったと思われるのは、彼がポンペイウスのクリエンテーラ下にあったばかりでなく、小カトーのクリエンテーラ下にもあった事実である(Cic. fam. XV 4, 15)。それは、キケロが前五一年にキリキアのプロコンスルとしてアリオバルザネスをパルティアの攻撃から守ろうとしたころ、小カトーがローマの元老院で大いに彼のために尽力した(Cic. fam. XV 4, 6. 5, 1)ときからの関係であろう。

三　ポントスは海軍(Caes. III 3, 1)と並んで弓兵と騎兵を提供した。(59)　ミトリダテス戦争後のポンペイウスによるポントス処理は M. Gelzer, Pompeius² 97f., D. Magie, I 369f. に詳しい。そこでポンペイウスはヘレニズム的諸都市をつくり、コマナ(Comana)の寺院領の支配者にはアルケラオスを任命した。(60)　アルケラオスはのちパルティアに対するA・ガビーニウスの戦争に参加しようとしたことがある(Strab. XII 558. XVII 796)。内乱が始まったとき、コマナはアルケラオスの同名の息子の支配下にあった(Strab. XII 558. Appian. Mithr. 121, 597)。

四　キリキアからはアマノスのタルコンディモトス(Tarkondimotos)が海軍を提供した。(61)　Cic. fam. XV 1, 2(前五一年)は彼を「タウルス山脈の彼方ではもっとも忠実な盟友でありローマ人にもっとも友好的な者」と呼び、Strab. XIV 676 も彼が「その勇敢さ(*ἀνδραγαθία*)のためローマ人によって王(*βασιλεύς*)と称せられた」と伝えている。彼はこのような地位を一般的にはポンペイウスによって与えられた。(62)　ただし王の号は後にアントニウスから与えられた。(63)

五　コルキスは海軍を出した。(64)　ポンペイウスは前六三年にコルキスをアリスタルコスに与えた。(65)

六　コンマゲーネーのアンティオコスは二〇〇の騎兵を出したが、その大部分は騎馬弓兵であった。(66)　ポンペイウスは前六三年に彼にその領土を安堵し、さらにこれにサモサタの下流にあたる「ユーフラテスの橋の近くの」セレウケイアを与えた。[67]

七　Lucan. VII 230. 514-516 によればイトゥライア人もポンペイウスに援軍を送った。カエサルも前四七・四六年にアフリカの戦場でイトゥライア人の弓兵をもっていた。[68] おそらく彼らは初めポンペイウスの下で戦い、ポンペイウスの敗北後カエサルに使われるようになったのであろう。イトゥライア人の支配者、メンナイオス (Mennaios) の子でカルキスの四分王であったプトレマイオスとポンペイウスとの関係については、彼が前六三年にポンペイウスから近隣地方の掠奪に対する無罪を贖いその領土を確保したことが知られている。[69]

八　コンマゲーネーのアンティオコスの軍とイトゥライア人の軍のほかにもシリアはポンペイウスに陸兵を送っている。[70] ポンペイウスは前六三年にシリアのエメサとアレトゥーサを支配していたサンプシゲラモス (Sampsigeramos) にその領土を安堵し、かつ彼を友として扱った。[71] ポンペイウスが内乱のときにバルカンでもったシリア軍の一部にはサンプシゲラモスが提供したものがあったかもしれない。

九　アルメニアからはタクシレス (Taxiles) とメガバテス (Megabates) が軍を率いてきたが、後者はアルタパテス (Artapates) 王の部将 (*ὕπαρχος*) と呼ばれる。[72] アルメニア王アルタパテス＝アルタヴァスデスは大ティグラネスの子である。[73] ティグラネスは前六六年にポンペイウスに降り、ローマ人の友とされた。[74]

一〇　ユダヤは陸軍を送った (Appian. II 71, 294 *Ἑβραῖοι*)。ポンペイウスは前六三年にハスモン家の兄弟アリストブーロスとヒュルカノスの争いを調停し、後者を大祭司かつ *ἐθνάρχης* に任命した。[75]

一一　エジプトからは五〇隻の軍艦が送られた。[76] ポンペイウスは前五五年にA・ガビーニウスをしてプトレマイオス一二世（ポンペイウスに軍艦を送ったプトレマイオスとクレオパトラの父）をエジプト王位に復せしめた。[77] かくてポンペイウスとエジプト王家との間には親密な関係が確立された。[78]

一二　またヌミディアの王ユバも当時バルカンに「大きな補助軍」を送った(b. Alex. 51, 1. Lucan. VII 229)。ポンペイウスは前八〇年にユバの父ヒエンプサル二世をヒアルバスの簒奪から救った。[79] なおヒエンプサルとユバとの仇敵であるマシンタ(Masintha)はカエサルのクリエンテーラ下にあった。[80]

以上あげたすべての王侯はポンペイウスと友誼関係にあった。彼らはポンペイウスの手紙による呼びかけに応じ、彼の「権威」に従って軍事的援助をしたのであろう。なぜならポンペイウスは早くも内乱が起こった年の三月にブルンディシウムから「すべての民族・王・都市・将軍・支配者に急遽手紙を送り、各人のできる限りのものをこの戦いのために提供せしめた」のである(Appian. II 38, 151)。

かくしてわれわれはポンペイウスの補助軍動員のさまを分析したが、それと同様のことはカエサル側についても認められる。たとえば前四九年二月にカエサルに約三〇〇の騎兵を送ったノリクムの王[81]もカエサルのクリエンテーラ下にあったと考えられる。しかしそれよりも示唆にとむのはカエサルのガリア人補助軍に関する記述である。

前四八年にカエサルはその補助軍の中に、「自国において永年にわたって支配権を握っていたアドブキルス(Adbucillus)の息子ロウキルスとエグス」という二人のアロブロゲス族の兄弟を従えていた(Caes. III. 59, 1)。彼らはガリア戦争の時代からカエサルの恩顧をうけていたが、[82] 内乱のときにはカエサルに従って「騎兵」(equites, III 59, 3. 4. 60, 1)、「クリエンテス」(clientes, III 60, 4)、「多数の従者」(magnus comitatus, III 61, 1)、「友人」(familiares, III 79, 6)などと呼ばれる手兵を率いていた。彼らはおそらくすでに前四九年にスペインでカエサル側に立ってポンペイウスの部将と戦ったものであろう。なぜならカエサルはスペインでガリア人補助軍を「すべての部族国家からもっとも高貴にしてもっとも勇敢な者をそれぞれ名指しで召集し、これにアクィタニア人やまたガリア・トランサルピーナ州に隣接する山岳民の最高の家柄の貴族をも加えて」もっていた(nominatim ex omnibus civitatibus nobilissimo et fortissimo quoque evocato, huc optimi generis hominum ex Aquitanis montanisque, qui Galliam provinciam attingunt, I 39, 2)。二人のアロブロゲス族の兄弟もこのように「名指しで召集された」(nominatim evocati)者と考えられる。(83) この兄弟はのちにその手兵とともにポンペイウス側に走った。(84) それでもなお彼らの部下は、デュラキオンの戦いののちカエサル側のドミティウス・カルウィーヌスが送った斥候に重要な情報を与えるなど、(85) カエサルに対する好意を捨てなかった。

『ガリア戦記』には、ガリアの有力者たるアンビオリクスの「仲間と友人」(comites familiaresque, VI 30, 3)、ウェルキンゲトリクスやコンミウスの「友人たち」(familiares, VII 28, 6. VIII 23, 5)などが現れるが、それらはambactiと呼ばれる従士にほかならない。(86) また、それ以外にもガリアには「有力者や、人を集める資力をもつ者たち」(potentiores atque ii, qui ad conducendos homines facultates habebant, II 1, 4)があった。カエサルは前四九年にスペインで、(87) 前四八年にバルカンとアレクサンドリアで、(88) 前四七・四六年にアフリカで、(89) また前四六・四五年にスペインで、(90) それぞれガリア人補助軍をもっていたが、それはこのように「名指しで召集された」貴族とその手兵とから成ったのであろう。(91) いったいに、このような貴族の存在が伝えられず、一つの共同体が全体として直接にあるローマ人のクリエンテーラ下にあるように見える場合にも、われわれはそこに当然貴族があったと考えるべきであろう。なぜならローマはどこにおいても貴族支配の味方であったからである。(92) なお、カエサルがガリアで大きな「権威」をもったことはいうまでもない。(93)

さて、アレクサンドリアではカエサルの兵力はアレクサンドリア人よりかなり劣っていた。(94) 彼に救援をもたらしたのは彼と友誼関係にあったペルガモンのミトリダテスである。(95) アレクサンドリア戦争の初めに彼は補助軍を集めるためカエサルによってシリア・キリキア方面に派遣されたのである。[96] 彼は富裕な貴族で、この軍隊を、少なくともその一部、自己の財産で維持した。[97]

前四七・四六年にカエサルはアフリカで、Gaetuli の軍をもっていたが、これは敵派メテルス・スキピオの陣営から脱走してきた者であった。[98] カエサルはマリウスの甥であり、マリウスは Gaetuli に恩顧を与えたことがある。[99] カエサルはこれら脱走者のうちからとくに社会的地位の高い者(homines inlustriores)に手紙をもたせてその故郷に送り、その部族を味方にしようとした(b. Afr. 32, 4. 55, 1)。これらの貴族が故郷でもっていた「権威」(auctoritas)と「カエサルの名」(Caesaris nomen)は果たして所期の効果をあげた(b. Afr. 55, 1)。

同様にポンペイウスの息子も前四六年にスペインの属州民の間で大きな支持を得ることができた。すでにカエサルがスペインに現れる前から「ポンペイウス(息子)はそれぞれの部族国家の信義に逃げ場をもとめはじめ、かくてあるいは懇願により、あるいは力ずくでかなりの大軍を集めてこの州を荒らした。その間にいくつかの部族国家は自発的に援軍を送った」。[100] スペインがこのポンペイウスにとって、父の代からの重要なクリエンテーラであったことはいうまでもない。[101] そのためカエサルによるムンダ占領の後にすら「フィローという者があり、ポンペイウス派の熱烈な擁護者で、全ルシタニアに知れ渡っていた。この者は……ルシタニアに出かけ、レンニウム(Lennium)で蛮族のカエキリウス・ニゲルとおちあった。ニゲルがルシタニア人の大軍をもっていたからである」(b. Hisp. 35, 2/3)。かくてフィローはヒスパリスに戻ってカエサルと戦うことができた(b. Hisp. 36, 1. 2)。カエサルの方でもまたインドー王のような原住民貴族の兵力を利用した(b. Hisp. 10, 3)。

だがわれわれは元に戻ろう。さきに述べたような大規模な動員をポンペイウス(父)に可能としたのが何であったかは明らかである。彼は一方では「外民族の間で彼がよりどころとしたと思われる権威」(auctoritas, qua ille maxime apud exteras nationes niti videbatur, Caes. III 43, 3, cf. Cic. Balb. 9f.)をもち、他方では「日ごろ彼が誇称するのをつねとした諸王・諸民族のクリエンテーラ」(regum ac nationum clientelae, quas ostentare crebro solebat, Cic. fam. IX 9, 2)をもっていた。「権威」と「クリエンテーラ」があい結んで彼にあの大軍略を可能にしたのである。

ついでながらここでふれておきたいのは、ポンペイウスの軍略が、彼と同社会・同身分の人々についても、やはり「権威」と「友誼」を軸としてすすめられたことである。すなわちポンペイウスは前四九年の最初の数カ月には、まだ上級命令権(imperium maius)を与えられていなかったので、[102]彼と同身分の閥族派諸将を自己の軍略に従ってバルカンに退かしめるのに苦慮した。この点についてキケロは一月一二日付の書簡(fam. XVI 11, 3)で「まことに当方でも準備おさおさ怠りない。それはわがポンペイウスの権威と熱意によって行なわれている」(omnino ex hac quoque parte diligentissime comparatur. id fit auctoritate et studio Pompei nostri)と言っている。ここではポンペイウスが将軍としてもつ「権威」が決定的な役割を果たしている。もっともキケロはAtt. VIII 1, 4(二月一六日付)でアッティクスに次のように告白する。「われわれの立場にとって彼(ポンペイウス)が一体何の権威をもつであろうか? 彼は、われわれすべてがカエサルを恐れていたときにはこれを愛し、彼自身がカエサルを恐れるようになってからは万人がカエサルの敵とならなければならぬと考えるのだ」(quam enim ille habeat auctoritatem in hac causa? qui, cum omnes Caesarem metuebamus, ipse eum diligebat, postquam ipse metuere coepit, putat omnis hostis illi esse oportere)。しかし同じごろ(二月一五日)キケロはポンペイウスにあてた手紙(Att. VIII 11 B, 1)の中で、「貴君の権威と考慮とにより、われわれはより確乎たる希望をもっている」(auctoritate et consilio tuo in spe firmiore sumus)と言っているから、彼は表向きはポンペイウスの「権威」を承認したのであろう。

しかしそれは副次的なものであった。バルカン半島に行くという決断をキケロになさしめたもの(ただしキケロはすぐにはそれを実行しなかった)は、彼のポンペイウスに対する個人的な友誼関係であった。彼はその書簡で言う。「冬の天候、警吏《リクトル》たち、浅慮軽率な将軍たちを見ればイタリアに留まりたくなるが、ポンペイウスとの友誼、善き者(オプティマテス)の立場、暴君(カエサル)と結ぶことのいやらしさを思えばバルカンに逃れたくなる」(ad manendum hiems, lictores, improvidi et neglegentes duces, ad fugam hortatur amicitia Gnaei, causa bonorum, turpitudo coniungendi cum tyranno, Att. VII 20, 2＝二月五日付)。「ただ一人ポンペイウスが私を親切さによって動かす、権威によってではない」(unus Pompeius me movet beneficio, non auctoritate, VIII 1, 4＝二月一六日付)。「私は貴君(ポンペイウス)の考えに従ったが、それも国家のためにそうしたのではない。国家のことなど私は諦めてしまったのだ。そうではなくて、私は貴君を求めたのだ、貴君といっしょにいたかったのだ」(secutus sum tuum (sc. consilium) neque id rei publicae causa de qua desperavi... sed te quaerebam, tecum esse cupiebam, VIII 11 D, 6＝二月二七日付)。[103] すなわちポンペイウスはキケロその他の諸将に命令を下す権限はもたず、「……するようお願いする(rogo)」[104]、「ぜひ……するように(hortor)」[105]、「……すべきだと思う(censeo)」[106] などとしかいえなかったので[107]、それ以上は彼の個人的「権威」と他の将軍の善意に頼らなければならなかったのである。

さて、以上で友誼関係・恩顧関係など、広い意味でクリエンテーラと呼ばれるものが「権威」と並んで補助軍の動員(および一般に軍略の展開)にとってもつ意義は一応明らかとなったが、なおわれわれはここで「権威」という一見漠然とした言葉のこの場合における意味をはっきりさせなければならない。

まず思い出されるのは前五一～五〇年におけるキリキアのプロコンスルとしてのキケロの例である。そこではデーイオタロスやカッパドキア人などわずかの例外を別とすれば、東方の王侯たちはキケロに対して一般に冷淡で、

「資力の面でも好意の面でもあまりしっかりしなかった」(reliqui reges tyrannique neque opibus satis firmi nec voluntate sunt)[108]。キケロもポンペイウスもひとしくローマのプロコンスルであり、ひとしくローマの「盟邦」「友邦」を使えたはずである。しかしキケロが動員し得たものは二年後にポンペイウスがバルカン半島に動員したものと較ぶべくもなかった。キケロは、政治家としての権威はもちながら、ローマ市政にばかり目をうばわれ、将才を欠き、全ローマ国家の直面する危機についてもほとんど盲目だったので[109]、これにポンペイウスにおけるような将軍としての「権威」を求めることはできなかった。彼が東方の王侯といかに親しい関係をもっても、この場合にはそれは役立たなかった。ただし、それにもかかわらずキケロがこのような補助軍を必要としたことはいうまでもない。少なくとも彼が動員できただけの補助軍について彼は「兵力と資力によって保持しきれないものを、わたしの寛大さと節度および同盟軍の忠実さによって保持しよう」(quae copiis et opibus tenere vix possumus, ea mansuetudine et continentia nostra, sociorum fidelitate teneamus, fam. XV 3, 2)と言い、またこのような補助軍を彼は「わが力」(nostra robora, Att. VI 5, 3)と呼んでいる。

ところで、まさにこのような将軍としての権威に対して、従来の研究はあまり関心を払わなかった[110]。現在、帝政の本質に関する議論の中心になっているのが「権威」の概念であることを思えば、「権威」のこの側面が無視されていることは不思議ですらある。アウグストゥス帝は『業績録』の中で「元首」(Princeps)という言葉をギリシャ語でἡγεμών(「将軍」の意)と訳させたではないか。

F. Fürst, op. cit.(注(110)) S. 14も「大将軍」(imperator)がある種の権威(auctoritas)をもったことにふれている。しかしその際に彼が引用するCic. Verr. II 2, 40は「大将軍」が行政面でもった「権威」を意味しているにすぎず、「大将軍としての(軍事的)権威」の意味は含まれていない。しかし、すぐれた将軍そのものがもつ軍事的な権威についてキケロは次のように言っている。「権威もまた戦争を行なう上で重要な意味をもっている。……戦争を行なう上で、敵や盟邦がわが国の将軍のことをどう思うか、ということが非常に重要であることを誰が知らないであろうか」(auctoritas quoque in bellis administrandis multum ... valet ... Vehementer autem pertinere ad bella administranda, quid hostes, quid socii de imperatoribus nostris existiment, quis ignorat? Cic. imp. Cn. Pomp. 43)。R・ハインツェ(S. 354f.)はこの引用のうち「敵がどう思うか」という点にばかり力をおくが、われわれは「盟邦軍がどう思うか」という点にも十分に注意しなければならない。前四六年にはアフリカに「ラビエーヌスの権威を慕ってガリアから来た」(eius (sc. Labieni) auctoritatem erant ex Gallia secuti, b. Afr. 40, 5) ガリア人およびゲルマン人の補助軍があった[111]。

この「権威」とはb. Alex. 26, 3が「勝利者にいたるところ付随するあの権威」(auctoritas ea quae plerumque adest victori)と呼ぶものでなければならない。前四六年にアフリカにおいてカエサルの「名と権威」(nomen auctoritasque)はポンペイウス派の戦闘力を減少せしめた(b. Afr. 31, 6)。また同年にアフリカでタプススにおける敗北の後ポンペイウス派の兵士は「それを絶えずふりかえり、その権威と命令権とのもとでことを行なうべき指導者」(dux, quem respicerent, cuius auctoritate imperioque rem gererent, b. Afr. 85, 4)を求めた。ヌミディア王ユバの権威もポンペイウス派にとっては大きな力であった(b. Afr. 48, 1. 3)。それも単に王号そのもののもつ権威(b. c. III 109, 6)のためばかりではなかった。それより前に、すでにガリアにおいてもカエサルの「権威」はゲルマン人の侵入を防ぐ力であった(b. Gall. I 31, 16)。そのカエサルが戦ったガリアの諸部族にもかかる「権威」をもつ者が多かった[112]。キケロ(inv. II 166)は「dignitasとは、一人の人間がもつところの、尊敬と名誉と畏怖に価する公明正大な権威の謂である」(dignitas est alicuius honesta et cultu et honore et verecundia digna auctoritas)と言っている。この言葉からハインツェ(S. 349, 1)はdignitasなき権威というものもまたあり得ることを帰納し、「不正なる方法で」(auf unrechtem Weg)かち得られた権威がそれであるとした。F. Fürst, op. cit.(注(110)) S. 19, 15もそれを承けて、たとえば外民族に対する「ローマ国民の権威」(auctoritas populi Romani)がそれであると考えた。[113] この論理的に帰納された権威は少なくとも勝者が誇示し弱者がその保護を求めたところのむき出しの力の真の意味を明らかにする。なぜなら「おそらく第一のもっとも権威ある法則は、救われることを求める人に対して救う力のある者を当然支配者と認めることだから」(Plut. Pelop. 24, 3)である。[114]

そのためしばしばある種の宣伝が行なわれた。デュラキオンの戦いでカエサルを破ったポンペイウス派は「全世界にわたって口づてと手紙とによってその日の勝利を喧伝した」(b. c. III 72, 4)(カエサルもポンペイウスの「権威を減少させる(ut auctoritatem . . . minueret, III 43, 3)」ことにつとめた)。しかしファルサルスの戦いでカエサル側が決定的な勝利を得ると「彼(ポンペイウス)の境遇に関する大きな絶望が諸王・諸民の心をとらえたので、このこと(ポンペイウス暗殺)はどこに行ってもあり得たと思うほどであった」(Cic. Att. XI 6, 5)。カエサル(b. c. III 104, 1)は言う、「わざわいに際してはほとんどつねに友人が敵に変わる」(plerumque in calamitate ex amicis inimici exsistunt)と。[115] さらにVell. Pat. II 53, 2は言う、「しかし、(恩人が)逆境にあるとき誰が恩義を記憶するであろうか？　また、わざわいを受けた者に対して誰が恩ありと考えるであろうか？　また、運命が信義を変えないときがあろうか？」(sed quis in adversis beneficiorum servat memoriam? aut quis ullam calamitosis deberi putat gratiam? aut quando fortuna non mutat fidem?)。まことにCaes. b. Gall. VII 30, 3がウェルキンゲトリクスを次の言葉で讃えたのは意味が深い。いわく、「逆境は他の(すなわちウェルキンゲトリクス以外の)将軍たちの権威を小ならしめる」(reliquorum imperatorum res adversae auctoritatem minuunt)。

「権威」と並んで「名」(nomen)という語も類似の意味で使われることがある。それは権威ある人物の名がもつ重み、声望などを意味する。たとえばCaes. b. c. I 61, 3ではスペインの原住民について「以前のセルトリウスとの戦争のときに存在した部族国家には二つの相反する種類があって、そのうち敗北した者は(セルトリウスを破ったところの)ポンペイウスの名と命令権を彼がスペインにいなくても恐れた。……ところがカエサルの名は蛮族の間ではそれより影がうすかった」(quod ex duobus contrariis generibus quae superiore bello cum Sertorio steterant civitates, victae nomen atque imperium absentis Pompei timebant... Caesaris autem erat in barbaris nomen obscurius)という。また前四六年にはアフリカの戦場でカエサルの「名」は、もとユバ王に服していたGaetuliをカエサルの味方にした(b. Afr. 55, 1)[116]。

このようにして「大将軍であるという権威」がない場合には、いかに個々の将軍が大きなクリエンテーラをもっていても補助軍は集められなかった。「権威と恩顧(gratia)[117]」とはあい結ばなければならなかった。この両者の結合を意味して内乱のときにドラベラ(fam. IX 9, 2)はキケロに言う。「ごらんのとおりポンペイウスはその名・その業績の名声によっても、また彼がしばしば誇称するのをつねとした諸王・諸民族のクリエンテーラによっても安全ではないのだ」(animadvertis Cn. Pompeium nec nominis sui nec rerum gestarum gloria neque etiam regum ac nationum clientelis, quas ostentare crebro solebat, esse tutum)。またb. Afr. 22, 4で小カトーはポンペイウスの息子を「かくも大なるクリエンテーラと、名の輝かしさをそなえて」(tantis clientelis nominisque claritate praeditus)と形容する。

さて以上に述べた事実をわれわれは次のように批判することができる。

ローマ国家が都市国家の諸原則を貫きえなくなった時代においては、ローマの将軍たちもまたその合法的権能のみをもってしては時代の要求する軍事的課題に適応することができなくなった。なぜならば有産市民を徴募して正規の軍団を編成し、非市民に条約によって補助軍を提供させまたはこれと傭兵の契約を結ぶことは合法的権能をもってこれをなすことができたが、職業的な市民軍を長期にわたって将軍に心服させ、また軍事条約にしばられない非市民を招いて補助軍を質的・量的に十分補充することは合法的権能のなし得るところではなく、これを超える力を必要とした。そのためには法的強制は法律外的強制によって補われなければならなかった。その際、合法的権能が管轄領域(provincia)という活動範囲の限定を有したのに対し、法律外的な権力は将軍の「権威」と「クリエンテーラ」が拓く限りの世界を(妨害のない限り)無限定の広さにおいて活動領域とした。こうして、合法的権能とその活動領域が国家によって与えられたのに対し、法律外的権力とその活動範囲は個人によって創られた。

共和時代にこれを意識的に創ることによってローマの真実の軍事力を一身に体現し、世人から「元帥」(Reichsfeldherr)[118]の地位を承認されたもっとも著しい例はポンペイウスであった。しかし「元帥」は内乱のためにあったのでなく、ローマの国防上の要請として存在した。このことは次に述べるような、武力による内乱がまだ知られなかった古い時代の例から明らかとなる。

三

軍事的「権威」をもって属州クリエンテーラを経営した偉大な先人はスキピオ一族である。われわれは早くも第二次ポエニ戦争時代における大スキピオのスペイン経営にこのような意図を認めることができる。

彼はスペインで、その補助軍の中にヒスパニア人[119]、アフリカ人[120]、およびおそらくヌミディア人とガリア人(Liv.

XXVII 38, 11)をもっていたが、それは歩兵と騎兵とを含んだ。[121] これらの補助軍がどのようにしてスキピオのもとに集まったか、という点についてはケルティベーリー(Celtiberi)族の貴族[122]であったアルキウスの手兵に関する伝承[123]が一つの説明を与える。スキピオはスペイン東南岸のカルタゴ・ノワを占領したとき、アルキウスの許婚者を捕らえたが、これを彼に次の条件で返した。「予は次の奉仕を条件に汝にただ一つこの報酬(すなわち許婚の女)を与える。――すなわち汝はローマ人民の友であるように。また以前にすでにここの諸部族は予の父や伯父を善き人物と識ったのであるが、予がそれと同じように善き人物であると汝にして信ずるならば、ローマ国家にはわれわれと似た者が多数存在することを知れ。かつ、こんにちこの世に汝および汝の一族にとって、敵たることを望むべからざること、また友たることを望むべきこと、ローマにまさるものを挙げ得ぬことを心せよ」(hanc mercedem unam pro eo munere paciscor : amicus populo Romano sis et, si me virum bonum credis esse quales patrem patrumque meum iam ante hae gentes norant, scias multos nostri similes in civitate Romana esse, nec ullum in terris hodie populum dici posse quem minus tibi hostem tuisque esse velis aut amicum malis, Liv. XXVI 50, 7f.)。アルキウスはこれを感謝し、[124]故郷に帰ってスキピオのために宣伝を行ない(50, 13)、しかるのち「クリエンテース」を徴集し、精選された一五〇〇の騎兵をつれて数日のうちにスキピオのところに戻ってきた」(dilectu clientium habito cum delectis mille et quadringentis equitibus intra paucos dies ad Scipionem revertit, 50, 14)。われわれはここでもまたスキピオのクリエンテーラにある貴族とそのクリエンテーラという、重複クリエンテーラをみるが、このような例はこれまで述べた範囲でもしばしば見られた。[125] 同様にしてスペインの貴族インディビリスとマンドニウスも原住民民衆の大軍(popularium manus)をもっていた。[126] さらに手兵を引きつれたスペイン人貴族としてわれわれはスキピオの時代にクルカ、[127]アッテネス[128]およびエデスコ[129]を知っている。また、手兵の存在は明確に伝えられないが「第一人者たち」(principes)、

「小王たち」(reguli)[130]などと呼ばれている他の原住民貴族もこのような手兵をもったと考えられる(このような貴族の態度がその人民の動向に与えた決定的な影響を示す一例としては Liv. XXVI 43, 4 参照)。スキピオは原住民を味方とするために、何よりも原住民の貴族を懐柔しようとした。「スペイン貴族の友誼」(principum Hispaniae amicitia, Liv. XXII 22, 8. XXVI 49, 8)は、彼の父にとってと同様、彼自身にとっても重要であったと思われる。同時に原住民の間におけるスキピオの信望は絶大で、彼らはスキピオを「王」と呼ぼうとしたほどであった[131]。またスキピオはインディビリスのような原住民貴族に大きな「讃嘆」(admiratio)の念を起こさせた(Liv. XXIX 1, 19)。

だがわれわれはここで直ちに問題を一歩すすめておこう。このスキピオの例は、われわれの意味におけるローマ帝政成立の一端をローマ支配層そのものの内部から照らしだすことを可能にするのである。将軍としての権威に裏づけられて全地中海世界に張りめぐらされたクリエンテーラの網は、ローマ支配層の手もとで、どのように絞られていたのであろうか?

スキピオは第二次ポエニ戦争の末期にはアフリカの戦場で、その軍の中にスペイン人の補助軍をもっていた(Appian. Lib. 29, 122. 30, 125)。ところで当時スペインそのものは、スキピオの親戚であり友人であった[132]L・コルネリウス・レントゥルス[133]の統治下にあった。スキピオは彼の援助なしにはスペインから補助軍を呼ぶことはできなかったはずである。

われわれはここにローマ内政史上に知られた「党派」(factio)[134]が対外的な面でもった積極的な意義に気がつくのである。これは今一つの例からさらに明らかとなる。それはユグルタの例である。

前二世紀の末にヌミディアで乱をおこしたユグルタはローマ元老院に保護者[135](fautores)をもっていたが、彼らは道義的な頽廃で知られている。彼らはユグルタがヌマンティアで識った者[136]と、それ以後に彼が買収した者[137]との二つのグループから成っていたが、前者のグループは当時の元老院でとくに有力な党派ではなかったと思われる。[138] ところでヌマンティアで従軍した者は当然小スキピオと親しい関係を結ぶようになったはずである。[139] このことはヌマンティアで従軍した者として知られる人物の名を見ても明らかである。[140]

Q. Fabius Maximus Aemilianus (legatus)

Q. Fabius Maximus (Allobrogicus) (quaestor)

C. Lucilius (eques)

C. Marius (eques)

Memmius (tribunus militum)

P. Rutilius Rufus (tribunus militum)

Sempronius Asellio (tribunus militum)

C. Sempronius Gracchus (tribunus militum)

これらの者はいずれも——Memmius[141] だけを例外として——後に小スキピオの友人として有名になった者ばかりである。ただし、Q. Fabius Maximus Aemilianus と C. Sempronius Gracchus とはユグルタ戦争時代にはすでに死んでいた。

しかし、だからといってユグルタの支持者がいわゆるスキピオのサークルの者と一致したというわけではない。上記の表の中でも Memmius のほか P. Rutilius Rufus[142] はユグルタとの戦争に出陣さえした。しかしユグルタの支持者たちがかつてヌマンティアで小スキピオの側近に(すなわち contubernium に)あった者であることは想像されてよいであろう。彼らはヌマンティアでユグルタに「ミキプサ王(ヌミディア王でユグルタの養父)が死ねばユグルタが独りでヌミディアの支配権を握ることがあり得るだろう」と示唆したが(Sall. 8, 1)、これは小スキピオの意のあるところと一致するものであった。なぜならスキピオもヌマンティアでユグルタとの秘密会談の席上、ヌミディアの王権が、ユグルタの弟たちにではなく、ユグルタ自身に「おのずから帰するであろう」(ultro ... regnum venturum)日を予言している。[143] いずれにせよこれらの人物がユグルタ支持者の中心を形成した。ところでのちユグルタが弟のアドヘルバルと争ったときに彼らが前者を支持した(Sall. 15, 2)理由としては、ユグルタが俊敏(acer)かつ好戦的(bellicosus)であったのに対してアドヘルバルが「もの静かで、非好戦的で、穏和な天性」(quietus, inbellis, placido ingenio)であったことを考えなければならない。[144] そのためヌミディアがこの兄弟に分割されたときも、ローマ人はユグルタには「土地と人的資源に恵まれた」(agro virisque opulentior)部分を、アドヘルバルには「港が多く、建物によって飾られることもより多い」(portuosior et aedificiis magis ornata)部分を与えた(Sall. 16, 5)。

これらのローマ人の意図は明らかである。ヌミディアは軍事的クリエンテーラとして、[145] できるだけ役に立つものでなければならなかった。この目的にとっては「最大の武勇」(maxuma virtus, Sall. 8, 1. 9, 2)を具えたユグルタの方がアドヘルバルよりもはるかに適していた。[146]

しかしこのスキピオ的ヌミディア政策はやがて護民官C・メンミウスの煽動政治によって挫折せしめられ、ここに民衆の圧力によっていわゆるユグルタ戦争が始まった。[147] そのことは、すべてがスキピオの真意に反してあまりにも近視的な「個人的友誼関係」(悪い意味における)[148] によって行なわれたことの帰結であった。すなわちスキピオはヌマンティアでユグルタに「私的にではなく公的にローマ人民との友誼関係を培うように」(ut potius publice quam privatim amicitiam populi Romani coleret, Sall. 8, 2)誡め、ユグルタの養父ミキプサに対しても「(ユグルタは)そのすぐれた資質のためわれわれにとって親しい存在である。私は彼がローマの元老院と人民にとっても親しい者となるよう、全力を尽くすでしょう」(nobis ob merita sua carus est ; ut idem senatui et populo Romano sit, summa ope nitemur, Sall. 9, 2) と書き送った。党派的利害は、国家的利害をも意味したのであるから、公に堂々と主張されなければならなかった。スキピオがここでローマ人民の名を二度もあげているにもかかわらずユグルタとその支持者がこれを無視しようとしたことは、ローマ人の感じ方にとってはあまりにも陰険であり、後にカエサルが元老院を無視した態度とえらぶところがなかった。

さて、「党派争い」のより高次な意味は、いま一つの例からもうかがわれる。前一四四年に二人のコンスル、スルピキウス・ガルバとアウレリウス・コッタがスペインのウィリアートゥス征討戦の軍指揮権を得ようとして争った。そのとき小スキピオは(おそらくスペイン人のパトロンとして)これに干渉し「私はこの二人のいずれが派遣されることにも反対である。なぜなら一方は全然(金《かね》を)もたないし、他方もそれを十分にもたないからである」(neutrum ... mihi mitti placet, quia alter nihil habet, alteri nihil est satis) と述べ、さらに両者の貪欲を非難した (Val. Max. VI 4, 2)。そのため結局スキピオの実兄にあたるQ・ファビウス・マクシムス・アエミリアーヌスのスペインにおける命令権が延長されることになった。ミュンツァー (Adelsparteien 247) はこの出来事をスルピキウス・ガルバとアウレリウス・コッタに対するスキピオの個人的憎悪から説明しようとする。しかし、アウレリウス氏はわれわれの知る限りスペインとは何のつながりももたず (Badian, 311f.)、またガルバも前一五一～一五〇年にスペイン総督となり、原住民に陰険な罪悪を犯した。[149] これに対してファビウス・アエミリアーヌスは弟の小スキピオと同様、スペインとの関係が深かった。なぜならその実父アエミリウス・パウルスはヒスパニア・ウルテリオルのパトロンであったし、[150] その弟スキピオは大スキピオからスペインのクリエンテーラを受けついでいた。またファビウス自身も前年からスペインで活躍していた。[151] したがって小スキピオを動かしたものが個人的憎悪だけであったとは考えられず、われわれはここに政治史上の党派(factio)がローマ国防の面で果たした積極的役割の例をみるのである。

事実、共和時代のローマ史には同様な例がしばしばみられる。上にみたポンペイウスのバルカンにおける動員についても、当時スパルタがクラウディウス氏のクリエンテーラ下にあり、[152]またデーイオタロス王、カッパドキア、キュプロス島が小カトーのクリエンテーラであった(Cic. fam. XV 4, 15)事実がポンペイウスの補助軍動員に大いに役立ったと考えられる。内乱以前においても「党派」がこのような役割を果たした例は多い。カエサルはガリア戦争のときにスペイン人の補助軍を有し、またスペインから軍需品を取りよせたが、それが行なわれたのは前五四年以後のことで、彼の政治上の同盟者たるポンペイウスがスペインの総督になって以後に属する。[153]ポンペイウスが前五三年にカエサルに与えた軍団兵力[154]もこの関係を前提とする。またクラッススはシリアで一〇〇〇騎のガリア人騎兵隊をもっていたが、これは彼の政治上の同盟者たるカエサルがクラッススの息子の指揮下に送ったものであった。[155]また三頭政治派のA・ガビニウスは前五七～五五年にシリアでガリア人とゲルマン人の補助軍をもっていたが、これはカエサルから送られたものに違いなく、[156]またガビニウスがポントスのコマナ(上述)とユダヤから得た補助軍[157]と軍需品も、両地がポンペイウスのクリエンテーラにあったこと(上述)と結びつけなければ考えられない。[158]

さらに一歩をすすめれば、共和時代の元老院の「第一人者たち」(principes)のあり方について新しい理解が得られる。われわれは共和時代の内政史から、有力な元老院議員たちが他の元老院議員たちを事実上クリエンテスとしたことを知っている。[159]例えば有名なアッピウス・クラウディウスは多数の元老院議員をその勢力下におさえていた。[160]ゲルツァー(*Kl. Schr.* I, 132)はアッピウスが「クリエンテーラによってイタリアを占領しようとした」(Italiam per clientelas occupare temptavit)という伝承[161]に、アッピウスの元老院におけるパトロン的地位をみる。キケロ(de sen. 37)もアッピウスが「自己の一派に対して単に権威ばかりでなく命令権をもっていた」(tenebat non modo auctoritatem, sed etiam imperium in suos)と言っているが、彼はおそらく重複クリエンテーラによってイタリアを占領しようとしたのであろう。また筆頭元老院議員(princeps senatus)として有名なアエミリウス・スカウルスは「あご一つで殆ど全世界を支配した」といわれるが(Cic. Font. 24)、彼もこれを間接に彼をパトロンと仰ぐ元老院議員たちのクリエンテーラの形でなしたと考えられる。彼が属州のパトロンであったことが特別に伝えられていないからである。これらの例からわれわれは、元老院内部において優越した地位をもつ者が、殆ど全地中海世界を意のままに操縦しえたことを知るのである。それから考えても「第一人者中の最たる者」としての「元首」が何をなし得たかは明らかである。少なくともタキトゥスは、「すべての権力がただひとりの者の手に集中されることが平和にとって重要であった」(omnem potentiam ad unum conferri pacis interfuit, hist. I 1, 1)とか、「しかしカエサルやアウグストゥスが勝利を得ることによってローマの支配権は保全された。ポンペイウスやブルートゥスのもとでは共和制が保全されるはずであった」(sed mansisse C. Julio, mansisse Caesare Augusto victore imperium; mansuram fuisse sub Pompeio Brutoque rem publicam, hist. I 50, 3)という言い方をしている。しかし元首制の問題、中でも元首の軍事的権威(*ἡγεμών*!)がローマの国防にとってもつ意義は、非常に興味ある問題ではあるが、あまりにも本論文の枠を逸脱するので、本稿では扱わないことにする。

ただここで強調しておきたいのは、属州クリエンテーラの問題がローマの国防という観点からも研究されなければならぬ、ということである。しかるに過去の研究者たちはもとより、最近(一九五八年)出版されたE・ベイディアンの《Foreign clientelae》というすぐれた研究書においても、共和末期の属州クリエンテーラにみられるようなローマ国防の属州民依存には注意が払われていない。確かにベイディアンは共和盛期については《Rome did make some use of the armed forces of these(シチリアのcivitates liberae)》という事実を見落さない(p. 39)。しかしサグントゥムやイリュリア人のようなローマの「友邦」についてベイディアン(p. 82)は次のように述べる。《he acted as a centre for gathering information and also as an outpost and a shock-absorber; if he was attacked, Rome was in the pleasant position of being able to decide whether and when to assist him.》このような見方は、ローマが未だ独力でその版図を防衛しえた共和盛期には当てはまるかもしれない。しかしベイディアンの研究は共和末期まで一貫してはすすめられなかった(cf. p. 113f.)。まさに彼の方法にとって特徴的なのは、グラックス以前の時代についてはローマの国家的利害が、グラックス以後の時代については個人の私的利害が扱われていて、これに満足な方法的説明を与えないことである。国家的利害と私的・個人的利害とは全時代を通じてひとしく考慮されるべきである。もともと彼が属州クリエンテーラに見るのは《support in his (すなわちパトロンの) public career and private difficulties》,《protecting him from the malice of his Roman enemies — or from the just resentment of a province》,《place of refuge》,《means for capturing popular favour》,《vote (colonia の場合)》,《reputation》などとしての役割である(p. 161f.)。あるいはそれはせいぜいローマ辺境の《shock-absorber》であって、《and therefore of little direct concern to Rome, unless he grew too powerful》であった(p. 285)。また共和末期における属州クリエンテーラの軍事的意義についても内政史にとらわれた見方しかされていない(例えばp. 272《as reservoirs of military power that could be used by ambitious individuals against the Roman State.》)。しかしforeign clientelae にもっと積極的な意義があったことは上の論述から明らかであろう。

　思うにローマの属州民は高い軍事的価値をもっており、地中海世界の戦士層を維持することはローマ国家にとって大きな関心事でなければならなかった。前一〇四年のある元老院議決は「属州におけるローマの同盟者たる自由人が(借財などのために)奴隷となることがあってはならない。そしてローマの(派遣した)長官は彼らの自由人化の配慮をせよ」(*μηδεὶς σύμμαχος ἐλεύθερος ἐν ἐπαρχίᾳ δουλεύῃ καὶ τῆς τούτων ἐλευθερώσεως οἱ στρατηγοὶ πρόνοιαν ποιῶνται,* Diod. XXXVI 3)と定めたが、この決議の行なわれた動機は補助軍の不足であった。われわれはここに、戦士身分を奴隷化から守ろうとしたソロンやポエテリウスの法を想起する。それと同様のことが前一〇四年には全地中海的規模において行なわれようとしたのである。一見党派争いに明け暮れしているように見えるローマの政治家が祖国の存立を真剣に考えていたことも注意しなければならない。Sall. hist. II 47, 14(Maurenbrecher 校訂本)でコンスル、アウレリウス・コッタは市民に呼びかけて言う。「至上の支配権には多くの心労と多くの巨大な労苦がひそんでいる。諸君はそれをいたずらに拒否して平和時の豊かさを求めるが、一方ではすべての属州が、(藩属)諸王が、海と陸とが荒廃し、また戦乱で疲れ果てているのである」(multa cura summo imperio inest, multi ingentes labores, quos nequiquam abnuitis et pacis opulentiam quaeritis, cum omnes provinciae, regna, maria terraeque aspera aut fessa bellis sint)。

* 本稿はM・ゲルツァー先生の指導下につくられ、*Historia* X(1961), SS. 473ff. に発表された拙稿 Die Auxiliartruppen und die Provinzialklientel in der römischen Republik の日本語版であるが、部分的には原文をかなり書き換えたところもある。

(1) Ed. Meyer, Caesars Monarchie und das Prinzipat des Pompeius², 479f. 参照。

(2) Appian. Ib. 84, 365 *πολλῶν τε πολέμων ὄντων.*

(3) Appian. bell. civ. I 49, 212 *δι' ἀπορίαν ἀνδρῶν,* さらに Liv. per. 74. Macrob. sat. I 11, 32.

(4) T. R. S. Broughton, The magistrates of the Roman Republic I(1951), 550.

(5) E. Gabba, *Athenaeum* 27(1949), 181f.

(6) 最近の研究として W. Schmitthenner, *Histor. Zeitschr.* 190/1(1960), 1f. を参照。

(7)　Appian. Ib. 84, 365 ἐς χάριν ἰδίαν とあるのを注意。さらに Plut. mor. 201 A ὡρμημένων δὲ πολλῶν ἐπὶ τὴν στρατείαν. B τὰ (χρήματα) ... ἑαυτοῦ καὶ τῶν φίλων ἐξαρκέσειν. なお同様のことが大スキピオについて Liv. XXVIII 45, 13f. に伝えられている。以上 Plut. と Liv. の記事は H. Strasburger 教授の御教示による。

(8)　Appian. b. c. I 42, 188. 189. ただしここでコンスルを Sextus Caesar とするのは誤り。

(9)　Liv. per. 72 auxilia deinde Latini nominis et exterarum gentium missa populo Romano.

(10)　K. Kraft, *Jahrb. d. röm.-germ. Zentralmuseums Mainz* 4(1957), 98f. さらに Caes. b. Gall. I 42, 6 ad equum rescribere.

(11)　Bell. Afr. 39, 5. 78, 7. Cic. off. II 45. F. Fröhlich, Das Kriegswesen Caesars 33. 40.

(12)　Cohortes scutatae(Caes. b. c. I 39, 1). coh. caetratae(b. c. I 39, 1. 55, 1. 70, 4. 75, 2). coh. Illurgavonensis(b. c. I 60, 4). coh. auxiliares(b. c. I 63, 1). coh. alariae(b. c. I 73, 3. 83, 1. II 18, 1). coh. stipendiariae(b. Afr. 43, cf. 20, 4). coh. gladiatorum(b. Afr. 76, 1). coh. funditorum(b. c. III 4, 3).——これらの cohortes alariae は補助軍で，この名は，同盟市戦争以前に，イタリアの同盟諸市が提供した補助軍の cohortes が alae にまとめられていたことに由来する(F. Fröhlich, op. cit. 33)。Caes. b. c. I 73, 3 および b. Alex. 63, 1 ではそれと区別して cohortes legionariae という表現が使われている。ところでシリアのプロコンスルであったビブルスの proquaestor たるグナエウス・サルスティウスに宛てたキケロの手紙(fam. II 17, 7)には alarii Transpadani が言及されている(これをビブルス自身は equites auxiliarii と呼ぶ)。そのため F. Fröhlich (loc. cit.)は，alarii とか cohortes alariae と呼ばれる補助軍が，トランスパダナ人のようにラテン市民権をもつ諸市に提供されたものか，ガリア・ナルボネンシスやスペインのように高度にローマ化された属州から提供されたものであると考える。

(13)　b. c. III 59, 3. 4. またユバ王提供の補助軍もメテルス・スキピオから stipendium を受けた(b. Afr. 6, 1)。

(14)　b. c. III 60, 4. H. Gundel, *RE* 9A, 896f. Nr. 3.

(15)　CIL X 6011 Q. Anchari(us) C. f. Pol. Narbones. eques evocatus. annor. nat. XXIII. ala Scaevae.——Th. Mommsen(*Eph. epigr.* V 142, 1)はこの Q. Ancharius をカエサルの下で戦った兵士と考える。Cichorius(*RE* 1, 1259)はこれに対しこの碑文を紀元後六九・七〇年のものと考える。

(16) Th. Mommsen, loc. cit.——Scaeva については b. c. III 53, 4. Cic. Att. XIII 23, 3. XIV 10, 2 を参照。

(17) A. v. Domaszewski, Die Rangordnung des röm. Heeres 123 を参照。

(18) Cic. off. II 45 cum te Pompeius alae praefecisset.——Th. Mommsen (loc. cit.) はこのキケロの記述を見落したようである。なぜなら彼は言う、「この銘文(CIL X 6011)では ala とは、それが後に意味するようになったものを意味している。この語の(この意味における)用例としては、この銘文より古いものはないと思う」。

(19) L. Wickert, *RE* 22, 2100f.

(20) 代表的なのは A. v. Premerstein, Vom Werden und Wesen des Prinzipats, 73–112.

(21) A. v. Premerstein, op. cit. 99f.

(22) A. v. Premerstein, op. cit. 23.

(23) 最近の文献として M. Gelzer, Caesar, der Politiker und Staatsmann[6] (1960), 179f.

(24) A. v. Domaszewski, Die Heere der Bürgerkriege in den Jahren 49 bis 42 vor Chr., *Neue Heidelb. Jahrb.* IV (1894), 157f. V (1895), 105f. は正規軍団しか扱わず、内乱時代の補助軍の立ち入った研究は今のところ出ていない。

(25) b. Gall. I 37, 5. II 12, 3. III 9, 1. 20, 2 auxiliis equitatuque comparato. IV 7, 1. 31, 2. V 4, 1. VII 8, 1. 11, 4. VIII 6, 2. 34, 3. 35, 1. b. c. II 1, 4. 18, 6. 22, 2. III 3, 1 Pompeius annuum spatium ad comparandas copias nactus. 4, 6 Dardanos, Bessos partim mercennarios, partim imperio aut gratia comparatos. 5, 1. 78, 3 eae copiae quas Dyrrhachii comparaverat (Pompeius). 102, 1. b. Afr. 20, 3. 25, 1. b. Hisp. 1, 1. 2. 22, 6. 40, 2. 42, 6.

(26) b. Gall. III 23, 2. IV 22, 1. V 55, 3. b. c. I. 29, 3. 37, 1. 57, 2. 85, 6. 8. II 14, 6. b. Afr. 31, 7.

(27) b. c. III 84, 1. 101, 4. b. Alex. 51, 3. b. Afr. 31, 8.

(28) b. Gall. I 4, 2. 3. 15, 1 equitatus . . ., quem ex omni provincia et Haeduis atque eorum sociis coactum habebat (Caesar). IV 22, 3. 34, 6 (Britanni) magna multitudine peditatus equitatusque coacta. V 3, 4. 46, 4. VI 3, 1. 35, 5. 43, 1. VII 5, 1. 9, 1. 65, 1. 66, 2. 71, 2. 76, 3. 87, 3. VIII 1, 2. 6, 2. 8, 3. b. c. I 15, 7. 29, 1. 34, 2. 38, 4. III 3. 1 Pompeius . . . magnam . . . classem coegerat. 4, 4. 31, 3. 80, 3. 103, 1. b. Alex. 52, 1. とくに次の二つの形——copias cogere (b. Gall. II 5, 4. III 17, 2. 20, 3. V 22, 1. 40, 3. 55, 3. VI 7, 1. 10, 1. 4. VII 4, 4. 55, 9. 56, 1. 66, 4. VIII 7, 1) および manus cogere (b. Gall. II 2, 4. V 39, 1. VI 5,

7. VII 4, 3. 7, 2. 59, 2.)。

(29) 補助軍を動員する意味では b. Gall. VII 31, 4 にただ一度だけ、それもウェルキンゲトリクスのそれに関して使われている。

(30) Lucanus の叙事詩にはポンペイウスの補助軍の中にエチオピア人(III 253f.)、ガンジス川流域の住民(229f.)、Essedones(280) のように常識をはずれた民族名があげられている。本稿ではそれらを無視した。――カエサルの補助軍についてはF. Fröhlich, op. cit. 32f. 参照。

(31) J. Madvig, Die Verfassung und Verwaltung des römischen Staates, II 525 を参照。

(32) 市民兵を集める場合にもしかり(b. c. I 3, 2)。ガリア人内部においてもしかり(b. Gall. V 55, 3. VI 2, 1. 12, 2. VII 31, 1. 64, 8)。

(33) b. Gall. VII 65, 4 Caesar . . . trans Rhenum in Germaniam mittit ad eas civitates, quas superioribus annis pacaverat, equitesque ab his *arcessit* et levis armaturae pedites qui inter eos proeliari consueverant. この arcessere の内容については I 31, 4 に uti ab Arvernis Sequanisque Germani *mercede arcesserentur* (cf. 44, 2. III 11, 2. VIII 10, 4) とあるのを参照。さらに III 9, 10. 23, 2. V 56, 4. 58, 1. VII 33, 1. b. Alex. 1, 1. 26, 1. 34, 5 を参照。

(34) たとえば b. c. I 17, 4. 56, 2. b. Alex. 17, 3.

(35) Caes. b. c. I 30, 4 Cato in Sicilia naves . . . novas civitatibus imperabat. 38, 3 equites auxiliaque toti Lusitaniae a Petreio, Celtiberiae Cantabris barbarisque omnibus . . . ab Afranio imperantur. 52, 4. II 18, 1. III 3, 2. 31, 2 (Metellus Scipio) equitesque toti provinciae (sc. Syriae) imperaverat. 32, 1. 2 (Metellus Scipio in Asia) columnaria ostiaria frumentum milites arma remiges tormenta vecturae imperabantur. 4. 5. 6. b. Alex. 49, 2. 51, 3. 6. 56, 3. 6. b. Afr. 90, 2. 同様にカエサルも前五八年にガリアにおいて provinciae toti quam maximum potest militum numerum imperat (b. Gall. I 7, 2. もっともこれは市民兵である)。IV 6, 5. V 1, 6 (Illyricum における Caesar) civitatibus milites imperat certumque in locum convenire iubet. VI 4, 6 equitesque imperat civitatibus.――同様にウェルキンゲトリクスが imperare する例として VII 31, 4. 64, 4. 66, 1.――imperare と imperium の関係についてはきわめて簡単に L. Lange, Röm. Altert. I³ 302.

(36) II 3, 3. 32, 3. 35, 1. IV 22, 1. 27, 1. V 20, 2. 4. 37, 1. VI 10, 4. VII 90, 2. VIII 23, 2. 31, 4. 48, 8.

(37) Imperata facere についてはさらにb. c. I 60, 1. III 12, 4. 34, 2. 81, 2. b. Afr. 6, 7. 7, 1. 33, 1を参照。さらにデーイオタロスのそれ(b. Alex. 34, 1)およびファルナケスのそれ(b. Alex. 69, 2, cf. 35, 1)。

(38) Caes. III 4, 3. cf. Appian. II 71, 295. Flor. II 13, 5. b. Alex. 69, 3. 67, 1–68, 1. Cic. div. I 27. II 78–79. Deiot. 9–13. Phil. XI 34. Dio Cass. XLI 63, 1. Plut. Pomp. 73, 9.

(39) § 10 illum ordinem ab adulescentia gravissimum sanctissimumque duxisset. § 13 is qui senatui parere didicisset.

(40) Cic. div. I 27も、デーイオタロスの行動がローマ元老院のauctoritasのために戦う結果を生じたとしても、彼を動かしたのは(auctoribus)鳥占いであったことを述べている。

(41) Appian. Mithr. 75, 326. Cic. Deiot. 13. Eutrop. VI 14, 1.

(42) ポンペイウスのガラティア処理についての諸問題はD. Magie, Roman rule in Asia Minor, II 1235–1238に詳しい。

(43) ただしKolchisは後述のごとくAristarchusのものとなったから、この記事は不正確である。

(44) Strab. XII 547. cf. D. Magie, II 1237, 41.

(45) B. Niese, *Rhein. Mus.* 38(1883), 591. 594によればDomnilausはPharsalusで戦死した。

(46) B. Niese, op. cit. 591によればCastorはTarcondarius Castorの子。Caes. III 4, 5の最初の部分を詳しくいえば、TCとDとは三○○騎を提供、そのうちDは自分も戦争に馳せ参じ(そしてPharsalusで戦死し)、TCは自分は来ずに子のCastorをつかわした、という意味である。

(47) W. Judeich, Caesar im Orient, 151f.

(48) これをD. Magie, II 1237のようにhe belonged to a family which had 'tetrarchal' rankと訳さなければならぬ理由はない。

(49) Strab. XII 568. cf. D. Magie, II 1236f.

(50) カエサルの場合b. Alex. 65, 4にreges, tyrannos, dynastas provinciae finitimosqueとあるのを参照。これについてはGelzer, Caesar[6] 238, 308をみよ。

(51) さらにDio Cass. XLI 63, 2. Cic. Att. VIII 11, 2. XI 6, 2. Appian. II 67, 276. 71, 295. Vell. Pat. II 51, 1. Flor. II 13, 44. Lu-

can. III 287–288 unum tot reges habuere ducem. IV 233f. Oros. VI 15, 18.

(52) A. N. Sherwin-White, The Roman citizenship, 160f. E. Badian, Foreign Clientelae, 12f. 44. 69, 1. cf. W. Otto, *RE* Suppl-Bd. 2, 54f.

(53) cf. G. Radke, *RE* 23, 2107, Nr. 1.

(54) B. Niese, op. cit. 570f. これに対しG. F. Unger, *Philol.* 55 (1896), 250f. D. Magie, I 372. II 1234, 37.

(55) Caes. III 4, 3. Appian. II 49, 202. Flor. II 13, 5. Lucan. III 243f. VII 225. 541.

(56) Niese, *RE* 2, 820, Nr. 10.

(57) Appian. Mithr. 105, 495. D. Magie, II 1238, 44.

(58) Appian. Mithr. 105, 496. Strab. XII 534/5. 537. M. Gelzer, Pompeius[2] 100. D. Magie, II 1239, 45.

(59) Caes. III 4, 3. Appian. II 49, 202. 51, 211. Lucan. VII 225f. 636.

(60) Wilcken, *RE* 2, 450, Nr. 13.

(61) Dio Cass. XLI 63, 1. Flor. II 13, 5. Lucan. III 243/4. IX 219–224. キリキアの海軍はこの他にもCaes. III 3, 1. 101, 1. Flor. II 13, 32. Lucan. III 225–228. IV 448–452に言及されているが，もちろんそのすべてがTarkondimotosに提供されたとは限らない。キリキアの陸兵はAppian. II 49, 202. 71, 294. Lucan. VII 542に言及。TarkondimotosについてはD. Magie, I 377, 397. 403. II 1240, 53. 1283, 18に詳しい。

(62) B. Niese, 569. G. F. Unger, 248.

(63) D. Magie, II 1240, 53.

(64) Cic. Att. IX 9, 2, cf. Appian. II 51, 211.

(65) Appian. Mithr. 114, 560. Eutrop. VI 14, 1. cf. Oros. VI 4, 9. Wilcken, *RE* 2, 861, Nr. 20. D. Magie, II 1238, 42.

(66) Caes. III 4, 5 cui magna Pompeius praemia tribuit. Appian. II 49, 202.

(67) M. Gelzer, Pompeius[2] 101, cf. 261, 152. Appian. Mithr. 106, 497 *ἐς φιλίαν ὁ Ἀντίοχος αὐτῷ* (sc. Pompeio) *συνῆλθεν*.

(68) b. Afr. 20, 1. cf. Cic. Phil. II 19. 112. XIII 18.

(69) Jos. ant. XIV 39.——このPtolemaiosについてはVolkmann, *RE* 23, 1766f., Nr. 60.

(70) Caes. III 4, 3. Appian. II 71, 294. 74, 308. Lucan. III 214f. VII 540.
(71) Stählin, *RE* 1A, 2227.
(72) Appian. II 71, 295. Lucan. III 245. VII 542.
(73) Baumgartner, *RE* 2, 1308, Nr. 1. D. Magie, II 1252, 60. 1256, 78.
(74) 史料はF. Geyer, *RE* 6A, 977に列挙。
(75) 史料はF. Miltner, *RE* 21, 2115f. に列挙。
(76) Caes. III 3, 1. 5, 3. 40, 1. 111, 3. Cic. Att. IX 9, 2. Appian. II 71, 296(六〇隻). Dio Cass. XLII 2, 4.
(77) M. Gelzer, Pompeius^2 148. H. Volkmann, *RE* 23, 1748, Nr. 33.
(78) Caes. III 103, 3 hospitium atque amicitia. 106, 1 necessitudines. cf. Vell. Pat. II 53, 1. Plut. Pomp. 76, 7. Appian. II 83, 351. 84, 353. 356. Lucan. VIII 448f.
(79) S. Gsell, Hist. anc. de l'Afr. du nord VII 281f. 287. Caes. II 25, 4 huic (sc. Jubae) et paternum hospitium cum Pompeio et simultas cum Curione intercedebat, quod tribunus plebis (50 B.C.) legem promulgaverat, qua lege regnum Iubae publicaverat. Dio Cass. XLI 41, 3, cf. 42, 7. Appian. II 41, 190. Lucan. IV 687–694.
(80) Suet. Caes. 71. S. Gsell, op. cit. VII 294f.
(81) Caes. b. c. I 18, 5. Polaschek, *RE* 17, 975.
(82) Caes. III 59, 1f. 59, 3 amicitia Caesaris. 60, 1. 61, 1 in honore apud Caesarem.
(83) nominatim evocatiという表現はb. c. II 5, 5. b. Gall. III 20, 2(cf. CIL X 6011). V 4, 2. VII 39, 1にも現れる。Fiebiger, *RE* 6, 1146f. 参照。およそすべてのevocatioが「名指しで」行なわれたのではないことについてはJ. Schmidt, *Hermes* 14(1879), 329f. 参照。
(84) Caes. b. c. III 59, 3–61, 3. cf. 63, 5. 79, 6. 84, 5.
(85) Caes. III 79, 6 seu pristina sua consuetudine . . . seu gloria elati.
(86) C. Jullian, Hist. de la Gaule II 77, 5. さらにガリアのprincipes(H. Wagenvoort, *Philol.* 91(1936), 341, 101参照)がもっていた従士についてはC. Jullian, II 75f. 79f. 参照。

(87) b. c. I 39, 2. 51, 1. cf. 48, 4.

(88) Allobroges 以外にも Appian. II 49, 201. 70, 291. Flor. II 13, 5.

(89) b. Alex. 17, 3.

(90) b. Afr. 6, 3. 20, 1. 34, 4(八〇〇人)。

(91) b. Hisp. 32, 3.

(92) M. Gelzer, *Kleine Schriften* (1962), I 31, 136.——この *Kleine Schriften* には Die Nobilität der römischen Republik その他が収められている。この Die Nobilität は、目下ほとんど入手不能なので、今後 *Kleine Schriften* から引用することにした。

(93) b. Gall. I 31, 16. VII 32, 5.

(94) b. c. III 109, 2. 111, 1. b. Alex. 38, 1. Plut. Caes. 49, 3. Suet. Caes. 35, 1. Dio Cass. XLII 35, 3. Flor. II 13, 58.

(95) b. Alex. 26, 1f. Mithridates Pergamenus, magnae nobilitatis domi scientiaeque in bello et virtutis, fidei dignitatisque in amicitia Caesaris.

(96) b. Alex. 26, 1. それとやや異なる記述は Dio Cass. XLII 41, 1f. 43, 1. cf. b. Alex. 25, 1. Dio Cass. XLII 37, 3. 39, 2. 40, 5.

(97) M. Rostovtzeff, The soc. and econ. hist. of the Hellen. world II 821f. さらに III 1527, 98. D. Magie, II 1259, 4. 1267, 32.

(98) b. Afr. 32, 3f. 35, 2f. 55, 1. 56, 3. Dio Cass. XLIII 4, 2.

(99) b. Afr. 32, 3. 56, 3(Gaetuli の nobiliores と praefecti の父祖がマリウスのもとで戦い、その恩顧をうけたこと)。Dio Cass. loc. cit.

(100) b. Hisp. 1, 1-3. cf. Dio Cass. XLIII 30, 1f.

(101) 本書第一〇章、二八八頁。

(102) M. Gelzer, *RE* 7A, 994. Pompeius^2 200. 204. 217.

(103) さらに Att. VII 23, 2. VIII 2, 4. 11B, 1. 3. IX 1, 4. 19, 2. Marc. 14.

(104) Att. VIII 12 B, 2.

(105) Att. VIII 1, 2. 11 C. 11 D, 4. 12 A, 4. 12 B, 2. 12 C, 2. 3.

(106) Att. VIII 1, 1=11 A. 11 C. 12 A, 4.

(107) のちに皇帝がしばしば実質上の命令であるものを助言の形で述べたことを想起せよ、A. v. Premerstein, op. cit. 194.

(108) Cic. fam. XV 1, 6. Att. V 18, 1 inopia sociorum, praesertim fidelium.

(109) M. Gelzer, *RE* 7A, 869. 880. 890. 975f. 978. 1050. 1061. 1088. E. Meyer, Caes. Mon². 187f.

(110) R. Heinze, *Hermes* 60. 354f. F. Fürst, Die Bedeutung der auctoritas im privaten und öffentlichen Leben der röm. Republik, Diss Marburg (1934), 21f. などがこれを簡単に扱っている。

(111) 正規軍団の auctoritatem sequi の例として Cic. Phil. III 7. 38 を参照。

(112) b. Gall. II 4, 3 (Belgae). 5 (Bellovaci). V 55, 3/4 (Indutiomarus).

(113) b. Gall. III 8, 1. 3 にみられるガリアの Veneti の auctoritas こそその典型的な例であろう。

(114) 勝利が勝利者にもたらす有利な効果については、b. Gall. II 35, 1. III 27, 1. IV 13, 3. b. Afr. 87, 2. 91, 2 を参照。

(115) これに対してポンペイウスを破ったカエサルは「どの地も自己にはひとしく安全であろうと考え、自己の業績の評判に信頼して弱い防衛をもったまま、出発するのを躊躇しなかった」(confisus fama rerum gestarum infirmis auxiliis proficisci non dubitaverat aeque omnem sibi locum tutum fore existimans, b. c. III 106, 3)。

(116) nomen についてはさらに Caes. b. Gall. IV 16, 7. b. Alex. 58, 2 cuius (sc. Pompei) nomen multum poterat apud eas legiones quas M. Varro obtinuerat, 3f. b. Afr. 31, 6. 81, 2. Cic. Att. V 20, 3. Lucan. IX 92.

(117) E. Wistrand, *Eranos* 39 (1941), 22f. は gratia を「勢力」(Einfluss) と訳す。

(118) M. Gelzer, *Abh. Berlin* (1943), I 33. Pompeius² 159. 246.

(119) Liv. XXVI 41, 1. 2. 50, 14. XXVIII 13, 4. 5. 14, 4. 9. 14. 18. 16, 5. Polyb. XI 20, 4. 6. 22, 3. 6. 11. 23, 3. cf. Liv. XXVII 38, 11.

(120) Liv. XXVIII 20, 1 Afri.

(121) Liv. XXVII 38, 11. XXVIII 13, 5. 16, 5.

(122) princeps Celtiberorum, Liv. XXVI 50, 2. Zonar. IX 8.

(123) Liv. XXVI c. 50. Polyb. X 19, 3–7. Val. Max. IV 3, 1 (Indibilis と Allucius を混同). Sil. Ital. XV 268f. Zonar. IX 8.

(124) gratia : Liv. XXVI 50, 9. 11. benignitas ac beneficia : 50, 13.

(125) E. Badian. op. cit. 117 はスキピオとインディビリスの協約(Polyb. X 38, 4f. Zonar. IX 10)を例にひいて，The Spanish auxiliaries who served in the Roman army were probably furnished under such treaties と考える(cf. p. 119)。しかしこのような一般化は不必要である。少なくともスキピオとアルキウスとの協約には軍事条項は伝えられていない。注(52)参照。

(126) Liv. XXVII 17, 3. 9. cf. XXVIII 24, 4. 31, 7. XXIX 1, 25f. Polyb. X 35, 7. 37, 7. 38, 6. 40, 10. インディビリスとマンドニウスとは haud dubie omnis Hispaniae principes (Liv. XXVII 17, 3), regiae nobilitatis viri (XXVIII 27, 5), reguli (XXVIII 32, 2. 33, 17. Polyb. X 35, 6) と呼ばれる。

(127) Liv. XXVIII 13, 3, cf. 5.

(128) Liv. XXVIII 15, 14.

(129) Liv. XXVII 17, 1f. Polyb. X 34, 2–35, 2. 40, 3.

(130) Liv. XXVII 19, 7. XXVIII 1, 6. 4, 4. 16, 10. 17, 1. 21, 3. 6–10 (Corbis と Orsua, cf. Val. Max. IX 11, ext. 1. Zonar. IX 10). Zonar. IX 8. また Cerdubelus (Liv. XXVIII 20, 11) も同様な貴族であったかもしれない。

(131) Polyb. X 38, 3. 40, 2–5. Liv. XXVII 19, 3–6. Zonar. IX 8.

(132) H. H. Scullard, Roman Politics 220–150 B.C. 75. 95.

(133) Cos. 199 B.C. *RE* Cornelius Nr. 188. Broughton, The magistrates I 299. 302. 307. 312. 317. 320. 324.

(134) M. Gelzer, *Kleine Schriften* I 122.

(135) Sall. Jug. 25, 2. cf. fautores legatorum (sc. Jugurthae) (Sall. 15, 2). ministri (27, 1. 33, 4). amici (13, 6. 16, 3. 35, 4. cf. 7, 7f). 彼らがサルスティウスのいわゆる pauci factiosi である(27, 2. cf. 31, 1f. 41, 7f)。

(136) 彼らは conplures novi atque nobiles ... factiosi domi, potentes apud socios, clari magis quam honesti (Sall. 8, 1) とされる。

(137) Sall. 13, 6 veteres amici . . . deinde novi. 20, 1 amici . . . et (ii) quos paulo ante muneribus expleverat. 13, 7. 15, 2.

(138) Sall. 13, 7 hospitibus (sc. Jugurthae) *aliique*, quorum ea tempestate in senatu auctoritas pollebat. 15, 2 fautores legatorum (sc. Jugurthae), *praeterea* senatus magna pars.

(139) このような関係については M. Gelzer, *Kleine Schriften* I 102f.

(140) 次の表は Broughton, Magistrates I 491. 492 による。

(141) Münzer, *RE* 15, 604.

(142) Münzer, *RE* 1A, 1271.

(143) Sall. 8, 2. cf. E. Badian, 192.

(144) Sall. 20, 2. ユグルタについては 6, 1. 7, 1. 4f. 52, 1f. 参照。ユグルタがヌマンティアでローマ人に与えた武勇(virtus)の印象は，その後のユグルタにとって決定的であった(9, 2. 10, 2. 15, 1)。またヌミディア人の中でも戦士としてすぐれた者たち(bello meliores)はアドヘルバルよりもユグルタを愛した(13, 1)。

(145) Sall. 14, 1. 5. 13. 18. cf. 10, 2 tuaque (sc. Jugurthae) virtute nobis (sc. Numidis) Romanos ex amicis amicissumos fecisti――すなわちローマとの友好関係にとって決定的なのは武勇(virtus)であった。cf. 5, 4/5.

(146) なお前一一〇年ごろのローマ元老院にはユグルタよりも Massiva をえらぶ勢力があり(cf. Liv. per. 64)，その代表として Sp. Postumius Albinus (*RE* Nr. 45) の名が挙げられる(Sall. 35, 1f. cf. S. Gsell, op. cit. VII 169)。さらに Sall. 65, 1f. では Mastanabal の子 Gauda を推す勢力が言及される。Gauda はのちユグルタの後継者としてヌミディアの王位を得た(S. Gsell, VII 138. 220f. 262f.)。

(147) Sall. 27, 2. なお C. Memmius が小スキピオの政敵であったことに注意(Münzer, *RE* 15, 604f.)。

(148) Sall. 14, 20 privata amicitia. 25, 3 privata gratia.

(149) Münzer, *RE* 4A, 761f.

(150) Plut. Aem. Paull. 39, 8. Liv. XLIII 2, 5. 7. Dessau, *ILS* 15.

(151) Münzer, *RE* 6, 1793.

(152) Suet. Tib. 6, 2.

(153) b. Gall. V 1, 4. 26, 3. 27, 1. VII 55, 3.
(154) M. Gelzer, Caesar^{6} 130.
(155) Plut. Crass. 17, 7. 25.
(156) H. Dessau, Gesch. d. röm. Kaiserzeit I 272.
(157) Jos. ant. XIV 99. b. Jud. I 175.
(158) なお第一次三頭政治の属州掌握については R. Syme, The Roman Rev. 35, 6 参照。
(159) M. Gelzer, *Kl. Schr.* I 132. F. Münzer, Adelsparteien 289 (Val. Max. VI 9, 13 の引用を注意). A. v. Premerstein, 19.
(160) Plut. Pyrrh. 18, 9. Cic. de sen. 37. F. Münzer, Adelsparteien 105. A. v. Premerstein, 18.
(161) Suet. Tib. 2, 2.——ただしこれを果たして Ap. Claudius Caecus と解すべきかは、必ずしも確かでない。

[付　記]

冒頭注(＊)に記したように、本論文ははじめ *Historia* X (1961) に独文で発表された。これを部分的に若干修正して日本語に訳し、学生社刊『古代史講座』第五巻(一九六二)、第七巻(一九六三)に発表したのが本稿である。

第五章　ローマ元首政の起源

はじめに

ローマの帝政は、それに先行する共和政治のあり方そのものの中から必然性をもって生れてくる。しかしそれは、都市国家的な共和政ローマと地中海世界的環境との止揚として現れてくるから、ローマの運命はつねに地中海世界という視野の中で考えられなければならない。

ローマは前四世紀から前三世紀にかけてイタリア半島を従え、前三世紀の中ごろから後半にかけてはカルタゴを破って西地中海世界に覇をとなえ、前二世紀から前一世紀にかけては、広大な地中海世界の東西に支配権を確立した。この過程において、ローマの国家を隆昌のうちにリードしたのは富裕な階層、中でもローマ人が「貴顕の士《ノビレス》」(nobiles)と呼ぶ階層の人々であった。キケロはこの言葉を統領《コンスル》、独裁官などローマ最高の公職(ふつう統領)についた者の子孫に限って使っている。それは貴族(patricii)・平民(plebs)の身分闘争が解決するとともに政権の座に躍りでた階層であった。すなわち、前三六七年にリキニウス＝セクスティウス法が成立して以来、ローマ市民は貴族《パトリキ》・平民《プレブス》の別なく統領の地位につきうるはずであったが、事実においては、貴族・平民双方の有力者を包含する「貴顕の士」がローマの政権を担当する門閥貴族を形成し、彼らまたはその容認する者のみがローマ最高の公職に就任することが共和時代ローマの政権授受の鉄則となったのである。しかも彼らの周囲には、それより格式において劣るが少なくとも代々公職者を出してきた、多少とも由緒ある家系の者がむらがって、為政者層を形成していた。ときとして先祖に公職者・元老院議員をもたない者が「新人」(homo novus)として政界に入ることがあったが、その数は概して少なかった。したがってローマの共和政治は、そのじつ、貴族政治にほかならなかった。もちろん、グラックス、マリウス、サトゥルニヌス、カエサル、クローディウス、などは「民衆的」(popularis)な政治家と呼ばれる。しかし彼ら「民衆派」政治家も決して民衆の代表者ではなく、為政者階層から出た一種の反逆児として、ただ自己の政策をすすめるため民衆の力を利用したにすぎない。ローマにはギリシャ的な意味でのデモクラシーは存在したことがなかった。

事実、ローマの支配階級は寡頭政社会にふさわしい物の考え方をした。そこでは現体制に忠実な者は「良き人士」(boni)とされ、とくに現体制の頂点に立つ保守派の閥族集団は「最良のうから」(optimates)と呼ばれた。これに対して、支配階級に反逆して民衆の力と結ぶ者は「不逞の徒」(improbi)などと呼ばれた。

さらに、ローマの支配階級にとっては、現在のローマ国家は祖先たちの英知の結晶としてあるもので、ローマの現在における隆昌こそローマの政体の優秀さと、それを創ってきた祖先たちの偉大さを証明するものであった。すなわちそこでは先祖代々国事に身を献げる富裕な者たちが元老院に集まり、「権威」(auctoritas)をもって民衆をリードし、民衆は謙虚に彼らの指導に服することによって、ローマの今日をあらしめた。このような政治家の中でもとくにリーダー格の者がいわゆる「第一人者」(単数プリンケプス princeps、複数プリンキペス principes)であった。したがってローマの共和政とは「第一人者たち《プリンキペス》」にリードされる政治にほかならなかった。ときとして「不逞なる」政治家が現れて民衆を煽動する。中にはカティリーナのように社会の不満分子を糾合して「変革」を求める不穏な者もいる。しかし、すべて持てる者は心を合わせてこの光栄ある現存の秩序を維持しなければならない。そして、「威厳ある閑暇」(otium cum dignitate) のうちに高尚なる文化的価値を創り出すべきである。閑暇をもたぬ貧民に、また威厳なき愚民に、何が任せられるであろうか？　否、富める者こそ「わが軍隊」(Cic. Att. I 19, 4) である。——ローマの支配階級はおよそこのようなイデオロギーをもっていた。ローマが地中海世界に進出してゆくとき、彼らはそのイデオロギーを多かれ少なかれ地中海世界に押しつけてゆく。このことは本稿の中心問題となるはずである。

さて、富裕者中心の財産政治的 (timocratic) なローマ社会秩序の頂点に位するのは「第一人者たち」であり、この秩序の基本的な構成要素は「党派」とそのクリエンテーラであった。事実ローマでは、共和時代を通じてさまざまな「党派」が隆替を繰り返すが、「党派」の基本的性格と具体的様相の解明は、今世紀前半のローマ史学の著しい研究成果の一つである。私はかつてそれを次のように要約した。

「一体ローマ史には政策を中心に組織された党派は存在したことがなく、党派 (factio, partes) とはつねに種々の理由(たとえば同一地方の地主としての利害の一致)により様々の形、とくに親戚関係、友誼関係 (amicitia) で結ばれたノビレス氏族のグループで、いずれもその恩顧を受けた多数の政治家を配下においた。後代ローマ人の夢となった共和政的自由とは、唯一人の有力者、唯一つの党派による専制を排して、いくつかの勢力集団が同時に並存するところに存した。事実共和時代のローマ史はかかる諸党派間の勢力争いの歴史にほかならない。しかも毎年、次年度の公職者を選出する兵員会において司会者たるその年の公職者の有した絶大な権限は、よく一党派の政権独占を何年にもわたって持続せしめえたので、かかる党派の中心者は君侯にも似た勢力を有した。……新進政治家はかかる党派に身を寄せねばならず、大カトー、マリウスのごとき独立不羈の人格すら官途を進むためにはノビレスの知遇をもとめ、ひとたび得た勢力を保持するためにはノビレス名家と婚姻を結び、他の有力政治家とも友誼関係=政治的同盟を結んだ。じつに恩顧関係は無力者と有力者を結ぶ無二の紐帯であり、親戚関係は身を立てるうえには最大の「ひき」であり、身を守るうえには最良の頼りであった。また友誼関係における相互の義理(officium)はお互いに計り知れぬ利をもたらした。さらにノビレスの勢力は信義(fides)にもとづく恩顧関係の諸相によって下方にも限りなく拡がった。この関係、すなわち新しいクリエンテーラ(clientela)はもはやかつての法的に規制されたそれではなく、共和政下の法的平等の真只中をも貫く自由人の間の私的支配従属の関係ですらあった。新進政治家に対する政界有力者の引き立て、訴訟事件における弁論家の被告または原告に対する援助、貧民に対する富裕者の金銭的助力、その他一般に社会的に弱者の地位にあるものに対する有力者の助力はいずれも援助者をパトロンの地位におき、ここに托された信義、ここに生じた義理によって、民衆は民会においてパトロンのために一票を投じ、公職者といえどもパトロンの政策を遂行した。これら有力者のいわば子分にすぎぬ民衆や公職者にとって、最大のパトロンを網羅する元老院が最大の「権威」(auctoritas)を有したことは当然である。さらに海外のプロウィンキア(属州)におけるクリエンテーラは、ローマの対外危機に際してはローマ人の習わぬ戦術の熟練者として重要な役割を果たし、これに対してプロウィンキア人はパトロンたるノビレスによってローマ元老院との直接の繋がりをもった。有力なパトロンをもたぬために没落した都市国家さえ知られている。かくてローマの寡頭政は、広大な地域にまたがって社会の各層(奴隷を除く)を抱擁する大規模なものとなった。(1)……」

このような勢力集団が「党派」であるが、過去半世紀の間に、共和政期各時代のローマ政界に盛衰した諸党派の構造について、微に入り細をうがった研究がすすめられ、われわれは大小スキピオ、ポンペイウス、カエサル等々、ローマの政治を動かした政界「第一人者たち」の勢力の実態と構造を深い次元で認識するようになった。さらにその成果を踏まえて、第二次三頭政治の時代にオクタウィアーヌスを中心とする勢力グループが成長して、この党派の勝利によって帝政が樹立せられる過程が、イギリスのロナルド・サイム卿(2)などの学者によって克明に跡づけられたことは、われわれの当面の問題からいっても特記に価しよう。

ところで「党派」は、右に述べたごとく、人と人との私的なつながりによって形成せられるので、ローマ史の個人記述的(prosopographisch)な研究が発達し、極言すれば地中海極地の海浜で発見せられた半行の碑文にあらわれる人名すら、ローマ人の名である限り、個人記述的な研究の対象となり、既知の人物との血縁関係・派閥関係などを追究することによって歴史的脈絡の中に位置づけられようとした。

その際、個人記述的な研究がローマ市民のみに集中し、ローマ史に現れる非ローマ人があまり問題とされなかったことは注意を要する。たとえば、そのような研究の開拓者であり第一人者であるフリードリヒ・ミュンツァーは、パウリー＝ヴィソーヴァ編の『古典古代学百科事典』(3)のCの項からローマの人名項目を執筆したが、Cの項だけを見ても、ポリュビオス、リーウィウスの二史料――それだけに限ってみても――に現れる非ローマ人が幾人も抜けており、次のものは補遺が第一一冊目まで出た現在にいたってもなお脱落したままである。

Chariclitus (Liv. XXXVII 23, 8)
Charilaus (Liv. VIII 25, 9)
Chariteles (Liv. XXXII 21, 23)

Chesuphos (Polyb. XXII 17)

Chlaineas (Polyb. IX 31, 7ff.)

Culcha (Liv. XXVIII 13, 3. XXXIII 21, 7=*Κολιχας*, Polyb. XI 20. XXI 11, 7)

また、同事典の最新巻(Bd. IX A, 1967)所収のXの項においても、私の気づいた範囲でXenophantos(Polyb. IV 50, 5)およびミトリダテス大王の子Xerxes(Appian. Mithr. 512. 572)が見落とされている。

このことは従来の研究のある欠陥を示している。すなわち、ローマ史上の党派はクリエンテーラという形で、そのすそを地中海世界全体に拡げていることが理論的には理解されておりながら、そのような勢力集団の底辺に関する研究が極めて不完全であった、ということである。全地中海世界を蔽う党派形成でありながら、従来の研究は、その最上部に位するローマ市民のみに目を奪われてきた。ローマに支配されている多数の異民族を等閑視して、どうしてローマの支配の歴史的解明がありうるであろうか？

それゆえわれわれは、ローマ帝政を準備したものとしての共和時代の党派形成にとって地中海世界がどれだけの意味をもったかをさぐるため、ローマと地中海世界との出会いのさまざまな局面を、共和時代中期にまでさかのぼって、史料(4)に即して見てみよう。

一　ローマと原住民支配階級

1　ローマの進出

上にも述べたように、ローマは地中海世界に進出してゆく過程において、各地の原住民社会にローマ支配階級のイデオロギーを押しつけていった。それを端的に示すのは、ローマが原住民社会の政治体制に全面的に介入した場合そこに意識的に富裕者による支配体制を創り上げたことである。たとえば前一九五／四年の冬、将軍フラミニーヌスはテッサリアの社会的混乱を調整し、「何よりも財産資格《ケンスス》によって元老院と裁判官を選任し、万事が安寧かつ静謐であることを喜ぶ人々をして国家の有力部分たらしめた」(Liv. XXXIV 51, 4-6)。ちなみに、これがいかにローマを利したかは、早くも前一九一年に明らかとなった。すなわち同年にシリア王アンティオコス三世がこの地に兵を進めると、彼はここで強い抵抗にあって、多大の出血を余儀なくされたのである(XXXVI 9-10. 14)。また、前九五年に、ローマの元老院はシチリアの総督C・クラウディウス・プルケルに命じて、同島ハラエサ市の制度を確立せしめた。彼は「年齢については、三〇歳以下の者が選ばれないように、職業については、これこれの職業の者が選ばれないように、さらに財産資格その他について」定める法律を制定した。L・スキピオも前一九三年に、シチリアのアグリゲントゥムに同様の体制を与えたという(Cic. Verr. II 2, 122-123)。キケロは、彼の時代に一般にシチリア人たちの間に大監察官《ケンソル》があって、財産評価《ケンスス》が公式に行なわれたことを伝えている。しかも大監察官の人選に関してウェレスが大幅な干渉をしたというキケロの指摘は、この人選においてローマ当局がある程度の力をもちえたことを示している(II 2, 131f. 138)。また、ウェレスの在任中、シチリア諸都市の元老院議員がすべてウェレスの独断で選ばれ、「財産資格も、年齢も、その他のシチリア人の諸権利も」無視されたという(II 2, 120. 123. 125)。この言葉も政治制度において財産資格の果たした役割を暗示し、同時にローマ当局の権力をも示している。また、カエサルがたまたま伝えているところでは、今のスイスあたりに住んでいたヘルウェティー族は部族成員の表を有し、そこには戦士と非戦士の区別などが記載されていた。カエサルは、前五八年に彼らを破ると、そこに財産評価を行なわしめた(Caes. b. G. I 29)。これらの例が示すように、ローマの地中海世界進出の過程において、ローマが原住民社会の組織に積極的に介入した場合には、ローマはこれに財産政治的(timocratic)な制度を賦与した。

しかし、これほど積極的な干渉を含まない場合、ローマは、新しい世界に進出してそこに勢力をうちたてると、原住民社会の旧来の支配者を、それがローマにとってとくに危険なものでない限り、そのままその支配権に安堵することが多かった。キケロは「王の名はわが国においてつねに神聖視された。ましてや盟友たる王の名はこの上なく神聖なものとされた」(Cic. Deiot. 40)と言っているが、彼がガラティアのデーイオタロス王(Cic. Deiot. *passim*)やカッパドキアのアリオバルザネス王(Cic. fam. XV 4, 6. Cic. Att. V 20, 6 Ariobarzanes opera mea vivit, regnat)のパトロンであったことはよく知られている。前一九〇年、シリア王アンティオコス三世はローマとの戦いに備えて、ビテュニア王プルーシアス一世に強く同盟の締結を求めた(Polyb. XXI 11. Liv. XXXVII 25, 4f. Appian. Syr. 111)。プルーシアスはローマの東征を「すべての支配者を滅亡させるためのアシア遠征」(Polyb. XXI 11, 2)と理解していたので、アンティオコスの提案の受諾に傾いたが、スキピオ兄弟(大アフリカーヌスとその弟)の手紙が彼の決意を翻えらせ、彼はローマと結ぶにいたった。スキピオ兄弟の論旨は、ローマ人はもともと王として君臨している者からその支配権を奪ったことがないばかりでなく、進んで、ある者を新たに王にし、またある者に対してはその王権を増大し、その版図を幾層倍かに拡大した(Polyb. §§ 5ff.)、ということであり、スペインの部族王であるアンドバレスにせよコリカスにせよ、ヌミディア王のマシニッサにせよイリュリクムの支配者のプレウラトスにせよ、すべて弱小の支配者にすぎなかった者を真に王者の名にふさわしいものに育て上げた、ということであった。あるいは、リーウィウスの言葉でいえば、「盟友たる諸王の威厳をあらゆる名誉をもって増大せしめるローマ人の不断の習わし」(Liv. XXXVII 25, 8)の強調であった。アンティオコスはむしろ民衆の解放者として立ち現れたが、王侯を味方につける上では、ローマの方がはるかに実績があり、したがって説得力もあったわけである。カエサルがゲルマン人の王アリオウィストゥスに向かって「盟友たちが自己の何物をも失わないばかりか、むしろその勢力・威厳・名誉が増大することを望むのがローマ人の習わしである」(Caes. b. G. I 43, 8)というのは、このような角度から理解される。ローマの政治家は、民衆派きっての民衆派ともいうべきクローディウスすら、一ブロギタロス王のことをおもんぱかっている(Cic. Sest. 56. Cic. Q. fr. II 7, 2)。

しかしながら、ローマは王家のみを大切にしたわけではなかった。王家に限らず、およそ被征服民の支配階級を活かし利用するのが、ローマの伝統的な方針であった。伝説によれば、ローマはトゥルス・ホスティリウス王の時代にアルバ・ロンガを滅ぼし、その「第一人者《プリンキペス》たち」をローマの貴族《パトリキ》に加えたという(Liv. I 30, 2)。およそローマがイタリア半島を征服する過程において、被征服民の支配階層はローマに移って為政者の列に加わり、ローマのイタリア統治に大きな寄与をした。

ローマが地中海世界に発展してゆく時代においても、ローマはつねに被征服民の支配階級の友であった。そのことをよく示すのは、ローマの将軍たちがしばしば征戦において身辺に原住民の「第一人者たち」をおき、これを相談相手としてことを行なったことである。スキピオ一族は第二次ポエニ戦争において、スペインを経営する上で原住民の「第一人者たち」の友誼を何より重んじたと伝えられる(Liv. XXII 22, 8)。フラミニーヌスもバルカン半島にあったとき絶えず身辺に原住民の「第一人者たち」をおいて、その発言を尊重し(XXXIV 26, 5. 33, 5. cf. 22, 6)、降ってはカエサルもガリア戦争に際し、何かにつけてガリアの「第一人者たち」を召集している(Caes. b. G. I 16, 5. 31, 1. IV 6, 5. V 5, 3f. 54, 1)。原住民の支配階層に危害を加えることはローマ人にとっては許しえぬことであった(Cic. Verr. II 5, 124. Cic. Pis. 84)。ピュドナの戦いの後、ロドスの使者はローマの元老院で演説をし、ローマが原住民の支配階層の支持者として戦争を行なったことを指摘して言う、「各地の小王、また諸部族・諸共同体の第一人者たちが殺害されたことこそ、ローマ人が戦争を行なった理由である」(Liv. XLV 22, 8)。

しかし、ローマが支配階級の友であったことを最も如実に示すものとして、私はここに、前二世紀半ばからローマの地中海世界支配に重要な意味をもった「不当取得返還訴訟」の法廷を取り上げたい。

2　不当取得返還訴訟

前一四九年、護民官カルプルニウス・ピーソーは「不当取得返還に関するカルプルニウス法」(lex Calpurnia de repetundis)を成立せしめた。これによってローマには「不当取得返還訴訟」の陪審法廷が常設されることになり、属州民には、ローマから送られた総督などの不当な搾取によって生じた損害に対し、賠償を請求する道が開かれた。

キケロは、この法廷に訴えられた総督を弁護あるいは弾劾する演説をたびたび行なったが、そのいくつかが現存している。たとえば彼は前五九年に、元アシア州総督ワレリウス・フラックスをこの法廷で弁護した。その演説が現在不完全ながら残っているが、その中でキケロは、アシア原住民(原告側)の告訴は、彼らの元老院ではなく民会によってつくられた決議によっているから、ローマ当局はこれを尊重しなくともよい、と論じて、次のように言っている(Cic. Flacc.)。

「軽率な愚民のつくった決議がローマの法廷において力をもってよいであろうか？　靴屋や革帯屋の叫びに何の価値があろう」(§ 17)。それは民会決議などというものではなく、貧乏人のわめき声にすぎない(§ 23)。私がかつてシチリアの悪総督ウェレスを弾劾するにあたって信をおいたのは、シチリアの民衆の集会がつくった決議ではなくして、彼らの元老院の証言であった(§ 17)。フラックス非難の決議をつくった者は、富裕な人々や重みのある人々を自分に逆らわないように脅迫して証言を抛棄せしめ、他方、貧しい人々、軽薄な人々を買収したり、すかしたりして、釣ったのである。いったい、労働者や商売人や、その他、国民の滓ともいうべき手合をそそのかすとは何ごとか。他方、非難されたフラックス自身は、至高の命令権を帯びていたがゆえに、原住民から愛されることはできなかったのである。この連中にとって、ローマの支配は初めから憎悪の的であり、苦痛の因であり、ローマが課する税は彼らにとって死を意味しているのである。こういう軽薄な連中がさわぎたてて、一フラックスの非難決議をつくったとて、どうして真面目にとりあうことができよう。吾人は事態の本質をつかむべきである(§§ 18–19)。たとえば、原告側の証人たるトラレス人も、同市の富裕な貴族(nobiles, principes, optimates)ではなくして、貧しくいかがわしい人物であり、その証言は何の権威ももたない(§§ 52–54)。ましてや被告フラックスは、ローマの王政を廃止し、共和政的自由を確立して初代の統領となった功労者の子孫ではないか(§ 25)」〔以上意訳〕

かくしてフラックスは無罪放免となった。その陪審員を動かしたものが何であったにせよ、このような法廷弁論が説得力をもつと考えられたことは注目される。同様にしてキケロは、属州サルディニアを搾取した罪で訴えられたアエミリウス・スカウルスを弁護するときも、サルディニアの「良き人士」(viri boni ex Sardinia) (Cic. Scaur. 43)から区別さるべき軽薄なサルディニア人の証言には権威がないと主張している(13. 18. 38f.)。また、ガリア・ウルテリオルの総督であったフォンテーユスを弁護したときにも、ローマの支配に敵対的な者はフォンテーユスに敵対的であり、その証言は信用できず、これに対して「良き人士」は彼に好意的であるという(Cic. Font. 15f. 32. 35)。しかし、最も示唆に富むのは、キケロの出世作ともいうべき『ウェレス弾劾論』である(これは前七〇年に、シチリアの元総督ウェレスを糾弾したときのもので、その大部分は実際に語られたのではなく、文書として発表された)。

上にも触れたように、後のキケロは『フラックス弁護論』(§17)で、ウェレス裁判の時代をふりかえり、「私はシチリアから証人たちを公的につれてきた。まことに彼らの証言は、かきたてられた民会の証言ではなくして、宣誓にもとづく元老院の証言だったのである」と誇っている。すなわち、証言として権威をもつのは、各都市の民会が選んだ証人ではなく、彼らの元老院が送った証人の証言である。事実、『ウェレス弾劾論』の述べるところによれば、キケロはウェレスの秕政に関する情報を蒐集する目的でシラクサを訪れたとき、同市の元老院に招き入れられ、権威・年齢・経験において他にまさるディオドーロスという長老議員から、キケロが他のシチリア都市ではそれぞれの元老院と民会に働きかけたのに、シラクサの元老院だけは無視してきたことを抗議された。キケロはこれに若干の弁解をしたのち、あらためてこの元老院からさまざまな情報を得た(Cic. Verr. II 4, 137f.)。

およそウェレス裁判において、シチリア住民の利害を代表してウェレスを罪する証言をした人々は、シチリア住民の上層に属する人ばかりであった。どうして彼らが、シチリア社会全体の被害者を代表しえたであろうか？　前七一年にキケロに要請してウェレス告訴の手続をとらしめたのは、「全シチリア(二つの都市を除く)からの最高の貴顕の士(nobilissimi)」(Cic. div. in Caec. 14f.)であった。翌年、キケロは情報蒐集のためにシチリアに赴いたときにも、全シチリアからの「最高の貴顕の士、第一級の人々(homines nobilissimi primique)が公的・私的な形で」(Cic. Verr. II 2, 11)彼のもとに集まった。ローマ法廷においても、証言をしたのは、シチリアの上流の人士(potentissimi nobilissimique)(II 3, 186)であった。事実キケロは「良き人士」(viri boni)の証言こそ権威をもつことを、くりかえし指摘している(II 3, 146. 4, 55)。

ウェレス裁判を通じて、ローマの法廷その他で、原告側(キケロ側)の証人を出した共同体および証人となった個人の素性を具体的に見てみよう。

(一)　アギュリウム(Agyrium)市の使者として、その「最高の貴顕の士」(homines nobilissimi)が証言をした(II 3, 73f. 121)。中でも同市の「第一人者」(princeps suae civitatis)であるアポロドーロスの名が伝えられている(§74. 4, 50)。

(二)　ケントリパ(Centuripa)市の使者として、その「最高の貴顕の士」たるアンドロンおよびアルテモンが、同市の元老院の委託をうけて証言した(II 2, 156. 3, 108. 114)。——これと別に、同市の農業経営者(後述。彼らは「最も栄誉あり最も富裕な人々」と呼ばれる)は「自分たちの市民」を三名送った(II 3, 108)。

(三)　ヘンナ(Henna)市から派遣されたテオドールス、ヌメニウス、ニカシオの三名については社会的地位が伝えられていない(II 4, 113)。

(四)　テュンダリス(Tyndaris)市の使者ソーパテル、ゾーシップス、イスメニアスらは、「貴顕の士」、「最も栄誉ある人士、同市の第一人者」であった(II 4, 84f. 86. 92)。

(五)　エンテルラ(Entella)市の使者ソーシテウス、アルテモー、メニスクスは、「貴顕」(nobilis)ないし「第一流の人士」(primarii viri)であった[5](II 3, 200)。

以下、証人となった個人名を挙げれば、

(一)　ハラエサの人アエネアスは「最高の能力、最高の分別、最高の権威」をもった(II 3, 170)。

(二)　ヘロルスの人アルコニダスは「最高の貴顕の士」(II 3, 129)。

(三)　アエトナの人アルテミドールスは、使節団の団長であったが、その社会的地位は不明(II 3, 105)。

(四)　ケントリパの人ヘラクリウスは、「最良にして最高の貴顕」(II 2, 66)。

(五)　レオンティーニーの人ムナシストラトスは「最も栄誉ある最良の士」(II 3, 109)。

(六) セゲスタの人オナススは「貴顕の士」(II 5, 120)。

(七) ヘルビタの人フィリヌスは「貴顕の士」(II 3, 80)。

これらはすべて、その社会的地位が知られる限り、シチリアの最上層部の人々である。(6)

これと並んで注目されるのは、『ウェレス弾劾論』において、ウェレスの悪政の犠牲として名前の挙げられる人物が、ほとんどすべて富裕者、貴顕の士などであることである。(7) たとえばハルンティウムの人で「自己の町においてばかりでなく、シチリア全島を通じて第一級の貴顕の士」とされるアルカガトゥス(II 4, 51)、ケントリパの人で、同市において「美徳においても、高貴さにおいても、また財産においても首位を占める人」とされるエウブリダス(II 3, 56)、ヘラクレアの人で「生前に自分の町で名士、貴顕の士とされたばかりでなく、死後にシチリア全島でそうなった」フリウス(II 5, 112)、シラクサの人で「自分の町で第一の貴顕の士であり、彼(ウェレス)が総督となる前にはシラクサで最高の金持でもあった」ヘラクリウス(II 2, 35)、テルマエの人で、「自己の町で最高の貴顕の士であり……全シチリアを通じて絶大な権威と勢力をもっている」ステニウス(II 2, 106)、ハリキュアエの人で、「自己の町で最も富裕かつ栄誉ある者の一人」であるソーパテル(II 2, 68)、等々である。またキケロは、ウェレスが個人や共同体や寺院から絵画・彫刻・宝物の類を掠奪したことを詳しく述べるため、とくに一巻をさいている(二部四巻)。このような掠奪の被害者が富裕であることはいうまでもない。また、被害者の中にはシチリアの多くの都市の土地を大規模に借地するケントリパの人々がいた。このような借地は「シチリアにおいて富裕な人々がなすのがつねであった」(II 3, 53)ものであり、ケントリパのそれはシチリアで「最も栄誉あり最も富裕な」(II 3, 108)人々が行なっていた(cf. 57)。

属州では、上流の人士も「総督の不正を黙って堪えていなければならなかった」(II 2, 84)という。しかし、メテルス一族のような閥族中の閥族ともいうべきグループの仲間に加わり、ローマにおいても民衆《プレブス》に侮蔑的な態度をとったウェレス(II 1, 122f.)ゆえ、属州において上層民に犠牲を強いたことが貧民に味方したことを意味するとは到底考えられない。むしろ、ウェレスがシチリア諸都市の上層民に害を加えたことのみが強調され(II 5, 124)、また、上層民のみが被害者として証言することができたのが、ローマによる地中海世界支配の一焦点ともいうべきこの法廷の実情であった。

かくしてわれわれは、ローマの「不当取得返還訴訟」の法廷が、事実上属州原住民の支配層――「貴顕の士」、「第一人者たち」、あるいはもっと広く一般に「良き人士」(boni)と呼ばれる富裕な人々――を擁護する機関であったことを知る。すなわち、ローマの属州支配は、その本質的な一つの制度において、ローマ支配階級のイデオロギーの勝利を意味したということができる。

3　原住民の「良き人士」

以上のことを裏書きするのは、キケロが前六〇年末または前五九年初めに、アジア州の総督たる弟クィントゥスに送った長文の書簡(Cic. Q. fr. I 1)である。彼はここで、属州統治に関して、肉親の兄としてさまざまな助言を与えているが、これは、前六四年にキケロが統領選挙に立候補したとき、弟が彼に与えた、『立候補小論』(Commentariolum petitionis)と通称される長文の書簡と並んで、共和時代末期内政史・外交史の重要史料である。

この書簡の中でキケロは、属州で総督クィントゥスが身辺に近づけてよい人と警戒すべき人とを区別し、属州人に「良き人士」というものは存在するが真の「良き人士」を識別するのはむずかしい、ということを強く誡めてその識別法を説き(§ 15f.)、「最良の人士」との友誼を深めるべきである、と教える(§ 16)。またキケロは、弟クィントゥスの治下でアシアの諸都市が復興し、内紛がなくなり、強盗・殺人のごとき社会不安が解消し、政治が「最良のうから」の考えによって行なわれるようになり、州には平和が訪れ、「富者の閑暇」が保証されたことを称讃する(§25)。ここには、ローマ的な価値観にもとづいてtimocraticな姿勢を守る属州総督のイメージが明瞭にみられる。

地中海世界各地の階級対立の様相を全面的に扱うのは本稿の目的ではなく、われわれはローマ人の目に映じた地中海世界を見ているのであるが、彼らは地中海世界にひろく「第一人者たち」、「貴顕の士」などと呼ばれる階層を認め、これが「良き人士」(boni viri)、「最良の人士」(optimus quisque)である限り支持し、とくに彼らの「元老院」を尊重した。

このことは必ずしもキケロ、カエサルの時代に限らない。リーウィウスおよび彼が史料とした共和時代の史家たちの時代においても、ローマ人は地中海世界にひろく「第一人者たち」、「良き人士」などを見いだして、これと手を握っている。

たとえば前一八五年ごろ、トラキアのマロネイア(Polyb. XXII 13, 9. Liv. XXXIX 34, 4)、アイノス(Polyb. XXII 6, 7)などでは、市民は親フィリッポス(マケドニア)派と親エウメネス(ペルガモン)派(したがって親ローマ派)とに分かれて対立を続けていた。フィリッポス五世がここに迫ると、その軍に抵抗した市民は市を逐われ(Liv. 24, 9)、同市はマケドニア進駐軍の支配下におかれた(Liv. 24, 9. 27, 6f.)。アイノス市も同様であった(Liv. 33, 4)。かくしてマケドニア進駐軍支配下のマロネイアにおいては、親フィリッポス派の市民が実権を握り、元老院においても人民集会においてもフィリッポス派以外の者の言論は封じられ、官職も彼らの意のままに分配され、「自由と法とに心を用いる最良の士(optimus quisque)は、故国を亡命するか、もしくは名誉を奪われて下等な市民に屈服して沈黙を守った」

(Liv. 27, 8-9)。アイノス市も同様であったと想像してよいであろう。ところでローマは、マケドニア進駐軍がこれらの市から撤退することを要求した(Polyb. 11, 4. Liv. 33, 4)。フィリッポスは憤懣やる方なく、部下に命じてマロネイアにおける親エウメネス派の「第一人者たち」を皆殺しするよう命じた(Liv. 34, 2)。

前一六七年、マケドニア戦争が終ったのちに、アエミリウス・パウルスを中心とするローマ当局は、バルカン半島の戦後処理をするにあたり、「ローマ人の命令権のほかは何ものをも尊重しない人々の権威」を高めよと主張する現地民(親ローマ派)の声を尊重したという(Liv. XLV 31, 8f.)。また、それより先、フラミニーヌスのいわゆる「ギリシャの自由」の宣言の際、「全世界から」イストミア祭に集まってこの宣言を受けたのは「最高の貴顕の士」であった(Polyb. XVIII 46, 1 *καὶ σχεδὸν ἀπὸ πάσης τῆς οἰκουμένης τῶν ἐπιφανεστάτων ἀνδρῶν συνεληλυθότων κτλ*)。しかし私はこれらのことを他の論文[8]で詳しく論じたから、ここでは繰り返さない。

二　ローマと原住民民衆

以上のような支配層の状況に対し、一般民衆は反ローマ的であることが多かった。たとえば前一四六年のアカイアにおける反ローマ的な総会には手工業者が多数集まった(Polyb. XXXVIII 12, 5)。しかし私はそのような例を前注に引用した拙稿でいくつか挙げたから、ここではさらに一例、エウリュロコスと民衆の関係を付言しておく。リーウィウス(Liv. XXXV 31, 4-32, 1)の伝えによれば、前一九二年に、ローマがマグネシアのデメトリアスをフィリッポス五世に与えようとしている、という噂が伝わると、マグネシア長官(Magnetarches)(31, 11)のエウリュロコスは、それがマグネシア人自身の手に返還されないのは不当である、として、これに猛反対し、マグネシアの「第一人者たち」の一部もこれとともにローマに離反し、アンティオコス三世、アイトリア人らに与した。エウリュロコスが自己の立場を主張しつつ、「デメトリアスは外見上は自由かもしれないが、じつは万事につけてローマ人のアゴ一つで動いている」(31, 12)と叫ぶと、マグネシアの民衆はまちまちな態度を示した。しかし、激怒したフラミニーヌスに対して「第一人者たち」の一人であるゼーノンがエウリュロコス派の行動を「たった一人の人間の気違いじみた行ない」ときめつけつつ、親ローマ的な言辞をつらねると、民衆はこれに従い、エウリュロコスは自派の敗北を悟って、ひそかにアイトリアに逃れた。ここまでは民衆はローマに従っているかのごとくである。

しかしエウリュロコスはこれに屈することなく、同じ年のうちにアイトリア人の武力による援助を得て、「一族、友人、および同じ党派に属する者」(34, 7)が協力するうちにデメトリアスに戻り、衆人の歓迎するうちに(34, 11)自宅に入った。この事件で親ローマ派の「第一人者たち」は殺害せられ(34, 7-12)、エウリュロコスは再びマグネシア長官となった(39, 6)。それ以来マグネシアはフラミニーヌスも折にふれて気がかりに感ずるほどの(39, 3)ローマ側の悩みの種であったが、果たして同じ年のうちにエウボイアのカルキスをめぐって反ローマ派が敗北した事件(37, 4-39, 2)があったあと、フラミニーヌスの意を含んだ部下のP・ウィリウス・タップルスがデメトリアスに現れて市民に圧力をかけ、エウリュロコスがこれに毅然たる態度を示すという事件があった(39, 3-8)。すなわち、ウィリウスが海路デメトリアスの湾頭に現れると、マグネシアの全民衆(§5)がそこに集まり、これを背景に両者の応酬があったが、マグネシア長官としてのエウリュロコスはウィリウスに向かって、「港から出ていってくれ。マグネシア人を協和と自由のうちに生きさせてくれ。対話などと称して民衆を煽動しないでくれ」(§6)と要求し、民衆も強くエウリュロコスを支持したので、ウィリウスはなすところなくその場を去った(§§7-8)。――この例は、無力な民衆も、よきリーダーを得れば精力的にローマに抵抗したということを示している。

しかしながら、とくにローマ人が抵抗として受け取ったのは、各地で一般民衆の間に渦巻く「変革」(res novae)への欲求(とくに借財の帳消し、土地の再分配などへの要求)で、ローマはそれと結びつく政治勢力としばしば対決しなければならなかった。

われわれは『ガリア戦記』の第一巻から、ハエドゥイー族の有力者ドゥムノリクスという人物を識っている。彼は同部族の中で民衆の支持を得て主導権(principatus)を握り(Caes. b. G. I 3, 5. 17, 1f. 18, 3)、富を貯えて私兵を養った(I 18, 5)。また、ヘルウェティー族、ビトゥリゲス族その他と姻戚関係にあったので、それらの部族の間で人気があり、また、セークァニー族の間でも絶大な勢力を有した(I 9, 3. 18, 6f.)。否、彼はガリア全体で「権威」をもち(V 6, 1)、全ガリア人の心をつないでいたとすらいう。彼は王位をうかがい、「変革」を望み(I 9, 3. 18, 3. V 6, 1)、できるだけ多くの部族をその勢力下におこうとした。前五八年にガリアに現れたカエサルは、彼の勢力伸張を阻んだが、彼はカエサルとローマに憎悪の念を抱き(I 18, 8)、「不穏かつ不逞の言辞」(I 17, 2)によって民衆を煽動し、カエサルに敵対的な行動をとった。カエサルは彼の兄がローマに忠実であるのに免じて彼を厳しくは罰しなかったが、彼の行動が目に余ったので、前五四年ついにこれを殺さしめた(V 6-7)。

また『ガリア戦記』第三巻にはウィリドウィクスの乱が描かれている(III 17, 1f.)。彼はウェネリ族をはじめとするガリア諸族の反乱の最高指揮官で、アウレルキー族、エブロウィケス族、レクソウィイー族のごときは、ローマへの反抗を拒んだ自己の「元老院」を殺してさえウィリドウィクスに従った。また、ガリアのいたるところから「掠奪の希望や戦争欲によって農業や日常の労働から離れた無頼の徒や盗賊の大群」がこれに従った。

さらに、前五四〜五三年にカエサルに反抗したトレーウェリー族のインドゥティオマールスも民衆《プレブス》との結びつきを匂わせており(V 3, 6)、また、前五二年にガリアの大反乱をおこした有名なウェルキンゲトリクスも貧民を味方として旗挙げをした(VII 4, 3)。

カエサルは、全ガリア人が社会の「変革」を望んで闘争的になっていることを繰り返し述べているが(III 10, 3. IV 5, 1)、その中心となった民衆は、借財、ローマへの貢納、および有力者の専横に苦しんでいたという(VI 13f.)。

ガリアに限らない。キケロは前五一～五〇年に総督としてキリキア州にあったとき、「変革」を求めて落ち着かない「不忠実」な原住民をローマの支配権に忠実な服従者としたことを誇り、このことは他の政治家(小カトー)も認めている(Cic. fam. XV 4, 14. 5, 1)。ここにおいても「変革」を望む者はローマに対して不忠実なものとされている。また、サルスティウスによれば、「民衆はどこでもそうであるが、とくにヌミディアの民衆は移り気で、反抗的かつ喧嘩好きで、「変革」を渇望し、静謐と閑暇とには反対する」(Sall. Jug. 66, 2)。

ミトリダテス大王が東方世界の民衆のローマに対する不満と経済的困窮を利用してその勢力を伸ばしたことはしばしば指摘される。時代をさかのぼれば、アリストニーコスの乱、アンドリスコスの乱なども、すべて抑圧された一般民衆を勢力の地盤としている。さらに古くは、ローマがバルカン半島に進出してゆく時代について、リーウィウスの伝えるところによれば、ヘラスの民衆は、フラミニーヌスがそこにうちたてたはずの「自由」(libertas)よりも「変革」を望んだ。前一九三年にアンティオコス三世の周囲の者はそのことを観察しており(Liv. XXXV 17, 9)、前一九二年のアイトリアにおいても、「民衆は変革を求めてすべてアンティオコスの味方をした」という(Liv. XXXV 33, 1. 34, 2)。ボイオティアにおいても同様であった(Polyb. XXII 4, 1f.)。およそ、その頃のことについて、「衆目の一致するところでは、各国において「第一人者たち」および「最良の士」(optimus quisque)はローマと結ぼうとし、かつ現存の社会秩序で満足している。これに対して民衆および境遇が自己の思うようにならない人々は現状のすべてを変革しようと望んでいる」(Liv. XXXV 34, 3)ともいう。第三次マケドニア戦争の前にも、借財などのために変革を望む者はペルセウスに味方し、(9)「第一人者たち」の大部分はローマに味方した(Liv. XLII 5, 3. 7)。

ところで、以上のような民衆の勢力の中に、ローマの「民衆派《ポプラレス》」政治家と相通ずる民衆のリーダーが浮かび上がってくる。

三　諸党派と第一人者たち

スパルタ王ナビスは、前一九七年にアルゴスを手に収めたとき、借財の帳消しと土地の再分配に関する法案を提出して、「変革」を求める民衆《プレブス》を「最良のうから」(optimates)に抗せしめたという(Liv. XXXII 38, 2-9)。また前一九〇年、スキピオ兄弟がアンティオコス三世を求めて小アジアに渡る前に、イオニアのフォカイアで騒乱がおこった(Liv. XXXVII 9, 1f.)。そこでは「民衆」(multitudo, plebs)はアンティオコスを支持し、「元老院および最良のうから」(senatus et optimates)はローマを支持した(§§ 3-4)。しかもリーウィウスにおいては、「ある人々が民衆の心をアンティオコスに向かわしめた」(§ 3)、「集会において民衆をアンティオコス側に引き寄せようとしたところの党派」(§ 3)、「元老院と最良のうからはローマとの同盟に留まるべきだと主張した。ローマに叛することを主張する人々は民衆の間で人気があった」(§ 4)などといわれているから、民衆が主体的にアンティオコス支持の意志表示をしたのではなく、むしろアンティオコスを支持する政治家——同市の「第一人者たち」のある者(32, 1)——が民衆に訴えて、その支持をかち得たのであることが知られる。すなわち、ここにあるものはローマ市政界に見られるのと同じような「民衆派」政治家である。上記のガリアの例もすべて同様である。ドゥムノリクスは富裕なる(Caes. b. G. I 18, 3f.)貴族であり、全ガリアに「権威」を有した(V 6, 1)。彼は上記のごとく「不穏かつ不逞の言辞」(I 17, 2)をもって民衆を煽動したのである。また、ウェルキンゲトリクスも貴族の子で(VII 4)、その父はガリア全体に勢力を振るった人物である(VII 4, 1. cf. I 31, 3f.)。前五二年、ガリアのケナブムにおいてローマ人大量虐殺の音頭をとったグトルアトゥスとコンコンネトドゥムヌスとは「ならず者」(homines desperati) (VII 3, 1)と呼ばれるが、これもローマの「不逞の輩」に近いもので、必ずしも卑賤の出身とは考えられない。ローマ人はこのような存在を「不逞なる民衆追随者」(improbus vulgi adsentator) (Liv. XLV 18, 6)と呼んで嫌った。

したがって、上に述べた「良き人士」(boni)、「最良の士」(optimus quisque)は「不逞の輩」(improbi)の対であり、地中海世界の「第一人者たち《プリンキペス》」には「良き」第一人者と「不逞なる」第一人者の両極があったことが理解される。ポリュビオスは、ロドスの政界について、「健全なる者」(*ὑγιαίνοντες*)はローマを信頼し、「煽動家および不健全なる者」(*κινηταὶ καὶ καχέκται*)はローマに対して警戒的であると言う(Polyb. XXVIII 17, 12)。健全、不健全というのは、「良き人士」、「不逞の輩」というのと同じ価値判断であろう。

リーウィウスは次のように言っている。「もろもろの国において、第一人者たちには三種類のものがあった。第一と第二はそれぞれローマの支配にあるいは外国の王たちの友誼に媚びて、自国の犠牲において自己の個人的な力をたくわえた。両者の中間にある第三の部分の者は、上記の二者に対抗して自国の自由と法律とを守った。後者に属する第一人者たちは、自国民には人気があったが、外国に対しては勢力が弱かった」(Liv. XLV 31, 4-5)。すなわち、原住民の「第一人者たち」には三つの選択がある。

(一) 親ローマ派
(二) 親マケドニア(シリア等々)派
(三) 民衆派

これによってさまざまな勢力集団がつくられる。ところで、単数または複数の「第一人者」に率いられる勢力集団としてローマ人が「党派」(factio, partes)と呼ぶものの性格については「はじめに」で述べたが、ローマ人は地中海世界のいたるところに「党派」と「党派」の対立を見る。「党派」はさまざまな形で存在する。前一九五年にスペインのベルギウムの砦を攻めた大カトーは、この地のある「第一人者」とその「党派」の内通によってこの砦を征服したという(Liv. XXXIV 21)。このような場合には一人の「第一人者」が自己の「党派」を率いている。カルタゴの「第一人者」(XXXV 48, 7. XXXVIII 50, 7)たるハンニバルの「党派」(XXXIV 6, 11)、テッサリアのマグネシアの「第一人者」たるエウリュロコスの「党派」(XXXV 31, 6)、カルキスの「第一人者」たるエウテュミダスの「党派」(XXXV 37, 4-5)、アカルナニアの「第一人者」(XXXVI 11, 8)たるムナシロコスの「党派」(XXXVI 12, 4)、テッサリアのヒュパタの人プロクセノスの「党派」(XLI 25, 3)など、すべて同様のケースである。他方「党派の首領《プリンケプス》」(princeps factionis, partium)という表現がしばしば使われるが(XXI 3, 3. 9, 4. XXXII 19, 2. XXXV 34, 12. XXXIX 34, 2. XLII 5, 9)、この場合“princeps”は、一つの社会の「第一人者」としての“princeps”と概念的に区別しなければならない。

他方カエサルは、ガリア全体の政界に二つの大「党派」の相克を見て、次のように言う。

「ガリア全体は二つの党派に引き裂かれている。前五八年以前には、一方の党派はハエドゥイー族によって、他方の党派はセークァニー族によって代表されていた。後者はゲルマン人を招いて自己の力を補強し、強盛を誇った。カエサルはガリアに現れるとハエドゥイー族の地位を高め、セークァニー族に代わってレーミー族を厚遇した」(Caes. b. G. I 31. VI 11-12. 要約)

「党派」はこのように大規模なものでもありうる。そのようなものとして、古くはスペインにおける「バルカス党」(factio Barcina) (Liv. XXI 2, 4. 9, 4) の例がある。周知のごとく、カルタゴの名将ハミルカル・バルカスは、第一次ポエニ戦争後にスペインに渡ってカルタゴの国力恢復を図った。彼がはじめスペインに伴った軍隊 (Liv. XXI 1, 4. Nep. Ham. 3, 1. Appian. Ib. 17) は大きなものとは思われないが、彼の党派は次第に勢力を拡大して、前二一九年に彼の子ハンニバルは、サグントゥム攻撃の際に一五万の軍を有し (Liv. XXI 8, 1)、その中にはカルタゴ兵 (7, 9) のほか、スペイン原住民兵 (21, 2. 9) と五〇〇名のアフリカ兵 (11, 8) を有するほどであった。バルカス党がこのように勢力を増大させたことについては、「各地の小王たちと賓客関係《ホスピティウム》 (hospitium) を結び、また第一人者たちとの友誼関係によって新しい諸部族を手なずけなどした」ハスドルバルの政策 (2, 5) が決定的であった。カルタゴにおける反ハンニバル派の首領ハンノー——その仲間をリーウィウス (4, 1) は「少数者」、「最良の人士」と呼んでいる——は、ハンニバルの「王位」(regnum) という表現さえ使っている (3, 3f. 10, 4f.) が、これは諸部族の「第一人者たち」の連合に支えられるバルカス党の強大さを示している。

しかし、通常はもっと狭い地域の幾人かの「第一人者たち」の同盟によって一つの党派が担われた。リーウィウスの随所に現れる地中海世界各地の親ローマ的「党派」、親マケドニア的「党派」、親シリア的「党派」などはそのような形をとっている (たとえば Liv. XXXIII 16. XXXV 31. 34. XXXIX 34)。将軍フラミニーヌスは、キュノスケファライの戦いでフィリッポス五世を破ったのち、引きつづいてヘラスにあったが、前一九五/四年の冬を「裁判をしながら過した。そして、フィリッポス自身やその部下の司令官が、気ままに振舞って、自己の党派の者の勢力を増し、他の者の権利と自由を奪ったりしながら行なったことを、変更した」(XXXIV 48, 2)。また、第二次ポエニ戦争後のカルタゴにおいては、ローマと結ぶ寡頭政治家たちは、反骨精神にもえるハンニバルをローマに讒してこれをカルタゴから逃亡せしめたが、これは二つの「党派」の争いとされる (XXXIII 45f. XXXIV 60f. etc.)。また、第三次マケドニア戦争時代のロドス国内の党派争いについては、ポリュビオス、リーウィウス(大幅にポリュビオスに依存)などが比較的詳しく伝えているが、そこでは「第一人者たち」(Liv. XLV 24, 5)のうちのある人々は親ローマ的「党派《パルテス》」を形成し(ibid.)、他の人々は親ペルセウス派の「党派」(XLIV 29, 7)を形成した。親ローマ的党派はアガタゲトス、アステュメデス、フィロフロン、ロドフォン、テアイデトスなどに率いられ、親ペルセウス派の党派はデイノン、ポリュアラトスなどの「第一人者」(XLIV 23, 10)にリードされた。[10]

さらに具体的な例として、カルキスの場合を見てみよう(Liv. XXXV 37–38)。前一九二年にローマの元老院議員らが特使として東方に現れると、カルキス市の親ローマ派は、反ローマ派たる「第一人者」エウテュミダスを逐い、ミキュティオン、クセノクレイデスの両者による親ローマ政権をうちたてた。エウテュミダスはアテネに逃れてそこに住んだが、彼はキオスの豪商でカルキスにも勢力をもったヘロドロスという者とともに、アイトリア人の軍の援助をうけ、カルキス市内に残ったエウテュミダス派ともわたりをつけた上で、カルキス奪回を図った。これを知ったカルキスの親ローマ派政権は、エウボイア島内のエレトリア、カリュストスに救いを求めたが、両市はローマを怖れてカルキスに援軍を送った。カルキス軍は対岸のサルガネアにまで兵をすすめたが、戦闘は行なわれず、カルキス人とアイトリア人との交渉となった。そこでアイトリア側の代表トアースは、カルキスがローマの勢力下から解放さるべきである、と説いたが、カルキス側は「どこにも隷従しないし、どこの駐留軍も入れない」という明確な態度を示した。アイトリア側は決戦をするだけの兵力をもたなかったので退き、エウテュミダスは形勢の非をさとってアテネに去り、ヘロドロスもトロニオンに戻った。この例からは、ローマの威圧が党派争いに果たした役割が知られる。

四　ローマと親ローマ的党派

このような党派の争いにおいて、親ローマ的な党派は持てる階級によって形成され、ローマはこれを強く支持した。そのことは本稿にあげた多くの例から知ることができる。さらに『ガリア戦記』で馴染みの深い例をあげれば、トレーウェリー族では、キンゲトリクスおよびインドゥティオマールスをそれぞれ首領とする二つの党派が対立していた(Caes. b. G. V 3, 2f. 56, 3)。「すべての貴顕の人士」と若干の「第一人者たち」は前者に加担し(3, 5. 6)、親ローマ的立場をとった。民衆《プレブス》は後者を支持して反ローマ派となった(3, 6)。カエサルはトレーウェリー族の「第一人者たち」をキンゲトリクスに和解せしめ(4, 3)、彼の権威(3, 5)が最大ならんことを願った(4, 3)。インドゥティオマールスはこれを楽しまなかったが(4, 4)、やがてセノネス族、カルヌーテス族その他が彼と合流する(56, 1f.)。彼は国外追放などの刑をうけた人々を全ガリアから報酬をもって呼びあつめ、大きな勢力を築き上げた(55, 3-4)。しかし彼は武運拙く戦死し(58, 6)、その遺志を嗣いだ彼の一族も敗れ(VI 2, 1. 8, 8)、キンゲトリクスがトレーウェリー族の支配権を獲得した(8, 9)。

この例が示すように、ローマの干渉は時として露骨を極めた。前一六七年、マケドニア戦争が終った後に、アエミリウス・パウルスがローマ元老院の代表とともにアイトリア人を裁いたときの原則は、「いずれの党派が不正を行なったか、または蒙ったか、ということよりもむしろ、いずれの党派がローマに与し、いずれがマケドニア王に好意を寄せたか」ということであった(Liv. XLV 31, 1)。そして、この原則は、アイトリア人に対してばかりでなく、広く適用せられた(31, 3f.)。

フラミニーヌスとフィリッポス五世との戦いにおいて、ボイオティア人はブラキュレスという者の指揮のもとに、フィリッポスに援軍を提供した(Liv. XXXIII 27)。ブラキュレスの家は父ネオンの代からマケドニア王家の厚遇を受けていた(Polyb. XX 5)。キュノスケファライの戦いが終った後、前一九六年にボイオティアにおいて次期のボイオティア長官(Boiotarches)の選挙が行なわれたとき、すぐ近くにローマ軍が陣を張っていたにもかかわらず、親ローマ派の候補者はみな落選し、親マケドニア派の巨頭たるブラキュレスが当選した。そこで親ローマ派はテロを計画し、三名のイタリア人および三名のアイトリア人を使ってブラキュレスを闇討にして殺害した。しかしテロの首謀者の一人ゼウクシッポスはやがて身の危険を感じてタナグラに逃れ、さらにアンテドンまで落ちのびた。今一人の首謀者ペイシストラトスも、使用していた奴隷に対する非人間的な行為のため、かえってその身をほろぼした。もとよりこのテロの背後にフラミニーヌス自身があったのではないか、とは人々がただちに疑ったところである。事実、ポリュビオスによれば、テロの首謀者たちは事をおこすに先立ち、フラミニーヌスに訴えて、ボイオティアの民衆は反ローマ的であり、将来にわたって親ローマ派勢力を守るにはブラキュレスを葬るにしくはない、と述べ、フラミニーヌスの黙認を得たという。そこでボイオティア人はさかんにゲリラ活動を行なってローマ軍を悩ませ、これによって約五〇〇のローマ兵が生命を失ったと伝えられる(以上 Polyb. XVIII 43. Liv. XXXIII 27-29)。しかし、ローマの支持をさらに強力なものにするために、親ローマ派はローマ軍事力の導入に踏み切る。

およそ外国(とくにローマやヘレニズム諸国)の駐留軍は党派争いに重要な役割を果たす。ポリュビオス(Polyb. XVIII 15)は、私利・党略のために自国を敵に売り渡すことと並んで、外国の駐留軍を導入することを「裏切り」(*προδοσία*)と呼んでいる。

前一九八／七年の冬、フラミニーヌスが中部ギリシャに兵を進めてここで越冬しようとしたとき、ロクリスのオプス市では内紛がおこり、ある党派はアイトリア人を市内に受け入れようとしたが、有力者の党派(opulentior factio)はアイトリア人を逐ってローマ軍を迎え入れた(Liv. XXXII 32, 1-3)。また、ポリュビオス(Polyb. XXVIII 5)によれば、前一六九年にローマの使者C・ポピリウス・ラエナスらがアカルナニアに来ると、同地の総会において、親ローマ派のアイスクリオン、グラウコス、クレマスらはポピリウスらにローマ駐留軍の派遣を要請しようとした。これに対して民衆《オクロイ》が支持するディオゲネスという者はこれに反対を述べ、親ローマ派政治家の野心を暴露した。ポピリウスらはこれを見て、駐留軍を派遣することなくこの地を去った。リーウィウス(Liv. XLIII 17, 7)は、アカルナニアのこれらの派閥を「党派」(factio)と表現し、これらの政治家を「第一人者たち《プリンキペス》」と呼んでいる。

ところで、これら各地の党派対立は、ローマ人社会の内部における党派争いと、さまざまな形でからみあっている。たとえばクレタの人アリスティオンという者は、前六七年にメテルス・クレティクスに抗してクレタで戦った。しかし彼はメテルスの部下のL・バッススを破ってヒエラピュドナの町に退き、ポンペイウスの部下たるL・オクタウィウスの援助を得た(Dio Cass. XXXVI 19)。したがって彼はローマと戦ったのではなく、ローマの一つの党派に与して他の党派と戦ったのである。ゲルマン人のスウェービー族の王アリオウィストゥスは、ガリアに侵入したことをカエサルに非難されたとき、軽侮の態度を示し、「予が貴下を殺せば、ローマの貴族や政界一流人の多くの者から喜ばれる。そのことを予は使によって知らされている」と述べた(Caes. b. G. I 44, 12)。さらに、カエサルとポンペイウスの抗争に際しては、ポンペイウスに軍事的援助を行なったが後にカエサルの赦しを得たデーイオタロス王、ポンペイウスを刺殺してかえってカエサルの怒りを買ったエジプト王室、などの例は有名であろう。

しかし私はこれらいわゆるローマ貴族の海外クリエンテーラの問題を、他の論文で詳しく扱ったことがあるので[11]、ここではそれに立ち入らない。むしろここで問題としたいのは、ポンペイウスのクリエンテーラにせよ、カエサルのクリエンテーラにせよ、ローマ人の海外クリエンテーラに共通したものが社会史的に何であったか、ということである。

五　ローマと親ローマ的「第一人者たち」

ローマの優越が決定的となった時代において、「親ローマ党」としてローマに身を寄せることにはさまざまな利点があったことはいうまでもない。ペルセウス王時代のマケドニアにオネシモスという貴族がいた。きわめて親ローマ的でペルセウスと考えが合わなかったため、やがて身の危険を感じてローマに亡命した。ローマ元老院はこれを賞して彼の生活を保障し、彼にタレントゥムのローマ国有地から二〇〇ユーゲラの土地を割き与え、同地に家屋をも贈った(Liv. XLIV 16, 4-7)。

また、エーペイロスの大地主にカロプスという者があった(これを仮に大カロプスと呼ぼう)。彼は前一九九／八年に牧人を使いなどしてローマ軍を助けた(Polyb. XXVII 15, 2. Liv. XXXII 6, 1. 11, 1f. Plut. Flam. 4. Appian. Mac. 6)。リーウィウスは彼を「エーペイロス人中の第一人者」(princeps Epirotarum) (Liv. XXXII 11, 1. 14, 5. Plut. Flam. 4 *πρωτεύων Ἠπειρωτῶν*)と呼んでいる。彼には同名の孫があった(これを仮に小カロプスと呼ぼう)。大カロプスは小カロプスをローマに留学させ、ラテン語を学ばせた。小カロプスはローマの貴顕の間に多くの知己を得て故郷に戻った。大カロプスの死後、第三次マケドニア戦争が始まると、小カロプスはエーペイロスの親マケドニア派の政治家を盛んにローマに中傷した。ポリュビオス(Polyb. XXX 12, 3)は彼を獣的な悪人と呼んでいるほどである。ペルセウスが敗れた後、彼はますます専横を極め、多くの同国人を殺戮し、その財産を没収し、有力者を追放した。彼はこれらの行為についてローマ元老院の承認が得られるものと期待してローマに旅立ったが、ローマの個々の有力者は彼に門前払いを喰わせ、元老院も彼の期待に副わなかった。彼は失意のうちにイタリアで没した(以上Polyb. XXVII 15. XXX 12. 13, 4. 32, 12. XXXII 5f.)。

さらに有名な例は、カエサルの腹心のバルブスであろう。彼はスペインのガデスの人で、同市の「最も名誉ある家系に生まれ、若い頃から自己のすべてを擲ってローマ人の征戦を援け、いかなる労苦、いかなる都市攻囲、いかなる戦闘にも参加した」(Cic. Balb. 6)。すなわち、セルトリウス戦争のとき、彼は官軍に加わってQ・メテルスやポンペイウスの下に従軍し、その功績によってローマ市民権を与えられた。のちカエサルと相識ってからは、彼から絶大な信頼を得(63)、第一次三頭政治時代・内乱時代におけるる彼の働きは大きかった。前五六年に彼がローマの法廷に訴えられたとき、故郷ガデスの「最高の貴顕の人士」(summi homines ac nobilissimi)や同市の元老院が彼を応援した(§41)。第二次三頭政治の時代、前四〇年の統領となったが、彼はおよそ外地出身者でローマの統領となった最初の者である。

バルブスはグナエウス・ポンペイウス・テオファネスという者の養子になったが、この者はレスボス島のミュティレーネーの人で、ポンペイウスの最大の腹心となり、ローマ市民権を与えられた。「彼はポンペイウスのもとで最も権威をもっていた(＝最も彼を動かす力をもっていた)」(Cic. Att. V 11, 3)。彼の子孫はローマの元老院議員となったが、その家系は紀元後二世紀末まで知られている。さらに『ガリア戦記』に現れるカエサルの腹心、「属州ガリアの第一人者で彼が万事につけて最大の信頼を寄せていた」C・ワレリウス・トロウキルス(Caes. b. G. I 19, 3)、同様の存在(もしくは同一人)であるC・ワレリウス・プロキルス(I 47, 4)、さらにピーソー・アクィターヌス(IV 12, 4)

も同じ部類に属するであろう。

このような人々が故郷の社会で絶大な勢力をふるったことはいうまでもない。ローマ有力者の支持が彼らにどれだけの力と自信とを与えたかは、前記の小カロプスの例からもうかがうことができる。しかしさらに著しい例として、われわれはヌミディア王ユグルタ、およびペルガモンの王族アッタロスを挙げることができる。

前一三四／三年に小スキピオがスペインのヌマンティアで戦ったとき、ユグルタはヌミディア人の軍隊を率いて小スキピオのもとに従軍した。(12) この陣中で彼は小スキピオを中心とする一群のローマ貴族の知遇を得たが、のちユグルタは、これら有力者の知遇を悪用して自己の領土を不当に拡大し、いわゆるユグルタ戦争をおこした。彼がヌマンティアで知った貴族グループは、ローマ元老院において必ずしも最有力グループではなかったので、彼はこれを補強するために金品を贈与して他の有力者を買収し、これが彼の行動を支える自信のもととなった。

ペルガモンのエウメネス二世の弟アッタロス(のちの二世)は、前一八九年、グナエウス・マンリウス・ウルソーの小アジア遠征を助けて補助軍の指揮をとり、武勲をたてた(Polyb. XXI 33, 2. 39, 5f. 41, 9. Liv. XXXVIII 12, 7f. 23, 11)。当時マンリウスの軍の将校であったローマ貴族(騎士を含む)の名は数名を除く他は明らかでないが、彼らがアッタロスの身辺にあったことは当然である。のち、ローマ元老院からマンリウスのもとに一〇人の委員(第一級の政治家で、その名は全部分かっている)が派遣されたが、彼らもアッタロスと相識る機会をもったであろう(cf. Polyb. XXI 40, 9+41, 6f.)。また、アッタロスはローマとペルセウスとの戦いにおいてもローマ軍の陣中にあって、多くのローマ貴族・騎士と交りを結んだ。ところでアッタロスは、前一六七年に、兄王エウメネス二世の使いとしてピュドナの戦勝に沸くローマに現れたが、彼のかつての戦友であったローマの貴族は彼を思いもかけぬほどの款待ぶりでもてなし(Liv. XLV 19, 2. Polyb. XXX 1, 4)、彼は元老院においても成功を収めた(Liv. XLV 20, 3. Polyb. XXX 3, 5f.)。

ことに注意をひくのは、ユグルタと親交を結んだローマ貴族――「国内政界では党派的であり、国外では盟邦の間に勢力を有する人々」(Sall. Jug. 8, 1)――が、ユグルタに王国の簒奪を煽動し、これがユグルタに厚顔な行動をとらせる端緒となったことである(ibid.)。同様に、アッタロスと親交を結んだローマ貴族――「さる高貴な人たち」――もアッタロスに王権僭称を示唆した(Polyb. XXX 1, 7f.)。また、将軍フラミニーヌスも、マケドニアのフィリッポス五世の子(ペルセウスの弟)デメトリオスに王位僭称を示唆した事実がある(XXIII 3, 8)。ローマ有力者の権勢は、王権の行方をも左右しうるものであったことが知られる。ユグルタは調子に乗りすぎてかえって身を滅ぼし、デメトリオスも父と兄の猜疑を招いて横死をとげたが、賢明なアッタロスは従者のよき助言を得て誘惑を斥け、その身をまっとうした。

さて、原住民貴族の側でも、ローマの支持によって自己の地位の維持強化をはかるため、ローマに対して積極的に奉仕したことはいうまでもない。たとえば軍事的な援助がある。外地はローマ公法の上では「戦地」(militiae)であり、外地の支配者がローマを軍事的に援助した例は枚挙にいとまがない。私はそのことについてある論文[13]で詳しく論じたが、そこで私は、前四九/八年にポンペイウスがカエサルと戦ったとき、西はスペインやマウリタニアから、東はアルメニア、アラビアにいたるまで、各地の王侯・貴族が手兵を率いてポンペイウスの援助に馳せ参じた事実について史料を分析し、ポンペイウスがこれらの補助軍を、

(A) 物質的利益を目当てとする傭兵の形で、

(B) 将軍の法的根拠をもつ命令権により多少とも強制的な形で、

(C) 法律外的(extra-legal)かつ私的な関係(恩顧関係、権威、など)にもとづいて、

この三つのいずれかによって動員したことを示した。このことは、ポンペイウスに限らず、およそ地中海世界の

「第一人者たち」に共通の事柄ではなかったろうか？　少なくとも、同様の事柄が古くはアイトリア人について伝えられている。前一九一年、中部ギリシャにあったアンティオコス三世は、ローマとの戦いのため、アイトリア同盟に使者を送り、「すべての若者を集めてラミアに集結せしめよ」と命じた(Liv. XXXVI 15, 2)。しかし、アイトリア同盟の提供した軍隊は少数で、「第一人者たちが少数のクリエンテスを伴って現れたにすぎず、しかも彼らたるや、自己の共同体からできるだけ多くの者を集めるため、すべてを熱心に行なったが、権威によっても恩恵によっても命令権によっても、軍務を嫌う人たちを何ともすることができなかった」(15, 4-5)というありさまであった。すなわち彼ら「第一人者たち」は、本来はその共同体から多くの若者を命令権によって、あるいは権威・恩恵によって召集することができる。ここに「第一人者たち」の私的勢力がうかがわれるといえよう。

また、彼らはローマに対して兵員を提供したばかりでなく、軍資金・軍艦・食糧なども提供し、情報蒐集も行なった(本書第四章参照)。上記の大カロプスは第二次マケドニア戦争の際、牧人を遣わしてローマ軍の策戦行動を助けた(上述一五三頁)。大カロプスよりやや後、ブルンディシウムの「第一人者」にL・ランミウスという者があった。彼は属州人ではないが、属州とイタリアとの接点に位置する者として、属州貴族と同様の役割を果たすことができた。すなわち彼は「すべてのローマの将軍たち、外交使節たち、外民族の名士たち、とくに王家の者たちと賓客関係(hospitium)を有した」(Liv. XLII 17, 3f.)。前一七二年ごろペルセウスは彼を招き、ローマの要人を毒殺することを求めた。ランミウスはカルキスに赴いて、ローマの将C・ワレリウス・ラエウィヌスにこのことを報告、さらにその命によってローマに渡り、元老院にも事の次第を報告した(cf. XLII 40, 9. 41, 3. 4)――。

むすび

前一六七年、ビテュニア王プルーシアス二世は、マケドニア戦争の勝利を祝賀するためローマを訪れ、元老院の許可を得てローマの諸神殿に参拝し、これに盛大な犠牲奉献を行なった。彼はかつて自己の宮廷にローマの使節をむかえたとき、解放奴隷の容をして、「ごらん下さい、貴方たちの解放奴隷である私は、ローマのすべてを讃え、それを模倣しようと望んでおります」と言ったという。さて彼はローマの元老院に現れると、床に両手をつき、頭をさげて元老院議員たちに「救い主なる神々様に御挨拶申し上げます」(*χαίρετε, θεοὶ σωτῆρες*) と述べた。これを伝えるポリュビオスは、一国の王たるプルーシアスのこの態度を非難しているが、ローマ元老院はこれに気をよくしてプルーシアスに好意ある態度を示した (Polyb. XXX 18. Liv. XLV 44)。

この挿話は地中海世界の支配階級がローマに対していかに卑屈であったかを示している。これに対して、一部族・一民族の自由・独立を叫んだのはむしろ民衆側の勢力であった。このことは本稿に引用した多くの例が示している。中でも民衆派の「第一人者」としてドゥムノリクス (cf. Caes. b. G. II 14, 3)、インドゥティオマールスその他『ガリア戦記』に現れる例、さらにフォカイアの場合、ボイオティアの場合、アカルナニアの場合など、ポリュビオス、リーウィウスに現れる例を今一度想起しよう。アカイアのレオンティオンの人カリクラテスは、前一八一／一八〇年にローマの元老院で演説して次のように言う。

「現在においては、すべての民主的な国家の中に二つの行き方がある。すなわち、ある者はローマが書き送ってきた事柄には従うべきである、と主張して、法令・決議その他よりも、ローマの意志をより優先させるべきだ、と説く。しかし他の者は、法令や誓約や決議をかざして、民衆にこれらのものを安易に犯してはならぬ、と誡め、そのような態度こそアカイア人を利するところ大きく、また多くの者のもとでの勝利を約束するものである、と主張する。そのため、ローマに味方をする者は民衆の間に不名誉と悪評を得、これに反対する者はその逆の結果となる」(Polyb. XXIV 9, 2-6)

ローマ人の目から見ると、地中海世界は大きくいって富裕な階級が「第一人者たち」として社会をリードする世界であったし、またそうでなければならなかった。前二〜一世紀の間に、貧民と結ぶ「不逞なる」民衆派の「第一人者たち」はいちおう圧服され、親ローマを名乗る「良き人士」たる「第一人者たち」の支配体制が確立されてゆく。ローマ内政において「最良のうから《オプティマテス》」が敗北してゆくのと裏腹に、地中海世界において「良き人士」、「最良の人士」の世界が貫徹されてゆくが、この過程こそ帝政成立史の背景である。ローマ内政史においては「最良のうから」の敗北によって帝政が成立するが、地中海世界にとっては「最良のうから」の勝利によって帝政が成立するのである。これから見れば、ポンペイウス(ある時期の)、カエサル、アントニウス、オクタウィアーヌスらいわゆる「民衆派《ポプラレス》」政治家とは、地中海大の「最良のうから」であったといいうるかもしれない。「最良のうから」は、都市国家ならぬ大領土国家としてのローマの実情に適応した「最良のうから」であるためには、「民衆派」――ローマの狭量な「最良のうから」から出た反逆児――にならなければならなかった。そして、地中海世界の「良き人士」たる「第一人者たち」の最たる者(maximus principum)としてローマ皇帝が出現する。その意味で、帝政の成立は「ウルプス」(「ポリス」にあらず!)ローマの地中海世界への拡大である。その意味において、ローマの党派形成・党派対立も、従来よりもより広い視野から、そして、より高い次元において観察されなければならない。サルスティウスはカエサルに助言して言う、「もしも貴方が、いかにして自分を政敵の攻撃から守るか、いかにして敵対的な統領に対抗してローマ人民の厚情を確保するか、ということばかりを胸中に謀りめぐらすならば、それは貴方の美徳にふさわしくないと考えられますように」(Sall. ad Caes. II 2, 3)。

(1) 『世界歴史事典』二〇巻、平凡社、一九五四、「ローマ」の項、一八三頁。

(2) Ronald Syme, The Roman Revolution, Oxford (1939)——一九世紀末葉以後におけるローマ帝政の沿革に関する研究は、皇帝を「公職者」と規定するモムゼン(Th. Mommsen, Römisches Staatsrecht, II, 2^3, Leipzig, 1887)の、いわゆる「国法」Staatsrecht 的な扱いに強く影響され、共和時代から帝政時代にかけての制度史的な問題を大きく取り上げてきた。本邦における船田享二博士の『羅馬元首政の起源と本質』(岩波書店、一九三六)も基本的にはこのラインにおける研究である。しかし、初代の皇帝アウグストゥス自身が、「予は権威において万人にまさったが、職権においては、それぞれの公職で予の同僚だった人々を凌ぐことがなかった」と言っているごとく、皇帝の皇帝たるゆえんは、むしろ「権威」というような、「公法」のそとにあるものに求められるべきことが明らかになってから、帝政の起源と本質を研究するについて社会史的な方法が主流となり、ロナルド・サイム卿の名著を生んだのである。

(3) Pauly-Wissowa-Kroll-Mittelhaus-Ziegler, *Realencyclopädie der classischen Altertumswissenschaft.*

(4) 本稿では史料は慣用に従って略記する。

(5) さらに Aetna, Catana, Herbita, Segesta その他の諸共同体が公的に証言をした(II 3, 105. 4, 80. 114)。

(6) さらに Tyndaris の人 Dexo(II 5, 128. 108 nobilissimus)、Melita の人 Diodorus(II 4, 38 nobilis)、Bidis の人 Epicrates(II 2, 65)、Centuripa の人 Phalacrus(II 5, 122 amplissimo loco natus)その他がある。

(7) ウェレスの犠牲者としてこの演説で個人名のあげられる者は、私がざっと数えたところ四〇人を超える。

(8) 吉村忠典「リーウィウスに於ける外民族の principes とローマ」『古典古代の社会と思想』岩波書店、一九六九。

(9) しかし前一九九年に、フィリッポス五世はマケドニア人が「変革」を求めることを恐れている(Liv. XXXII 5, 3)。

(10) Polyb. XXVII 7, 3/4 *οἱ μὲν περὶ τὸν Ἀγαθάγητον καὶ Ῥοδοφῶντα καὶ Ἀστυμήδην . . . οἱ δὲ περὶ τὸν Δείνωνα καὶ Πολυάρατον*. 7, 8. 14, 2. XXVIII 2, 3. 16, 3. 17, 14. XXIX 11, 2. ギリシャ語史料にしばしばあらわれるこの形(*οἱ περὶ τὸν* 誰々)は、ローマ人の感覚では partes, factio となりうることがうかがわれる。

(11)　本書第四章。
(12)　本書第四章一〇五頁以下。
(13)　本書第四章八四頁以下。

〔付記〕

本稿は岩波講座『世界歴史』第二巻「地中海世界Ⅱ」(一九七八)に掲載されたものである。――なお、私は近年、「閥族派」「民衆派」に従来とは違った見方が可能ではないかと考えており、別稿を作成中である。

第六章　ローマの対外関係における自由(libertas)の概念について*

——前二世紀を中心として——

亡きマティアス・ゲルツァー先生の追憶に

共和政ローマにおける「自由」(libertas)の性格については、二〇世紀に入ってから、ローマ内政史(社会史・政治史)の枠内で稔り多い研究がなされてきた。そこで得られた成果は本来この概念が用いられるあらゆる領域において検証されてしかるべきであるが、不思議なことに、私の知る限りでは、まさにローマの対外関係において、この検証の作業がなされていない。しかし、この点の追究——いわゆる「国際法」上の概念としての(「自由国」(civitas libera)という場合の)「自由」(libertas)の解釈ではなく——は、大きな歴史的意味をもつはずである。(1)

現在までに明らかにされたところによると、ローマにおいてlibertasとはもともと奴隷状態に対立するものとしての人身の自由を意味したが、やがてこの概念は、時とともに確立された共和政諸制度のもとにローマ市民がローマ市民としての政治的諸権利を行使しうる状態を意味するようになった。しかしながらそこでは、個々の市民が各自に相応する政治的諸権利をどのようなものと考えたかにしたがって、「自由」の内容にもさまざまな変化が見られた。そのさい特徴的なのは、ギリシャ人が知っていたような「平等」の観念をローマ人がもたなかったことである。ローマ人の表象する「自由」について、ここでは筆者の旧稿の一部を再録する。

「共和時代の支配層に属するローマ人の考え方によれば、ローマ国民の中でも家柄や個人的経歴によって政治家としてとくに高い能力を身につけた者(とくに貴顕貴族《ノービレス》と呼ばれる人たち)は、より大きな政治参与の機会(われわれのいう政治的《自由》)――文武の官職について国家を運営する《自由》、国の政策について有効に発言する《自由》など――をもつべきであり、一般民衆は彼らの指導に信頼をもって従うべきであった。政治家の中でも功績を積んだ長老たち(とくに政界の「第一人者たち」)は、若い政治家よりすぐれた判断ができるはずであるから、より大きな《自由》をもつべきであった。要するに各国民はその力量に応じた《自由》をもつべきであり、これを無視して全国民に同じ量の《自由》を与えるのは悪平等であって、「自由」な国家の真のあり方にそぐわない、とされた。優れた人物が「権威」をもち、一般大衆は彼らを信頼してこれについてゆく、そればかりか公私の生活において彼らをパトロンと仰ぎ、その個人的な指導と庇護のもとに社会生活を営んでゆくのが「自由」な人間社会のあるべき姿であった。したがってローマ貴族の考えた「自由」は、たとえば古典期のアテネ人が考えた政治的自由とは性格を異にする。古典期アテネ人の自由にとっては、共同体成員の政治的な「平等」が本質的な前提であった。しかしローマ人はこれを単なる形式的な平等、実質的には悪平等と見る。前一世紀のローマ人キケロは次のように言う。「平等と呼ばれているものは極めて不当なものである。なぜなら、どの国民においても存在するはずの最高の者と最低の者とに対して名誉が平等に存すると考えられるとき、公平さそのものが最も不当なものとなるからである」。「力量(dignitas)による段階づけが存在しないとき、公平さそのものが不公平なものとなる」(2)」

さて、もし他者を「自由」と認めることがローマ人にとって、相手に自己との全面的な対等性を認めることを必ずしも意味しないならば、われわれは次のような作業仮説をたててもよいであろう。すなわち、ローマ人は彼らが「自由」と認めた国々に、必ずしも自己との全面的な対等の立場を認めず、むしろ彼らから、ローマの「権威」を尊重することを期待したであろう、ということである。いわんやローマの国際的優越性が不動のものとなった時代においておやである。したがって、以下にこの作業仮説をもって古代の史料を解釈するにあたって、われわれの関心は、「自由」なる諸国に対するローマの「権威」の働き方に集中することになろう。

一

ローマの対外関係史上、外国に「自由」を承認した最も顕著な例は、ローマがギリシャ世界に進出した時期に見られる。すなわち、ローマは第二次マケドニア戦争後の前一九六年に、マケドニア王フィリッポスとの和平の中で、ヨーロッパと小アジアのギリシャ人が「自由」でなければならないという立場を明らかにした。これに従って、ローマの将軍フラミニーヌスは、周知のように、イストミア祭の席上、それまでフィリッポスの支配下にあったギリシャ人に劇的な仕方で「自由」の宣言を行なった(3)。ポリュビオスは、これによってヨーロッパと小アジアの全ギリシャ人が自由になったことに対して、人々がいかに歓喜したかを伝えている(Polyb. XVIII 46, 15. Walbank の注をも参照)。ところで、われわれの予想からすれば、このときのローマ人は、「自由」を得たギリシャ人がローマの「権威」に従うことを期待したはずである。M・オローは次のように記している、「かくして前一九四年(ローマがギリシャから撤兵した時点)の〈自由なる〉ギリシャにおいては、大部分の国々がさまざまな程度にローマに従属し、ローマの権威はこれを再編成し、秩序づけ、平和化した。これらの国々はローマの権威の傘のもとにとどまった」[4](傍点は吉村)。ここでオローは、ローマ人の意識における「権威」と「自由」との内的連関については何も語っておらず、彼がいう「権威」は単なる比喩にとどまっている。しかし、それが単なる比喩にとどまらないことは、次のような史料の記述から明らかである。すなわちリーウィウスによれば、第二次マケドニア戦争に続く時代において、ギリシャの一部の「第一人者たち」(principes 政治的指導者層)は、「自由」ではあったが、ローマの(すなわちローマの元老院および元老院議員の)「権威」(auctoritas)に服した。たとえばカルキスの「第一人者」であるミキュティオンは、カルキス人が「ローマ人の恩恵によって平和と自由とをもつ」ことを承認し、「ローマ人の権威に従わずには(nisi ex auctoritate Romanorum)いかなる国とも同盟を結ばない」という態度をとる(Liv. XXXV 46, 11. 13(P))[5][6]。同様の言葉をもって(XXXVI 9, 6(P))、前一九一年にはフェライ(前一九五/四年の冬にフラミニーヌスによって「自由」を与えられ、timocratic な政治制度を与えられたテッサリアのポリスの一つ)の使者がアンティオコス大王に語りかけている。同様に、アカルナニアのテュレイオンの住民もある機会に、「ローマの将軍たちの権威に従わずには(nisi ex auctoritate imperatorum Romanorum)いかなる国とも新たな同盟を結ばない」と言っている(12, 8(P))。これらと反対の例はアカイア同盟の将軍ディオファネスの例であるが、彼は前一九一年(テルモピュライの決戦の後)、フラミニーヌスに相談することなしにメッセーネーを攻撃した。フラミニーヌスはこれに対して、「予の権威を無視して(sine auctoritate sua)かかる大事を行なうとは」と彼を咎めた(XXXVI 31, 8(P))[7]。

この最後の例(および以下に挙げる例)からは、ローマが、ローマに降伏してしかる後にローマからあらためて自由を与えられた国ばかりでなく、最初からローマと友好関係にあった国(これも自由な国である)[8]からも、ローマの権威に服することを要求したことが分かる(アカイア同盟は前一九八年以来ローマと無形式な「友邦」「盟邦」の関係で結ばれ

(Dahlheim, Struktur 261)、ローマ人の考える「自由なるギリシャ」に属していた)。[9] したがって以下では、この二種類の自由国を区別せずに扱うことにする。[10] およそローマ人が〈ローマの権威と結びついた自由〉と〈ローマの権威と結びつかない自由〉とを相手によって使い分けたとは考えにくい。

しかし、ここに問題が生ずる。周知のようにリーウィウスはここではポリュビオスに拠って叙述しているが、ポリュビオスに現れるいかなる表現をリーウィウスは「権威」というラテン語に訳したのであろうか？ というのは、「権威」(auctoritas)というローマ的な観念——したがってまた「権威」と結びついた「自由」の観念——は、ギリシャ人の世界には本来存在しないからである。[11] しかし、ローマ人リーウィウスが〈自由なる非ローマ人によるローマ人の権威への追随〉と理解したような現象は、ギリシャ側の史料にも明らかに認めることができるので、そのような例を次に挙げよう。

ポリュビオスの伝えるところでは、一部のギリシャ人は、ローマ人の *προαίρεσις*(政策・政治上の原則)ないし *γνώμη*(意見)を自己にとって〈プラスになるもの〉として受け入れ、それに従って行動する姿勢をとっていた、という。すなわち、アカイア同盟の政治家カリクラテスは前一八〇年にローマの元老院で演説をして、次のように述べる、「現在、(ギリシャの)すべての民主的な国家の(政治家の)あいだに、二つの行き方がある。すなわち、ある者は、ローマ人が書き送ってきた事柄には従うべきである、と主張して、(自分たちの)法律の類(*μήτε νόμον μήτε στήλην μήτ' ἄλλο μηθὲν*)よりもローマの政策(*προαίρεσις*)の方が自己に一層プラスになる(*προυργιαίτερον*)と説く。しかし、ある者は……」(XXIV 9, 2.『支配の天才ローマ人』一七二頁以下)。[12] ローマ人のプロアイレシス(*προαίρεσις* 政策)そのものが自己にとって、自己の判断にまさって〈プラスになる〉と考えることは、ローマ人の(究極的にはローマ元老院の)「権威」を認めることにほかならないであろう。[13] したがってこのようなギリシャの政治家はローマの追随者(*οἱ τοῖς αὐτῆς*

〈元老院の〉 *δόγμασι συντρέχοντες*, 10, 3. *προστρέχοντες αὐτῇ*, 10, 4)と呼ばれるのである。前一八三年にローマの使者Q・マルキウス・フィリップスはバルカン半島を訪れ、アカイア同盟がメッセーネーに関して、ローマのプロアイレシスに反することを何も行なわないように全力を尽くしたといわれる。[14] 他方、グノーメー(*γνώμη* 意見)の用法については、すでに「グノーメーという言葉こそ〈権威〉というようなローマ的な概念に相当する唯一の可能なギリシャ語である」ことが指摘されている。[15] この語の用法の特徴的な例は、クニドスに与えたアウグストゥスの書簡(SIG^3 780=R. K. Sherk, RDGE 67, 37行以下)に見られる。いわく、「さて、このことに関する予の意見(グノーメー)に諸君が注意を払い、諸君の文書館の記録もこれと一致するならば、諸君は正しい行動をとったことになると思う」(cf. Dahlheim, Gewalt u. Herrschaft 183)。ポリュビオス(XXIII 17, 4)によれば、ローマ人はギリシャ諸国との国交において、万事が彼らの意見(グノーメー)に従って行なわれるのでなければ気を悪くする、ということが前一八三年に万人に明らかになったという。[16] かくしてローマ人は「自由な」ギリシャ人が一定の事柄においてローマのイニシアティヴを積極的に尊重することを期待したのであり(cf. Liv. XLIV 19, 11)、これはローマの「権威」の主張と理解してよく、このような場合についてリーウィウスが「ローマの権威に従う」(auctoritatem Romanam sequi)というラテン語の表現を用いたことは、少なくともローマ人の目に映じたものとして、いささかも事実を曲げているものではない。

二

ローマが自由な諸国に対して優越した地位を占め、後者がローマの権威に従う、という関係にこれまでの学者はしばしばローマの「パトロネージ」を見てきた。[17] しかしながらその際、ローマのパトロンとしての権威の具体的な表現に関して、一つの重要な点が、私の知るかぎりこれまで問題とされたことがなかった。

従来、一般に考えられているところでは、力関係における事実上の優位にもとづいて他者に何ごとかを強制したり、ましてや「命令」することは、ローマ人の「権威」の観念とは本来無縁である。むしろ「権威」をもつ者は基本的には「援助」「助言」ないし「裁可」を与えるに過ぎない、とされた。事実、ローマ人の社会には優越する者の「権威」が下位の者によって尊重される前提があった。しかし、史料を精査すると、この通念に反する用例が数多く見られることは、われわれの問題関心から見て注意を引く。何よりも考慮しなければならないのは、元老院が命令者として現れる例である。

モムゼン(Römisches Staatsrecht I 22, 2. vgl. III 1032f.)は史料に元老院が「命令する」(imperat)と現れるのは nur abusiv である、つまりこの語の乱用である、と説いた。しかしリーウィウスには「元老院が命令する」(senatus imperat)という用語法があまりにも多く現れるので、われわれとしてはドグマにとらわれることなく、この用語法を真面目に取り上げたい。[18] 例えば前一九二年の元老院審議について、リーウィウス(XXXV 20)は次のように記す、「2 Italia を両コンスルの管轄とすることが決議された。……12　そして両コンスルに……ことが命令された(imperatum ut)」。また前二〇三年の元老院審議について(Liv. XXX 1f.)、「1, 1　両コンスルが……内政と外戦と公職者の管轄について元老院に諮ったところ、元老院は、両コンスルが相談しあって決めるように、と決議した。……28 プラエトルたちは任地におもむくように命ぜられた。そして、両コンスルには……することが命ぜられた(imperatum ut)」。以上の二つの例で、「命令」しているのは、元老院を司会している公職者ではなく、元老院そのものである。なぜなら、コンスルやプラエトルに命令を下しうる公職者はありえない。独裁官が存在すれば別であるが、今の場合、独裁官は置かれていない。第二の例では、両コンスルが司会者であることが明言されており、しかも両コンスルが「命令」を与えられている。ここから考えると、上記二例以外にもすべて、元老院が「命令」し、誰かが元老院審議の結果「命令」を与えられる場合、[19] この「命令する」(imperare) という動詞の主語が元老院であることをあらためて確認しておかなければならない。われわれは――元老院の決定には censere, decernere などの語のほうがはるかにしばしば用いられるとしても――「元老院は命令する」(senatus imperat) という表現を文字通りにとるほかはないのである。しかも、元老院は、それ自体としては「命令権」(imperium) も「職権」(potestas) ももたないから、「権威」によって命令したとしか考えられない。[20] さらに、ローマ元老院が外民族に命令を下す例が多く見られるが、ローマ人はこの「命令」を元老院の「権威」と結びつけて理解したであろう。前一七〇年にミレトスの使者はローマ元老院で述べる、「もし元老院が今次の戦いのためにわれわれに何かを命令することを望むならば、われわれはそれを果たす用意がある」。[21] しかしながら、外民族は、必ずしもローマの政府機関を(元老院とか民会とか)特定せず、しばしば単に「ローマ人が命令する」(Romani imperant)、「ローマ国民が命令する」(populus Romanus imperat) という言い方をする。前一七三年にアンティオコス四世の使者はローマ元老院で次のように述べる、「ローマ国民 (populus Romanus) は、忠実にしてよき盟友である王に命令すべきことは何でも私に命令していただきたい。私はどのような義務でも必ず果たすつもりでいるから」(Liv. XLII 6, 8(A))。[22] また、ローマの命令権保持者たち――当時はおおむね元老院の忠実な代表者であった――に対して外民族は、「法的」には「服従」する筋合いのない場合にも、事実上「命令」する権能を認めた。前一九八年にペルガモン王アッタロス(彼は「ローマ国民の盟友」の号を与えられていた。Dahlheim, Struktur 204, 59. 225) は、使者を送ってローマ元老院で次のように言わせた、「私はローマのコンスルたちから命令された事柄を熱心かつ従順に行ないました」(Liv. XXXII 8, 9(A). cf. XXIX

[23]11, 2)。

以上の史料はほとんどリーウィウスの「年代史家」部分(ローマの年代記作者たちに依拠した部分)に由来するが、われわれは同時代史料であるポリュビオスの叙述において、この年代史家の歴史像を確証しうるばかりでなく、さらに重要な補足をも得ることができる。

ポリュビオスはその歴史書の第六巻(VI 13, 6)で、ローマ元老院の活動領域の中に次のことを挙げる。「イタリアの外にも使者を派遣して、問題を解決させたり、何かを要請(παρακαλεῖν)させたり、命令(ἐπιτάττειν)させたりさえもする」。F・W・ウォールバンクは、そのポリュビオス注釈書の該当部分で、「要請する」(παρακαλεῖν)と「命令する」(ἐπιτάττειν)の用語法に関連して、とりわけ次の例を挙げる。

(1) 前一八五年にローマ元老院の使者Q・メテルスは、アカイア人に、スパルタに対する態度を改めるように要請(παρακαλεῖν)する(Polyb. XXII 10, 2)。

(2) 前一六八年の有名なエレウシス会談(『支配の天才ローマ人』二一〇〜二一一頁)において、ローマ元老院の使者ポピリウス・ラエナスに対して、シリア王アンティオコス四世は、「要請(παρακαλεῖν)されたことはすべて実行しましょう」と答える(Polyb. XXIX 27, 6)。そして、ウォールバンクは「要請」(παρακαλεῖν)と「命令」(ἐπιτάττειν)とは互いに交錯する表現である(shade off one into the other)と注釈を加える。

ウォールバンクのこの最後の注釈はきわめて重要であると思う。リーウィウスはポリュビオスの用いる「要請する」(παρακαλεῖν)という動詞を、一般にはpetere(乞う)[24]、hortari(励ます)[25]、postulare(要求する)[26]などと訳している(リーウィウスがこの部分の叙述で、大幅に、しばしば全面的にポリュビオスに依拠しており、ときにはほとんどポリュビオスを翻訳しているに過ぎないことはH. Nissen(注(5)参照)以来よく知られている)。παρακαλεῖν とは元来そのような言葉である。

しかし、この言葉が事実上「命令」の意味を帯びてくることは、次の例が示すとおりである。

まずエレウシス会談についてであるが、ポリュビオスにおいてはアンティオコス四世は「ローマ人から要請されたことはすべて実行しましょう」と答える (Polyb. XXIX 27, 6)。まさにこの「要請されたこと」(Diodor. XXXI 2, 2 では「*παρακελεύειν* されたこと」)が、すぐ後 (Polyb. 13) では、「命令されたこと」(*ἐπιταττόμενα*) と言い換えられる。ところで、この「命令されたこと」が 27, 7 では「書き送られたこと」(*γεγραμμένα*) となっている。事実、他の例でも、(ローマ元老院から)「書き送られたこと」(*γραφόμενα*) (Polyb. XXVIII 13, 11) は「命令」(*ἐπιτάγματα*, 16, 2) と言い換えられている。[27]「書き送られたこと」の内容はおおむね元老院の決議である。したがってポピリウス・ラエナスがアンティオコス四世に伝えた「要請」=「命令」を、リーウィウスは単に「元老院の決定」と言い表している (Liv. XLV 12, 6)。同様にポリュビオス (XXXIII 12, 3) で「元老院から来たもの」(*τὰ παρὰ τῆς συγκλήτου*) と呼ばれるものは、すぐ後 (12, 4) では「命令」(*προσταττόμενα*) と言い換えられる。[28]

前一九一年にアイトリア同盟がローマの将軍アキリウス・グラブリオに無条件降伏を申し出たとき(このときアイトリア人はローマ的な「無条件降伏」deditio の性質を理解しえなかったことで有名である、『支配の天才ローマ人』一五四頁)、ローマ側がアイトリア人に出した要求は、ポリュビオスにおいては「要請」から「命令」までのさまざまなニュアンスの言葉で表されている (*παρακαλούμενοι*, XX 10, 6. *παραγγελλόμενα*, 10, 11. *προσταττόμενα*, 10, 14. *ἐπιταττόμενα*, 10, 16)。リーウィウスはそのすべてを「命令」(imperare) の一語で表す (qui ... imperes, XXXVI 28, 4. 28, 6 quod impero. 28, 7 quae imperentur. 28, 8 および 29, 2 quae imperarentur)。どのようなギリシャ語が選ばれるかは、そのときの状況による。[29] ローマ人にとっては、すべては「命令」でしかなかった。[30]

われわれはポリュビオス (XXIV 8-13) において、「ローマ人が書き送ったこと」が、どのようにして「ローマ人の命令」に化するかをたどることができる。ローマ人の書き送ったものは、フィロポイメンやリュコルタスのように自主路線をとろうとするアカイア同盟の政治家にとっては、自国の法の名のもとにできるかぎり抵抗すべきものであった(8, 2f. 11, 6f. 13, 1f.)。中間派のアリスタイノスにとっては、可能なかぎり従うべきものであった(11, 4f. 12, 1f.)。しかし、ローマ追随派のヒュペルバトスやカリクラテスにとっては自国の法より上位に立つべきものであり(8, 6f. 9, 1f. Deininger 137)、これは国家主権の放棄にもひとしいものであった。かくしてここでも「ローマが書き送ったもの」(τὸ γραφόμενον [ὑπὸ Ῥωμαίων] 8, 1. 9, 1. 11, 5)は、「要請」から「命令」までのさまざまなニュアンスの言葉で言い換えられる。すなわち、τὸ παρακαλούμενον (8, 3. 11, 6)、τὸ παραγγελλόμενον (9, 1. 10. 11, 8. 12, 3. 4. 13, 6)、τὸ κελευόμενον (13, 4)、τὸ ἐπίταγμα (13, 2. ἐπιτάττειν : 11, 7. 13, 3. προστάττειν : 11, 4)[31]のごとくである。独立不羈をもって知られるフィロポイメンすら、ギリシャ人の上にやがて「(ローマ人の)要請を万事にわたって実行せざるをえない時(カイロス)」が訪れるであろうことを理解していた(13, 6)というが、カリクラテスにとっては——もしアリスタイノスはやや異なるとするならば(13, 7)——そのような時(カイロス)はすでに来ていたのである。カリクラテスこそは、ローマ人のプロアイレシス(政策)に従うことがアカイア人にとって最も〈プラスになる〉と信ずる者(9, 2. cf. 8, 6)、すなわち、ローマ人の「権威」に進んで従おうとする者の一人であった。いずれにせよ、このようにしてローマ人は「権威ある者」なるがゆえに「命令する者」になっていたのである。

ここにおいてわれわれは、ヘレニズム世界の国際関係をふりかえらざるを得ない。A・ホイスが示したところ[32]によれば、ヘレニズム時代において、諸都市に対する王たちの書簡形式による「依頼」(προστάγματα, ἐπιτάγματα)は、決して「法的強制力」はもたなかったが——それが柔らかい表現(παρακαλεῖν, ἄλλως δέ μοι δοκεῖ, καλῶς οὖν ποιήσετε, ᾤμεθα δεῖν γράψαι περὶ τούτων ὅπως)をとった場合にも——《事実上の政治的優越にもとづく間接的な強制》を意味した。都市側が王に「服従」(*πείθεσθαι*)したのも同じ事情によった(205f. 事実上の力関係が「諸共同体に服従を強いた」)。[33]このことから考えると、ローマ人はヘレニズム世界にすでに存在した支配者の行動様式を自己の「権威」と結びつけて理解したのであり、ローマ人の観念が貫徹する前提がヘレニズム世界にはすでに存在したことになる。したがってローマ人にとっては、ギリシャにおいてローマ人の「命令」(imperare)という概念のニュアンスが正しく理解される必要はなかった。ローマ人が考えたような「権威」にもとづく non-technical な「命令」には、ギリシャ側では、力関係に裏づけられた「要請」が対応していた。「自由」なる世界の国際関係において、「要請」=「命令」という方程式が成り立つのは、このような基盤の上においてであった。

三

以上のような、「命令する」(imperare)という動詞の non-technical な用法に対応して、その名詞形である imperium という語も non-technical に「命令」「命令する権能」の意味で用いられる。リーウィウス(XLII 25, 8. cf. II 54, 5. Cic. Phil. XII 9)の伝えるところによれば、マケドニア王ペルセウスは、ローマ人が「ペルセウスはすべての言動をローマ人の〈うなずき〉(nutus 後述)と〈命令〉(imperium)のままになすべきである」と考えていると信じたという。アウグストゥス帝も、その『業績録』の中で(30, 2)、imperia を *προστάγματα* と訳させた。[34]
また、imperium という名詞は、ローマの「支配」の意味で non-technical に用いられる。[35] in dicione, sub dicione populi Romani esse も同様である。[36] 前一九〇年にスキピオ兄弟が小アジアに攻めこんだとき、アンティオコス大王は彼らのもとに使者を送り、「ローマ人はヨーロッパをもってその imperium の限界とするように」と要求したという(Liv. XXXVII 35, 5. その典拠であるPolyb. XXI 14, 4ではimperiumは*ἐξουσία*)。アンティオコスの敗れた後、ロドスの使者がローマ元老院で述べた言葉の中にも次の表現がある。全世界が「貴国の支配下(in dicione vestra)にあるから……」(Liv. XXXVII 54, 15. その典拠Polyb. XXI 23, 4では*ὑπὸ τὴν ὑμετέραν ἐξουσίαν*)。

これに対応して、前一六七年ごろの地中海世界に対するローマの支配的地位はポリュビオスにおいてしばしば*οἰκουμένη*(あるいは*ὅλα*)に対する*ἀρχή*[37], *δυναστεία*[38], *ἐξουσία*[39], *ἡγεμονία*[40]と表現される。ローマ人はこの世界に対して*ἐγκρατεῖς*[41]であり、この世界はローマに対して*ὑπήκοος*[42]であった。そして全世界(*οἰκουμένη*)の人類は「ローマ人の言うことを聞き、要請(*παραγγέλλειν*)されたことについても彼らに服従するほかはなかった」(III 4, 3)[43]。

ローマが第三次マケドニア戦争でペルセウスを破った後、ヌミディア王マシニッサの子、マスガバは父の名代としてローマを訪れ、元老院で次のように述べた、「マシニッサ王は、ヌミディア国の用益権だけで満足しており、この国の支配権(dominium et ius)が、それを彼に与えてくれた者(すなわちローマ人)のものであることをわきまえている」(Liv. XLV 13, 15)。のちマシニッサの孫アドヘルバルはローマ元老院で次のように演説する、「私の父が死に際して私に教え諭したところによると、ヌミディア王国の管理(procuratio)のみが私の任務であり、支配権(ius et imperium)はあなたがたローマのものであると考えるべきものである」(Sall. Jug. 14, 1)。この表現もtechnicalな「国際法」上の規定と考えるべきではない[44]。なぜなら、もしここで明確な国際間の約定が意味されているならば、どうしてそのことを先任者がようやく臨終の寝台で後継者に教え諭さなければならないであろうか。それはむしろ、いわゆる「支配の奥義」(arcana imperii)のパッシヴな形とでも言うべきものであろう。

しかしながら、ローマの「支配」(imperium)と「権威」(auctoritas)とは、最初からしかく強力だったわけではない。また、ローマの利害関心の強弱も、個々の場合について一定の役割を果たした。確かに前一九八年にはアンティオコス大王が「ローマの使節の〈権威〉に動かされてアッタロスの支配領域から兵を引いた」という事実はあった(Liv. XXXII 27, 1(A). Harris 222, 6)。しかし、前一九二年の出来事として、われわれには次のような一件が伝えられている。スパルタ王ナビスがアカイア同盟を攻撃すると、アカイア同盟はこれにどう対応するかについて、何よりもローマ元老院の意向(Liv. XXXV 25, 3(P) : quid senatui placeret)を知ろうと望み、フラミニーヌスに助言を求めた。彼は同盟に書簡を送り、ローマのプラエトルと艦隊の到着を待つように助言した(25, 5 auctor erat praetorem classemque Romanam expectandi)。フラミニーヌスは当時、ローマ元老院がギリシャに派遣した使節団の一員であった。元老院は「盟邦の心をつなぎとめるには、軍隊ばかりでなく〈権威〉(をもつ者の説得)も必要である」(non copiis modo sed etiam auctoritate opus erat ad tenendos sociorum animos, 23, 5(A))と判断して、この使節団をギリシャに派遣したのである。しかし、アカイア同盟の長官フィロポイメンはフラミニーヌスの助言に従わず、自己の〈権威〉によって、ただちにナビスとの戦争を開始させた(25, 7f.)。フラミニーヌスがこれにどう応じたかは伝えられていない。おそらくリーウィウスはローマ人として、ローマ人フラミニーヌスのフィロポイメンに対する嫉妬(Liv. c. 47)に触れることをはばかって委細を伝えなかったのであろう。[46]

しかし、それから数十年を経ずして、ローマは極めて強い姿勢を打ち出すようになった。たとえば前述のエレウシス会談(前一六八年)において、アンティオコス四世はポピリウスに対して「ローマ人から要請されたことはすべて実行しましょう」と答えざるを得なかった。[47] 年代史家はこの事件を、ローマ人の「権威」と結びつけて説明する。すなわち、同年(前一六八年)はじめ、エジプト王の使節はローマ元老院で次のように述べたという、「ローマ人はこれまでアンティオコスのために尽くすところが大であったし、またすべての王者、すべての民の間でのローマの〈権威〉たるや絶大なものがあるから、そのローマ元老院がアンティオコスに使者を送って、彼がローマの盟友たる王たちに戦いを仕掛けることは元老院の意に反する、と伝えれば、彼はたちまちアレクサンドリアの城壁から兵を引いてシリアに撤退するでしょう」(Liv. XLIV 19, 11. cf. Cic. Phil. VIII 23「(ポピリウスはエレウシスに)元老院の面影と権威(faciem . . . auctoritatemque)とをひっさげて赴いた」)。このアンティオコスがそれより五年前(前一七三年)に使者をローマに送って元老院に何と語らせたかは、前に述べた(Liv. XLII 6, 8(A)「ローマ国民は忠実にしてよき盟友である王に命令すべきことは何でも私に命令していただきたい。私はどのような義務でも必ず果たすつもりでいるから」、26, 8)。このような場合、ギリシャ人にとっては国際間の力関係が決定的な要因であったであろうが、ローマ人はこのすべてに自己の「権威」の働きを見る理由を有した。

他方ローマ人は、第三次マケドニア戦争直前の時代に、彼らが「自由」と理解しているはずのギリシャにおいて、このような「命令」をあまりにも恣意的に乱発し、現地住民をはなはだしく苦しめたと伝えられる(Liv. XLIII 4, 8f. 17, 3「てんで勝手に命令を下したので」)(48)。そのため元老院はその対策を迫られ、前一六九年に現地住民はローマの将軍たちから「書き送られたこと」に対して、それが元老院決議に裏づけられていないかぎり、服従すべきではない、と布告した(Polyb. XXVIII 13, 11. 16, 2では「書き送られたこと」の代わりに「命令」*ἐπιτάγμασιν* とある。cf. 3, 3. Liv. XLIII 17, 2)。このことから見ると、最終的・決定的な権威を有したのはローマ本来の外交機関とも言うべき元老院であったことになる。

さらに意味深いのは、第三次マケドニア戦争時代のロドスをめぐる逸話である(『支配の天才ローマ人』二一二〜二一三頁)。すなわち、この戦争が始まると、商業国家ロドスは、エーゲ海の不穏情勢によって損害をこうむったので、ローマ・マケドニアの双方と友好関係にあった国として、ローマに使者を送り(49)、和平の斡旋をしようとした(Polyb. XXIX 10, 1f. 19, 1f. Liv. XLIV 14, 8-13. Gell. VI 3)。この使節はピュドナの決戦でローマが勝利を得たより後の時点で元老院に招じ入れられたが、和平斡旋という彼らの本来の意図は元老院の怒りを買った。[50] なぜなら、元老院にとってロドスの態度の意味するところは、「ロドスが今や全世界において戦争と平和の調停者となること、ロドス人のあご一つで(nutu=「うなずきによって」、cf. 29, 7「権威によって」、35, 6「ロドス人の権威」)ローマ人が武器を執ったり措いたりするようになること」(XLIV 15, 5)にほかならなかった。ローマにとって、この世に自己と並ぶ権威を僭称する者の存在することは許せなかった。ロドスの提案はローマ人にとっては僭越(superbia)を意味する。[51] かくしてローマはロドスに罰を加えた。

ところで、上記の史料(Liv. XLIV 15, 5)には「ロドス人のうなずき」(Rhodiorum nutus)という表現が見られる。ここで「うなずき」(ヌートゥス)という言葉には「権威」と似た資格が与えられている。事実nutusという言葉は、「権威」の高められた表現として、あるいは一般に優越する者の事実上の地位を表す表現として、史料中にしばしば見受けられる。[52] テッサリアのデメトリアスの反ローマ派政治家エウリュロコスは、「わが国デメトリアスは、表面上は自由であるが、事実上は万事がローマ人の nutus のままになされる」と言う(Liv. XXXV 31, 12)。アンティオコス大王の使者も前一九二年にアイトリア同盟総会の席で、「すべてがローマ人の nutus と支配のもとに陥った」と言う(XXXV 32, 9)。先に述べたアカイア同盟の政治家カリクラテスは、前一八〇年にローマの元老院でギリシャの政治家たちの二つの行き方について述べた際に、次のように付言している、「もしローマ元老院が何らかの「合図」(*ἐπισημασία*)を送るならば、ギリシャ人は恐れ、政治家たちはローマ支持の側にまわり、民衆もこれに従うであろう」(Polyb. XXIV 9, 6)。ゲルツァーはこの「合図」を、deutlicher Wink と訳した(*Kleine Schriften* III 152)。ローマ元老院議員たちはこれを nutus と理解したであろう。[53] さらにこの先には、nutus と同系統の言葉「神威」(numen)がある。すなわち「ローマ元老院の神威」(numen senatus)、「ローマ国民の神威」(numen populi R.)という用法である。しかし、この表現が用いられるのは、共和時代末期以後の史料に限られる。[54]

D・キーナストはある論文の中で次のように論じている。[55] 前二四一年のローマ・カルタゴ条約では「両当事国のいずれの一方も他方の支配領域（*ἐν ταῖς ἀλλήλων ἐπαρχίαις*）で、何ごとかを命令してはならないし、公的に建造物を建ててもならず、募兵をしてもならず、その同盟国（*σύμμαχοι*）と友好関係を結んでもならない」と定めている（Polyb. III 27, 4. 29, 10）。すなわち、これを伝えるポリュビオスは一国の「支配領域」（*ἐπαρχία*）とその「盟邦」（socii *συμμαχία*）の領域を同一視している（cf. Dahlheim, G. u. H. 25f.）。かくしてキーナストは、ローマと条約関係にない海外の「盟邦、友邦」（socii et amici）を「上級国家ローマの下に立つ下級国家」と呼び、「これらの盟邦・友邦は軍事的・政治的にローマの〈支配〉（imperium）に服し、〈ローマの権力下にある〉（in dicione populi Romani）」とする（Kienast 350. 352）。事実、われわれが上に見たような、ローマに自由を認められたギリシャの諸国も、ローマの〈支配〉の下にあり、〈ローマの権力下〉にあったのである。彼らは「ローマの領域の中」（termini ないし fines populi Romani の中）にあったとすら言われる。[56]

キーナストは、このような「支配形態」（352 Herrschaftsform）[57]の成立する前提として、一般的に「各時点での政治的な力関係」をあげる（350）。事実、ギリシャ人にとっては、ローマ人の「命令」に服する場合、力関係が決定的な要因であったと考えられる。ローマ人にとってもそれは当然の前提であった。しかしローマ人はそこに自己の「権威」のはたらきを見た。すなわちそこでは、事実上の力関係における優位と「自由」の美名とが別個のものと意識されていたのではない。ローマ人が少なくとも主観的には誠実に説いた「自由」の観念は、もともと力関係の美化にほかならなかった。事実、「自由国」（civitates liberae）の「自由」がローマ権力の優越という冷厳な現実を抜きにしては考えられないことは、ダールハイムが近著で詳細に論じたところである。[58] 私自身も別の個所で——軍事史の領域においてではあるが――ローマ人のいう「権威」という観念は、剝きだしの力という要素を無視しては考えられないこと、それは強者の力を弱者が利用しようとするものであることを論じた。(59) そのことは強国と弱国の関係にも当てはまるはずである(Liv. XLII 45, 2「小国は大国の権威に従おうとした」)。これらのことから考えると、ローマ人の「パトロネージ」は、この近代語が想像させるほどバラ色のものではなかった。パトロネージには、保護・援助から指図・干渉を経て強制・命令に至るまでの一連のスペクトルが宿った。

以上見たところでは、ローマの対外関係においては「自由」、「権威」、「命令」の三概念は緊密な相関関係にある。それゆえ、本稿の初めに設定した作業仮説によって、この時期のローマの対外関係が矛盾なく説明されることは、今や明らかであろう。対外関係における「自由」がこのようなものであるとすれば、われわれはローマの「自由」を内政史・外交史を通じて同性質のものと理解することができる(ただし、ローマの元老院議員は、非ローマ市民に対しては、ローマ市民に対するよりも厳しい態度をとることができた。後者は民会投票権をもつ者として、いわば彼らの選挙区民だったからである)。かくして内政・外交の両領域における自由を区別して考えるべき積極的な理由がないかぎり、われわれの作業仮説はもはや事実であると考えることが許されよう。

四

以上に確認された事実は、ローマが外国に認めた「自由」とヘレニズム世界で盛んに行なわれた「自由」宣言の比較、という問題にも若干の光を投げかける。

A・ホイスの論ずるところによれば、ヘレニズム世界に見られた自由宣言は、第三者に向けられたものである。

すなわち、それは、例えばある王があるポリスを、その従来の支配者Xから解放する、という意味での、Xに対抗するその王の自己宣伝である。ギリシャ人の意識の中では、「自由」とそれが向けられる「敵」とは不可分に結びついている。[60] ヘレニズム時代の支配者にとって決定的な問題は「誰が自由付与者＝解放者であるか」ということである(Heuss 227)。

ところで、フラミニーヌスは前一九六年にイストミア祭の席で劇的な演出によってギリシャの自由宣言を行なったとき、意識的にヘレニズム世界の先例を模倣していた。それは意識的なものであったから、本来この例からは、ローマ人とヘレニズム諸王との「自由」政策を比較することはできない。しかし、われわれはこの例から、少なくとも次の点を指摘することができる。

ローマ側に「ギリシャの自由」という観念が生じたのはキュノスケファライの決戦の後の段階である(Badian, For. cl. 72)。さて、アルゴスをナビス王の支配から解放しようとしたとき、フラミニーヌスは——少なくとも表面上は——解放の主導権を放棄した(この主導権は、とくにアンティオコス大王の進出を眼前にして、ギリシャにおけるフラミニーヌスの地位を高めたはずであるが)。すなわち、前一九五年のコリントスにおける会議の席で、彼は次のように言う(Liv. XXXIV 22, 10)、「本日の審議事項は、まったく諸君(ギリシャの「第一人者たち」)が自分の判断で決めればよい問題である。私は諸君に問題だけ提起するのだが、諸君はアルゴスがナビス王に占領されて彼の支配下に苦しんでいるのを許しておくつもりだろうか、それとも、あの名高い古いポリスに自由を回復してやるのが正しいと考えられるだろうか」。フラミニーヌスが、この由緒ある古いポリスの解放に対して、自分はどうでもよい、という態度を示したことは注意を引く。そして彼は、ギリシャの解放者としてのローマ人の「名誉」(gloria)を第二の地位におく。「この問題は、お分かりのとおり、まったく諸君の問題なのであって、ローマ人に関係があると言えば、それは、一つのポリスが隷属状態にあることによってギリシャの解放者としてのローマ人のgloriaにどれだけ欠けるところがあるか、ということだけである」(22, 12)。また彼は、実際にアルゴスを解放するに当たっては、自己の兵の他に多数のギリシャ兵を用いたから(Liv. XXXIV 25, 3. 26, 10f. 34, 6)、解放の行動そのものもローマの軍事力のみの恩恵という形をとることがなかった。

次に、アンティオコス戦争の前史に関して伝えられるところによれば、前一九六年のリュシマケイア会談で、アンティオコス大王はローマの使者に次のように述べたという、「小アジアの自治ポリスは、ローマ人の命令によって自由となるべきではなく、私の恩恵によって自由を得るべきである」(Polyb. XVIII 51, 9. Appian. Syr. 3, 12)。この言葉は、アンティオコスとローマとが小アジアのギリシャ都市の解放についてイニシアティヴを争ったことを意味すると解された(Dahlheim, Struktur 106. G. u. H. 196)。しかし、われわれの知るかぎり、イニシアティヴを欲したのはアンティオコスであって、ローマ人がこの点で彼と争ったとは伝えられていない。当時のフラミニーヌスがこれらの都市の「自由」を言うとき、アンティオコスを意識していたことは明らかである。しかしフラミニーヌスは、前一九三年には、もしアンティオコスがこれらの都市に自由を与え、かつヨーロッパから手を引くならば、ローマはそれらの都市に干渉しないという態度を示した(Appian. Syr. 6, 24. Liv. XXXIV 58, 2f. Diodor. XXVIII 15, 4)[61]。そのときには、これらの都市の解放はアンティオコスのイニシアティヴに委ねられたはずである。それは、ギリシャ人の世界を二つの勢力圏に分割する案であった。ローマにとっては、ローマの権威に服するヨーロッパ・ギリシャの安定が問題であった(アンティオコスに対しては、もし彼が小アジアのギリシャ都市を自由にするならローマはそれらの都市に手をつけないという譲歩をなしつつ)。しかしアンティオコスがこのような一方的な要求を呑むことができなかったためにアンティオコス戦争の勃発を招いたのである。

かくしてわれわれは次のように言うことができる。ヘレニズム世界の支配者は何よりも自由「付与」(解放)という行為に価値をおき、付与される自由の内容にはほぼ無関心であったが、ローマ人は自由付与という行為そのものよりも(すなわち自由付与の攻撃的な面よりも)付与される自由の内容そのものに(ローマ的な自由、ローマの権威下にある秩序に)関心をもったのである。

ローマ人にとって有利だったのは、彼らの「自由」の観念がヘレニズム世界に進んで受け入れられるような前提がある程度存在したことである。ジョーンズ(Greek city 120)の言葉を借りれば、「ローマがギリシャの政治に介入した時代までに、ギリシャ世界では民主政治の浪は退潮を見ていた。……そのため、ローマは timocratic な制度をギリシャ人に与えるのに何らの疑念も抱くことがなかったし、またそのような制度は、前四・三世紀ならば見たであろうような抗議の嵐を捲き起こすこともなかった」。本稿で扱った時期には、ローマはあらゆるところで timocratic な制度を「与えた」というわけではない。しかしローマは基本的にはそのような制度を支持した。当時のギリシャでは、政治的「自由」は富裕者に担われていたので、timocratic な体質をもつローマ人の「自由」の観念は容易にここに地歩を得ることができた。たとえば前一九五年にフラミニーヌスに与してナビスを討とうとしたギリシャの「第一人者たち」(principes)は次のような立場に立っていた。「僭主ナビスは討つべきである。さもなければギリシャの自由は守りきれないだろう。……ナビスは(社会改革の)前例によって、他のポリスの多くの者を、自国民の自由を危うくする動きに駆り立てるだろう」(Liv. XXXIV 33, 6-8)[62]。ローマ人の「自由」は、彼らをヘレニズム世界の支配者層に接近せしめる実質をもっていた。それは、ギリシャ・ローマ双方の富裕市民層の連携に導いた。決定的なのは、ローマが貴族政的な共和制国家であったこと、その自由の観念が「威信による段階づけ」(gradus dignitatis, Cic. rep. I 43. Liv. I 42, 4 その他)を特徴とした(その頂点には元老院議員の「権威」があった)ことである。

かくしてローマ人の「自由」宣言は、彼ら自身にとっては決して欺瞞ではなかった。この「誠実」な、ローマ人にとっては「真実」の「自由」の宣言は、力関係に担われて、ローマ人に自由なる世界を権威によって支配する(「命令する」imperare!)ことを可能にした。これに対してヘレニズム世界の支配者たちの自由宣言については、その「不誠実さ」(Unaufrichtigkeit)が指摘されるのである。[63] 私の見るかぎりでは、ローマ人の自由宣言とヘレニズム世界のそれとの間の、ひとつの重要な違いがここにある。言うならば、前者のそれは実質主義的、後者のそれは名目主義的であった。[64]

五

ギリシャ人は、ローマ的な自由を正しく理解してこれをそのまま受け入れたのでは決してない。ましてや彼らは、ローマ人から与えられたローマ的な自由の中で生きる決心をしたのではない。むしろ、ローマ人がその伝統的な自由の観念をもってギリシャ世界に進出したとき、「権威」の観念と不可分に結びついたある種の強制力(「命令」imperare!)をも蔵する彼らの「自由」の観念が、ヘレニズム世界のある国際慣行と結びついて、彼らはあたかも自己の「自由」の観念がそこで確認されたかのごとくに感じたのである。

ローマの「権威」は時とともにますます不動のものとなった。それが前一六八年にはどの程度にまで達したかは、ロドスの和平調停の試みやエレウシス会談などのエピソードから明らかである。それはローマ外交の原則の変化・発展というものではなく、むしろすでに前一九六年に認められた原則そのものが力関係の変化に担われて発現形態を尖鋭化させたものに過ぎなかった。事実ポリュビオス(III 4, 2f.)の見るところでは、前一六八年までにローマ権力の成長・発展はその極みに達し、今やローマ人に服従しその命令に従う以外の道がないということは万人の認める必然性であった。しかし、すでにフラミニーヌスについて、彼が政治においていかなるギリシャ人の権威も認めたような事実は伝えられていない。ここに始まる発展のゆきつくところとして、他日、地中海世界の支配者が「権威」において万人にまさることを誇る日が訪れるのである。[65]

＊　本稿は、《Zum römischen *libertas*-Begriff in der Aussenpolitik im zweiten Jahrhundert vor Chr.》と題して *American Journal of Ancient History*, vol. 9(1984)(実際に出版されたのは一九八八年)に独文で掲載された論文の邦訳である。本稿の成立、発表には、E・ベイディアン教授(Harvard大学)に大変お世話になった。篤く感謝したい。

(1)　ローマ人の「自由」(libertas)の観念については、H. Kloesel, Libertas, Diss. Breslau (1935)(現在H. Oppermann, Römische Wertbegriffe (*Wege der Forschung* 34(1967), 120f. に抄録), Ch. Wirszubski, Libertas as a political idea at Rome during the late Republic and early Principate (1950), J. Bleicken, Staatliche Ordnung und Freiheit in der römischen Republik (1972)などを参照。これらの論文は意識的に(Wirszubski 4f., Bleicken 50)libertas観念の対外関係における使い方を問題外にしている。これに対して注目すべきことは、同時代の対外関係を専門とするW. Dahlheimがローマの対外関係のextra-legalな側面を意識的に研究の対象外においていることである(Gewalt und Herrschaft (1977), 19, 8)。例外はE. Badianで、彼は一九五八年のForeign clientelaeで、ローマ特有のlibertas観念を内政・外交の両側面について検証している。さらに最近のBadianの興味深い論文 *Actes de VIIe congrès de la F.I.E.C. (Fédération Internationale des Etudes Classiques)* I (1979), 397f. とくに408を参照。

(2)　吉村忠典『支配の天才ローマ人』(一九八一)、六七頁以下。キケロの引用はRep. I 53, 43.――本稿のドイツ語版では私はここにJ・ブライケンの文章を引用した。――ローマ的「自由」(libertas)に関するわれわれの知識は、共和時代末期の史料に依存するところが大きい。libertasという単語がGracchus時代以前の史料には稀にしか出てこないからである。しかしBleicken (12f.)は、このlibertasの概念内容は、ローマにおけるいわゆる身分闘争の終結後、共和末期に至るまで本質的に変わらないと考える。I. Shatzman (*Gnomon* 48 (1976), 51) はこの Bleicken の主張には根拠がないというが、少なくとも 200 B.C. ごろについては、Bleicken の主張の正しさは、本稿が対外関係史の側から示すだろう。というのは、Polybios やこの時代の碑文が *ἐλευθερία* という言葉を使うとき、それはラテン語の libertas を意味している。Livius もこの意味で libertas という語を使う。さらに Cato, ORF 162. 164 を参照。

(3) R. Bernhardt (Imperium und Eleutheria, Diss. Hamburg (1971), 21f. とくに 29f. 91f. 243f.) は、本稿が対象とする時代にはまだ「国際法」的な意味での civitas libera という言葉が存在しなかったことを示した。

(4) M. Holleaux, *CAH* VIII 1. ed. 195. cf. 183. さらに J. A. O. Larsen, *CPh* 30 (1935), 193f. は教えるところが大きい。

(5) 以下 Livius の引用においては、Livius が Polybios に拠っている部分を(P)、年代史家に拠っている部分を(A)と表す。——Livius のこの部分の史料批判については、H. Nissen, Kritische Untersuchungen über die Quellen der vierten und fünften Dekade des Livius (1863) が基本的。

(6) cf. W. Dahlheim, Struktur und Entwicklung des römischen Völkerrechts (1968), 263, 13., J. Deininger, Der politische Widerstand gegen Rom in Griechenland 217–86 v. Chr. (1971), 83, 26.

(7) cf. Larsen, op. cit. 197, 19. 年代史家の情報では、前二〇〇年にエジプト王 Ptolemaios V Epiphanes は使者を送ってローマ元老院に、ローマ人の auctoritas なくしてはアテネに援軍を送るつもりはない、と言明させた (Liv. XXXI 9, 2)。この点については M. Holleaux, Rome, la Grèce et les monarchies hellénistiques (1935), 64, 4. F. W. Walbank, Philip V of Macedon (1940), 132. 313 を参照。

(8) cf. Proculus, Dig. XLIX 15, 7, 1. Bernhardt 22f. 29f.

(9) アカイア人はローマ人のパトロキニウムの下にあった。Badian, op. cit. 294, Note J.

(10) Badian, 74「〈もともと自由であった〉ギリシャ人と〈かつて Philippos の支配下にあった〉ギリシャ人の間には現実的にいかなる違いもない。ともにローマの自由なる友邦 (amici) である」。自由を与えられた国々の自由が prekarisch なものであるという説の批判としては、最近では Dahlheim, Gew. und Herrsch. 247f.

(11) Augustus 帝は『業績録』(34) で auctoritas を *ἀξίωμα* と訳させた。auctoritas については R. Heinze, Auctoritas (*Vom Geist des Römertums*^{3} (1960), 56)。auctoritas のテクニカルな用法については H. J. Mason, Greek terms for Ro-

man institutions (1974), 177.

(12) προυργιαίτερον はここでは ἀχαικώτερον (9, 4) とほぼ同じ意味で使われている。後者を A. Mauersberger, Polybios-Lexikon, s.v. は「アカイア人の利害にかなう」(den Interessen der Achäer dienlicher befunden) と訳している。

(13) なぜなら、auctor (=is qui auget=増大させる者) とは、Heinze (op. cit. 43f.) によれば、「ある人がなそうとする行為(あるいは——それと同じことになるが——それをなそうという決意) を、垂範者の重みをもって推奨し、稔りあらしめる者」(wer die von einem anderen auszuführende Handlung (oder, was auf dasselbe hinauskommt, den Entschluss dazu) massgeblich und wirkungsvoll gutheisst) のことであり、auctoritas とは、「卓越した識見によって他者の決断に垂範者としての影響を与えうる能力」(die Eignung, massgeblichen Einfluss auf die Entschliessungen der anderen kraft überlegener Einsicht auszuüben) を意味する。

(14) だがアカイア人はこれに従わず、「思い上がって万事を自分の考えでなそうとした」(XXIII 9, 8)。また前一六六年の Q. Marcius Philippus の書簡は「アカイア人に、ローマ人の προαίρεσις に従って……してみるように παρακαλεῖν した」(XXIX 25, 2)。cf. XVIII 42, 4. IX 33, 9. 碑文の例として、Stratonikeia に宛てた Sulla の書簡中の言葉「自分たちの国事を彼ら(ローマ人)の προαίρεσις に従って営む」(OGIS 441=R. K. Sherk, RDGE 18, 45f.)。SIG³ 684=Sherk, RDGE 43 (Q. Fabius Maximus が Dyme に送った書簡), 16.

(15) M. Grant, From imperium to auctoritas (1946), 84, Dio Cass. LIV 3, 2 に関して。しかし、単一のラテン語の単語を単一のギリシャ語の単語に置きかえる必要はなかったのであって、auctoritas というような単語は、句・節のような単語群でパラフレーズされることも可能だったはずである。

(16) XXXIII 16, 7 で前一五四年、ロドス人とクレタ人がアカイア同盟に援助を求めてきたとき、アカイアの Kallikrates は、ローマ人の γνώμη をさしおいて、どことも戦争はすべきではないし、誰にも援助を与えることはできない、と主張した。XXI 10, 7 ἄνευ τῆς ἐκείνου (consul の) γνώμης は Liv. XXXVII 19, 2 では意訳されて sine consule, non ex auctoritate senatus, non iussu populi Romani となる。さらに Attalos II が Pessinus の大神官 Attis に宛てた有名な手紙 (OGIS 315 VI=C. B. Welles, RCHP 61) では、ローマ人の γνώμη によらずして (または簡単に ἄνευ 'κείνων) 何ごとかを行なうと、もし成功すればローマ人から嫉妬と剝奪と苦い嫌疑を受け、失敗すれば破滅を見ることは必定だと言っている(『支配の天才ローマ人』二三二頁)。

(17) とくに Badian, For. cl., E. Will, Hist. pol. du monde hell. II (1967), 148f. を参照。Bleicken (*Gnomon* 36 (1964), 176f. Badian, For. cl. の書評)によれば《foreign clientelae》について語るためには二つの前提条件が満たされなければならない、①クリエンテーラ関係の両当事者が、自己がパトロン、クリエンテスの関係にあることを自覚していること、②両当事者がその関係を(道義的なものを基礎とする)政治的な支配従属の関係と了解していること(強調は Bleicken)。——だが、外国との「クリエンテーラ」関係においては純ローマ的なクリエンテーラ関係が維持されると考えることは不可能である。パトロン、クリエンテスという言葉はラテン語なのである。史料には、アイトリア人の principes たちの pauci clientes (Liv. XXXVI 15, 4)、アカイア人 Ainesidemos の pauci clientes (Liv. XXXII 25, 9)、スペイン原住民の princeps である Allucius の clientes (Liv. XXVI 50, 14) などが現れる。ここでいう clientes とは、現地社会の伝統的な人間関係の interpretatio Romana でしかありえない。カエサルの『ガリア戦記』において、ambacti (VI 15, 2)、soldurii (III 22, 1f.) と並んで現れる clientes (I 4, 2. VI 15, 2. 19, 4. VII 4, 1. 40, 7. さらに bell. civ. III 60, 4) についても同様である。ローマ人の海外クリエンテーラにおいては、現地人の側から見れば、これを patroni, clientes というラテン語で表現する必要はなかったし、ラテン語で正確に表現されうるものでもなかっただろう。言い換えれば foreign clientelae は二つの顔をもっていた。ローマ人に向けた顔と、現地社会に向けた顔とである。後者は現地社会の文化に対応しており、ローマ人はそれを原語のまま表記することがあった。ガリアの ambacti, soldurii はそれであろう。前者の例としては、ギリシャ人は(知られる限り前一六六年の SIG^{3} 656, 23 以来)、本来彼ら自身の語彙にはなかった *πάτρων* という単語を作ってローマ人の表象に適応した。foreign clientelae はつねにローマ人の表象と現地人の表象との合成物である。この意味で《To speak of 〈client state〉 is to use a metaphor》という A. N. Sherwin-White, Rom. Citizenship^{2} 188 の言い方は正しい (cf. W. V. Harris, War and imperialism in republican Rome (1979), 135, 2. Ste. Croix, The class struggle in the ancient Greek world (1981), 341f.)。もしギリシャ人がローマ勢力の優越を認め、その指導力を信じ、それが彼ら自身にとってプラスになるものと考え、「国法」「国際法」などを超えた形でローマの指導に進んで服するならば、そこに foreign clientelae があった。Bleicken は、Badian がローマの外国との関係をすべてクリエンテーラに解消してしまう、と批判するが、私はそうは思わない。ローマの元老院議員にとって「国際法」は外交の主要な道具ではなかったが、それは、ローマの政治家にとって Staatsrecht が政治生活の主要な道具でなかったのと同じである。ローマの外交に《ausser-völkerrechtlich》なものを追求しようとするBadian の立場はあくまで正しい。その意味で，さらにBadian, *Actes du VII. congr. de la F.I.E.C.* I の論文(注(1)に引用)を参照。

(18)　なおLivius は populus iussit(民会は決議した)の意味で populus imperat とは決して言わない(imperare が abusiv に使われるのならば，この言い方こそ期待されるだろうが)。tribunus plebis imperat とも言わない(名詞の imperium＝「命令」はある，Liv. II 54, 6. Kunkel-Wittmann, Staatsordnung und Staatspraxis d. r. Rep.(1995), 23, 58)。ただし，censores imperarunt(XXXIV 44, 5), decemviri(sacr. fac.), imperarunt(XXXI 12, 9. cf. XXI 62, 8. XXII 1, 17).

(19)　XXXV 41, 7 imperatum consuli est. XL 36, 7 (consulibus) prorogatum imperium ... tum imperatum, etc. XLII 28, 7 consulibus designatis imperavit senatus. XL 26, 7 praetoribus imperatum. XXXVII 2, 7 superioris anni praetori ... imperatum. XXVII 22, 13 (propraetori) imperatum. VII 27, 1 pestilentia ... coegit senatum imperare decemviris ut libros Sibyllinos inspicerent. XXXVIII 36, 4 supplicatio triduum pro collegio decemvirorum imperata fuit. XXII 1, 19 lectisternium imperatum et eum lectum senatores straverunt. XXI 19, 6. 62, 8. XXXVI 2, 13. XL 26, 8.

(20)　Th. Mommsen, R. Str. III 1034, 2 はローマ元老院議員の legatio cum auctoritate(モムゼンはこれを technical term と解する)が Quasi-Imperium をもつとする。

(21)　XLIII 6, 4. cf. 2f.(アテネ)，ともに(A)。ヌミディア王 Masinissa の使者はローマに来て，もしローマが穀物と兵士以外にもさらに何かを必要とするならば，元老院は私に imperare していただきたい，と言う(6, 13(A), cf. 3, 6(A))。

(22)　前一七二年にローマの使節は Eumenes II, Antiochos IV, Ptolemaios VI Philometor を歴訪したのち，ローマに戻って，元老院で次のように報告する。これらの諸王はすべてローマに極めて忠実であり，ローマ国民が imperare することは何でも果たす，と約束した(XLII 26, 8(A))。前二〇〇年にローマが Antiochos III に，エジプトを攻撃しないように「命じた」という伝承(Appian. Mak. 4, 2. Justin. XXX 3. XXXI 1)については，Badian, Studies in Greek and Roman History(1964), 113f. を参照。

(23)　前一九〇年に，Miletos, Myndos, Halikarnassos, Knidos, Kos は，ローマの提督 C. Livius Salinator の「命令」(imperata)を熱意をもって実行したという(XXXVII 16, 2(P))。さらに XXXIV 26, 10(P). XXXVIII 43, 2(A). 47, 8(A). XLIII 4,

4(A). 7, 1(A). 17, 3(P). XLV 13, 3(A). 14(A).

(24) Liv. XXXVI 5, 4(cf. Polyb. XX 3, 2). Liv. XXXVI 5, 2(Polyb. XX 3, 5). Liv. XXXVIII 3, 2(Polyb. XXI 25, 2). Liv. XLII 46, 6(Polyb. XXVII 4, 9). Liv. XLII 46, 9(Polyb. XXVII 5, 5).

(25) Liv. XXXVII 53, 10(Polyb. XXI 20, 5). Liv. XLIII 19, 14(Polyb. XXVIII 8, 2).

(26) Liv. XXXVII 53, 25(Polyb. XXI 20, 5). Liv. XLIII 17, 7(Polyb. XXVIII 5, 1).

(27) 同様に，XXIX 27, 7 *γεγραμμένα*＝27, 13 *ἐπιταττόμενα*. XXX 13, 9 *γραφόμενα*＝13, 6 *ἐπιταγή*.

(28) 同様に Polyb. XXX 21, 3 および 31, 20 でローマの元老院の決議であるものが，ロドス人から見たときには彼らへの「命令」(それぞれ 23, 3 で *ἐπιταττόμενα*, 31, 8 で *προστάγματα*) になっている。また Polyb. XXIII 9, 6(*πεποίηκε τὰ προσταττόμενα*＝「命令を実行した」) が Liv. XL 3, 1 では fecisse quae senatui placuissent(ローマ元老院が決議したことを実行した) となっている。Liv. XXXVII 3, 10(A) reges Aegypti ad ea, quae censuisset senatus, paratos fore(エジプト王はローマ元老院が決議したことを実行する用意があるだろう) も (これは(P)ではないが) 同じ流れの中にあるだろう。

(29) ラテン語でも「要請する」(rogare) と「命令する」(imperare) は慎重に区別されることがある (例えば Liv. XLV 13, 14)。あまりにも命令的な言い方は政治的に適当ではないことが多いだろう。

(30) Polyb. XXI 34, 3(命令されたこと (*τὸ παραγγελλόμενον*) はすべて実行する) を Liv. XXXVIII 14, 4 は imperata facere と訳している。さらに Polyb. XXVIII 13, 4 *πᾶν τὸ γραφὲν ἢ παραγγελθὲν τοῖς Ἀχαιοῖς ὑπὸ Ρωμαίων . . . ἀναντίρρητον γέγονεν*. XXXI 32, 3. 前二〇八年に大スキピオはスペイン原住民の首長 Indibilis と条約を結ぶが，その要点は「ローマの支配に服従しローマ人から命ぜられたことに従うこと」であった (Polyb. X 38, 5)。Dahlheim, G. u. H. 78 はこれを「提供すべき援軍をローマの軍司令官の指揮下に置くこと」と理解するが，このように狭く解する理由はない。この条約が締結されるときにスペイン人がスキピオを彼らの王にしようとしていたことを考え合わせれば (Polyb. X 38, 3) なおさらである。

(31) 前一八五年について，ローマ元老院の書簡がアカイア同盟に臨時同盟総会を開催させる力をもつという法律が同盟側に存在したことが知られている (Polyb. XXII 10, 11f. 12, 6f. Liv. XXXIX 33, 7. Larsen, Representative government in Greek and Roman history(1955), 89f., 177. Greek federal states(1968), 224. 450f.)。すでにそれ以前に，Antigonos 朝マケドニアがアカイア同盟に対して同様の力をもっていたことが知られている (Polyb. IV 85, 3. V 1, 6f.)。

(32)　A. Heuss, Stadt und Herrscher des Hellenismus (1937), 203f. cf. A. H. M. Jones, Anatolian studies presented to W. H. Buckler (1939), 105f. The Greek city (1940), 111. 319, 29. V. Ehrenberg, The Greek state^{2} (1969), 193f.

(33)　ヘレニズム世界における *ποιεῖν τὸ προσταττόμενον* の例として, Polyb. I 83, 2. IV 76, 2. 7. V 51, 8. 101, 9. IX 28, 4. XI 5, 1. XII 13, 11. XXI 19, 10. XXII 5, 10. 私は *Historia* X (1961), 480 で, imperata facere (あるいは quae imperasset facere, id facere quod imperabatur など類似の表現) が共和時代末期のローマ史史料において deditio と結びついて用いられることが多いことを指摘した (本書第四章)。この imperare は technical な意味での「命令」ではない (D. Timpe, *Chiron* 2 (1972), 283, 22 も同意見)。それはむしろそれ以前の Livius (imperata facere) や Polybios (*ποιεῖν τὰ προσταττόμενα*) に見られる non-technical な「命令」に遡る (Timpe は Polybios を見落としており, この imperare の源泉を奴隷所有者や家父長の権力, ないし軍事的なものの領域に求める)。Caesar において deditio の前提としての imperata facere (b. G. II 3, 2f. 32, 3. 35, 1. IV 22, 1f. 27, 1. V 20, 1. 4. VI 10, 4. VII 90, 2. VIII 23, 2. 31, 4. 48, 8) が technical な表現でありえないことは自明であって (deditio をした者が勝利者の「命令」に従わなければならないのは当然であって, それを deditio の「条件」にするのは法的にナンセンスである), 前三世紀, 二世紀について史料に見られる (単なる「要求」としての) imperata facere, *ποιεῖν τὰ προσταττόμενα* に対応するものである。Caesar は deditio をした者から, ローマの処遇に単に受動的に従うだけではなく, fides にもとづいて将来ローマのために積極的に力を尽くすことを求めたのであろう (例えば b. Alex. 65, 4 を参照)。これは当時のローマが積極的に帝国民の協力を求めていたことを示すものであろう。

(34)　iussum, praeceptum, mandatum の意味での imperium の用例は Thesaurus Linguae Latinae s.v. imperium 568, 37f. (Ennius 以来)。

(35)　loc. cit. 574, 84f. (Cato 以来)。

(36)　Mommsen, R. Staatsr. III 723f. Badian, For. cl. 21, 4. 28, 5. Dahlheim, Struktur 13, 9. Liv. XLI 6, 12 (Weissenborn の注も参照)。

(37)　I 1, 5. VI 2, 3. VIII 2 (4), 4. XV 9, 2. XXI 16, 8. XXX 6, 6. XXXIX 8, 7. なお, *ἀρχή* というギリシャ語がわれわれにとって不明瞭 (Unklarheit) であることについては, Heuss 7, 2. 173. ――なお以下に関しては Larsen, *CPh* 30, 206. J. S. Richardson, *PBSR* 47 (1979), 1f.

(38) III 1, 4. I 3, 10. 63, 9. III 4, 2. XV 9, 2. 10, 2. XXI 16, 8.

(39) III 4, 12. XXI 23, 4. XXX 6, 6.

(40) I 63, 9. VIII 2, 6. XV 10, 2.

(41) I 3, 9. III 118, 9.

(42) III 3, 9. I 2, 7 (Walbank の注を参照)。

(43) ローマ「帝国」(Imperium Romanum)とは本来このような *ἀρχή* を指すのであって、「属州」部分だけを頭においた Provinzialreich と限るものではない(ただし Cic. prov. cons. 31 にはすでに Provinzialreich としての「帝国」の意識がある。しかし Caes. b. G. IV 16, 4 では Imperium は Provinzialreich より広い)。Harris, op. cit. (注(17))105f. 参照。なお、Richardson (*PBSR* 47 (1979), 1f. *JRS* 69 (1979), 160f.)は、Polybios の見方は(Laus imperii の場合を除いて)Augustus に至るまでのローマの政治家たちの見方とは違うという。たとえば Richardson (*PBSR* 47, 3f.)は、Cic. prov. cons. 31 (ut Asia, quae imperium antea nostrum terminabat, nunc [Pompeius の功績で] tribus novis provinciis ipsa cingatur)のような言い方は、ローマの *ἀρχή* が前一六八年にすでに全 *οἰκουμένη* を包含していたという Polybios の言い方とは両立しない(だからわれわれは Cicero などを尊重して、「ローマ帝国」がすでに前一六八年に存在したなどと言うべきではない)、と論ずる。だが、少なくとも年代史家たちは、ローマが、第三次マケドニア戦争の時代に Antiochos たち、Ptolemaios たちに「命令」しうる立場にあったと伝えている(史料は上に十分に挙げた。たとえば Liv. XLII 6, 8. 26, 8 を参照)。Laus (讃美演説)を行なっているのは、むしろ Pompeius を賞揚しているキケロの方である。なお、ローマ帝国は支配者の側(たとえばキケロ)からばかりでなく、被支配者(たとえば Polybios)の側からも見なければならない。

(44) たとえば Timpe, *Hermes* 90 (1962), 338f. および Dahlheim, Struktur 230, 125. だが Harris, op. cit. 249, 4 はこれらに反対。なお、ここではこれが実際に Micipsa の考えであったか、それとも Adherbal の、あるいは Sallustius の考えであったかは問わない。cf. W. Suerbaum, *Hermes* 92 (1964), 85f. とくに 91, 2.

(45) auctoritate に関して Briscoe の注釈は、この legati の三人が consulares だったことを指摘している。

(46) H. Nissen, Krit. Untersuchungen 172. cf. R. M. Errington, Philopoimen (1969), 95ff. とくに 99f.「このときから Flamininus と Philopoimen の hostility が始まった」。H. G. Gundel, *RE* 24, 1086.

(47) Polyb. XXIX 27, 6. cf. Diodor. XXXI 2, 2. Appian. Syr. 350f. Liv. XLV 12, 6. 13, 2 haud secus quam deorum imperio.

(48) Liv. XLII 1, 8f. (L. Postumius Albinus に関して)については F. Münzer, *RE* 22, 918.

(49) Polybios (XXVIII 17) は，これは Q. Marcius Philippus がやらせたことだと伝える。この点に関しては Deininger, op. cit. 189, 34.

(50) Polyb. XXIX 19, 6f. XXX 4, 2f. 19, 16f. 23, 2. 31, 1f. Liv. XLIV 15, 3f. 35, 4 ingentem iram. XLV 3, 6f. 24, 2. そこには当然ロドスがあまりにも有力になることを恐れるローマ側の計算もあったであろう。また，ローマはこの一件に，他の諸国に対する警告の意味ももたせようとした(Polyb. XXIX 19, 5)。

(51) Liv. XLIV 14, 8. 15, 2 magniloquentia. XLV 3, 3 stolida superbia. 23, 13 sive superbia sive stultitia. 23, 18. 当時ロドスを弁護した大カトーにとっては，むしろローマ人の方が superbi だった，Gell. VI 3, 14. 15. 50. 51. ロドス人の auctoritas については，Liv. XLII 45, 2-3. XLIV 29, 7. cf. XLII 46, 4 (Polyb. XXVII 4, 7 より)。

(52) Cic. Cato maj. 61 Quid de Paullo aut Africano loquar aut, ut iam ante, de Maximo? quorum non in sententia solum, sed etiam in nutu residebat auctoritas. Font. 24 M. Aemilius Scaurus (princeps senatus) について，cuius iniurati nutu prope terrarum orbis regebatur (R. Heinze, op. cit. 49: "kraft seiner *auctoritas*". cf. A. v. Premerstein, Vom Werden u. Wesen des Prinzipats 18, 3)。この意味での nutus についてはさらに，Liv. II 54, 5. XXXIV 62, 18. XXXVIII 51, 4. XXXIX 5, 3. XL 12, 17. Cic. Verr. II 5, 34. 140. Phil. XII 9. rep. I 43. ad fam. XI 22, 2. ad Q. fr. I 1, 22. Rep. I 56 では，Hom. Il. I 527f. を引きながら，rex et pater omnium としての Juppiter がその nutus によって Olympos 山全体を覆すことができる，という。cf. de nat. deor. II 4. Verg. Aen. IX 106. X 115. 吉村『支配の天才ローマ人』一二九頁以下。

(53) ローマ人のこのような nutus の力に Perseus は抵抗した。Liv. XLII 25, 8 quod se ad nutum imperiumque eorum (sc. Romanorum) omnia dicere ac facere aecum censerent (sc. Romani).

(54) Cic. p. red. ad Quir. 18. Phil. III 32. Liv. VII 30, 20 (ローマ元老院の nutus numenque). とくに宗教の領域で nutus はしばしば numen と結びつく。たとえば Varro LL VII 85 numen dicunt esse imperium, dictum ab nutu, ⟨quod cuius nutu⟩ omnia sunt, eius imperium maximum esse videatur, この箇所および numen 一般については W. Poet-

scher, *ANRW* II 16, 1 (1978), 355f. およびそこに紹介された文献を参照。

(55) D. Kienast, *ZSS* 85 (1968), 353f. なお Dahlheim, G. u. H. 24, 23 は Kienast の主張の核心は否定していない。

(56) Liv. XXXVI 1, 3. XXXVIII 45, 3. 48, 4. XLII 20, 4. 30, 9. Harris 122. 125f.

(57) すなわち、Kienast のいわゆる socii sine foedere (348. 354) に対するローマの支配。だがこのことは、彼の研究の対象外になっている (335. 348) foederati についても、少なくともローマの支配が発展した段階では、当てはまるだろう。

(58) Dahlheim, G. u. H. *passim*. Struktur 269f. ――Plut. Mar. 31, 5 で、マリウスはミトリダテス大王に次のように忠告する、「あなたはローマ人より強くなるか、それとも黙ってローマ人の命令を実行するか、そのどちらかしかありません」(*ἢ μεῖζον, ὦ βασιλεῦ, πειρῶ δύνασθαι Ῥωμαίων, ἢ ποίει σιωπῇ τὸ προστασσόμενον*)。

(59) 本書九九頁以下。cf. auct. b. Alex. 26, 3 auctoritas ea quae plerumque adest victori.

(60) Heuss, op. cit. 226. cf. Jones, The Greek city 97f. V. Ehrenberg, The Greek state 193. Dahlheim, G. u. H. 195.

(61) Badian (Studies 137, 70) と同様、私も Appian. Syr. 6, 24 の所伝を "the true one" (R. Seager, *CQ* 31 (1981), 111, 55) と考える。それによれば、ローマが Antiochos に求めたのは、*ἐὰν Ἀντίοχος αὐτονόμους τοὺς Ἕλληνας ἐᾷ τοὺς ἐν Ἀσίᾳ καὶ τῆς Εὐρώπης ἀπέχηται, Ῥωμαίοις αὐτὸν ἔσεσθαι φίλον, ἂν θέλῃ.* ということであった。しかし Livius の記述もおかしくはないのであって、XXXIV 59, 4f. で Flamininus は legationes universae Graeciae Asiaeque と交渉して civitates *Graeciae* (civitates Graeciae *Asiaeque* ではない) に対するローマと Antiochos の態度を明らかにし、次のように述べる。qua virtute quaque fide libertatem eorum a Philippo vindicaverit, eadem ab Antiocho, nisi decedat Europa, vindicaturum. nisi decedat etc. の句は civitates Graeciae だけにかかる。civitates Asiae については彼は何も言わないか、むしろ次のことを述べた。si se ille (Antiochus) Asiae finibus non contineat et in Europam transcendat, ut et Romanis ius sit Asiae civitatium amicitias et tueri quas habeant, et novas complecti (58, 3). したがって、元老院議員の密議の席 (58, 1f.) においてではなく、legationes universae Graeciae Asiaeque の前で公然と、Flamininus は、もし Antiochos がヨーロッパから手を引くならば、小アジア諸都市の解放を Antiochos に委ねる、と宣言する (《Rome would not worry about the freedom of the Greeks there》(Badian 126) ではない、E. Will, II 188. cf. 167)。それは、ローマが当時の状況下で、小アジアのギリシャ人に対して面子を失わない形で見いだすことのできる、最良の妥協であった。

(62) D. Mendels, *Athenaeum* 57 (1979), 328f. (限定つきで)。

(63) W. Orth, Königlicher Machtspruch und städtische Freiheit (1977), 186f.

(64) しかしA. Heuss, Le monde grec. *Hommages à C. Préaux* (1978), 415, 1はむしろ、ローマ側の自由宣言をnominalistischとする。

(65) E. Gruen, The Hellenistic world and the coming of Rome (1984)は本稿完成後に入手したので利用できなかったが、全体としてローマ外交の基本的な特徴を摑んでいない印象を受ける。

［付　記］

本論文の初出箇所は注の冒頭に示した。本稿は拙著『支配の天才ローマ人』(三省堂、一九八一)の主要部分の学問的根拠付けになっているので、しばしば同書の関連ページを明記した。——なお、過去半世紀ほどの学界動向の中での本論文の位置づけについては、R. Bernhardt, Rom und die Städte des hellenistischen Ostens (3.-1. Jh. vor Chr.), Literaturbericht 1965-1995, *Historische Zeitschrift — Sonderheft*, Bd. 18 (1998), SS. 16 u. 23を参照。

第七章　法的権力と法律外的権力のあいだ

――古代ローマのパトロキニウムによせて――

近代の、主として第三世界の社会における私的従属関係の問題、ひらたく言えばわれわれが「親分・子分」の関係と呼ぶような人間関係・社会関係の問題が、一九六〇年代ごろから political patronage ないし clientelism の問題として大きく取り上げられている。A. Zuckerman によれば clientelism を最初に概念化し、実例を記述したのは人類学者であるという。(1) そのような中で、イギリスの学者サラー(R. Saller)は、一九六〇年代のオランダの社会人類学者 Boissevain によるパトロネージの定義づけをローマ史研究に導入し、一九八二年に《Personal patronage under the early Empire》を公にして古代史学界に大きな問題を投げかけた。しかし言葉としては、patronatus=patrocinium, clientela は、いずれも言うまでもなく本来ラテン語であり、(2) ローマ史の側では政治史・社会史におけるクリエンテーラの重要性は一九世紀以来認識されており、とくに二〇世紀初頭のゲルツァー(M. Gelzer)、ミュンツァー(F. Münzer)の研究以来、この問題はローマ史研究の中心問題の一つになってきたといってよい。(3) 否、むしろ最近では、クリエンテーラ＝パトロネージの概念がローマ史研究において、第二次大戦以前からすでに「濫用」されてきた、という批判すら出ているほどである。いったいローマ帝国は、その広大な全体を見わたすとき、きわめて偏った史料によってわずかに伝えられた多くの社会を含む、限りなく多様な諸社会の総体であるから、ローマ帝国史の研究に人類学的な要素が加わることは避けられないが、人類学のパトロネージ概念は古代ローマ人のいうパトロキニウム概念と同じではない。したがって史料にpatronusが出てきても、それが人類学者のいう「パトロン」であるという保証はなく、史料にservus(奴隷)とあるものが「クライエント」である可能性もありうる。研究者の態度としては、この概念と古代ローマにおけるpatrociniumとを区別しておくことが必要である。(4)

さてサラーは、ローマ共和時代末期・帝政時代初期の文学史料において、patronusという言葉が――わずかの例外を除いて――次の三種類に限ってしか用いられていないことを指摘している。(5)

① 法廷弁護人と被弁護人との関係。

② ローマと外国の共同体との関係。

③ 解放奴隷と旧主人との関係。

しかるにサラーは、まさに史料にpatrociniumとして現れないもの(例えばローマ貴族の取り巻き連中、乾児)を「パトロネージ」概念のもとに研究しようとするが、われわれがローマ的なpatrociniumを考えるうえには、まさに史料においてpatronusと呼ばれるものを中心にすえて、そこから出発してこの問題を考えるのが順当ではないであろうか。

私は、②についてこれまで若干の研究成果を発表してきたが、③については――本稿の後半で述べる点以外には――さしあたり言うべきものをもたないし、①はローマ法の分野にわたり、諸先人の研究成果を消化して新しい観点を提示することは私の能力をはるかに超えるので、本稿では、私自身のこれまでの研究の線にそって、人類学的なパトロネージとローマ時代のパトロキニウムとの、一つの重要な差異と思われる点について、私見を述べたい。

まず、きわめて具体的な一つの事例を取り上げるところから論を起したい。

前七〇年代、ローマ勢力下のシラクサにヘラクリウス(Heraclius)という老貴族がいた(以下、固有名詞はラテン語形で表す)。彼はウェレス(C. Verres)というローマの高官が前七三年にシチリア総督として着任する以前に、親戚から莫大な遺産を相続し、法的手続きもすませて、ますます富裕になっていた。ウェレスが着任すると、ヘラクリウスに敵対的なシラクサ貴族数名が、ウェレスをそそのかし、その権力をかりてヘラクリウスの相続財産を奪う計画を立てた。その際、彼らはウェレスに、ヘラクリウスについて、「あいつはマルケルス家の者以外に、(他人を介さず)自分の権利として訴える(adire aut appellare)ことのできる patronus をもっていない(だから迫害しても心配はない)」(Cic. Verr. II 36)[6]、と言う。ウェレスはこの貴族たちの誘いにのってヘラクリウスを不当に裁判にかけ、その遺産を奪うことに成功した。

ウェレスはこの場合、なにゆえにマルケルス家の勢力を無視できたのであろうか。さらに、ウェレスはシラクサで慣例の「マルケルス祭」(Marcellia)を廃止し、「ウェレス祭」(Verria)をもってこれに代えようとしたばかりでなく(II 50f. 114. 154. IV 151)、前七九年のシチリアの総督であったC・マルケルスの騎馬像にテュンダリスの高官ソーパテルを縛りつけたというし(IV 86)、このマルケルスの後見下にあるリリュバエウムの某住民から金品を巻き上げたともいう(IV 37)。おそらくマルケルス一族は、この時期に、ローマ第一級の勢力ではなかった。前七九年のシチリア総督だったC・マルケルスはコンスルにはならなかったし、彼の弟(Münzer, *RE* 3, 2760, Nr. 227)は按擦官格もしくは法務官格であった。M・マルケルス・アエセルニーヌス(Münzer, *RE* 3, 2770, Nr. 231)はシチリアの patronusであるが、ウェレスとある種の信頼関係にあった(IV 91)。その甥Cn. Cornelius Lentulus Marcellinus[7]のみが一定の役割を果たしているが(II 103 patronus Siciliae. IV 53. Div. in Caec. 13. cf. Ps.-Ascon. 190 Stangl)、彼はようやく前六〇年に法務官となる人で、ウェレス事件時代にはまだ三〇歳前後だったと思われる。しかし、クラウディウス・マルケルス家は、プレブス身分とはいえ、パトリキのクラウディウス氏族と肩を並べ得るノビレスの家系で、ウェレス時代にも、若いながらも上記のような人材を擁していた。したがってウェレスは、メテルス一族の勢力の支持と自己の財力を武器に、マルケルス家の相対的な劣勢に乗じて、いわば「きわどい」試みをしていたことになる。それは何の試みであろうか。

キケロは、上記のテュンダリスの高官ソーパテルの受難に関して、次のように言う(IV 89-90. 意訳)。「いったい、patronusとはclientes atque hospitesに助けをもたらすものなのか、災禍をもたらすものなのか。お前(ウェレス)は自分の力(vis)に対してpatronusらの援助は無であることを示したかったのか。だが、離れたところにいる優れた者のpatrociniumよりも、目の前にいる悪しき総督のimperium(命令権)の方が力(vis)が強いことは誰にも分かっている。お前は、自分の傲慢不遜(insolentia, superbia, contumacia)を誇示して、そんな次元の低い自己顕示によって自分がマルケルス一家に代わるpatronusであることを証明したかったに違いない。かくて今やシチリアのpatronusはマルケルス一族ではなくてお前自身になったと言いたいのだろうが、シチリアというこの輝かしい属州のclientelaを、由緒あるpatroniたるマルケルス一族から奪い去るために、お前には、どれだけの美徳と威信があると考えているのか。お前は、その卑劣、無能(nequitia, stultitia, inertia)をもってして、たった一人の最も卑しいシチリア人のclientelaすら維持できるものではない」。

いずれにせよ、ウェレスが「マルケルス祭」を「ウェレス祭」に代えようとしたこと、C・マルケルスを侮辱する態度をとったこと、シチリア総督の駐在地であるシラクサ市の元老院はじめいたるところ(II 145. 154 locis omnibus. IV 138f.)、その他シチリアの多くの都市、(8)さらにローマ市内(II 114. 145)にまで自己ないし自己父子の像を飾らせたこと、そして何よりもシラクサで「シチリア全島のpatronus」、「(シチリア全島の)救い主」(Σωτήρ)という銘文を掲げさせたこと(II 154)などは、ウェレスがマルケルス一族に代わる新たなシチリアのpatronusになろうとした野心を有したことを示している。

ただし、キケロのこの演説の中で、シチリア人がウェレスのclientesとされるのは二回だけで、しかも皮肉な調子で語られる(II 114. IV 140)。しかしキケロ自身も、前七五年にシチリアの財務官を務めたときからシチリア人のclientesをもったはずであるが、『ウェレス弾劾論』の中では一度もこの言葉を用いず、例えばテルマエの人ステニウスについて、「ステニウスは私の友(amicus)であり、賓客(hospes)であって、私は財務官を務めたときから彼が非常に気に入り、最高の評価を与えたものだ、等々」(II 117)と言い(cf. II 118. IV 32. V 20)、後年になっても、例えばハラエサの某有力家族について(fam. XIII 32. 前四六／四五年頃)、「§1　M・アルカガトゥスとC・フィローとはクローディウス姓の者で、賓客関係と友誼関係によって私とは非常に近い関係にある。§2　この家とこの二人の人物は、古くからの恩義関係(vetustas, officia, benevolentia)によって私と非常に強く結びついている」と言う。およそキケロがシチリア人を自己のclientesである、という言い方をするのは、全現存作品の中でもきわめて稀である。(9)もとよりウェレス統治下のシチリア人に対して、キケロがpatronusとして何らかの役割を果たしたことも伝えられない。当時まだ新人で財務官格にすぎなかったキケロは、その任ではなかったのであろうか。

ところで、キケロの『ウェレス弾劾論』を知る者にとって、あの暴虐な悪総督にシチリアのpatronusになる意志があったとは、想像外のことのように思われるかもしれない。しかし、ウェレスによるシチリア人略奪の総額を、キケロは初め一億セステルティウス、のち四〇〇〇万セステルティウスと見積もったが、法廷はこれを三〇〇万セステルティウスと評価した(史料は Habermehl, *RE* 8, 1630)。キケロの見積もりの一割にもならない。それには理由があるにせよ、[10]この数字はキケロの演説が全面的に裁判官に説得的ではなかったことを象徴しているかもしれない。われわれは、弾劾者としてレトリックの枠を尽くすキケロの演説を史料として客観的に批判するところから出発しなければならない。そのための恰好の例として、ウェレスが統治の最初に「十分の一税」に関して出したと考えられる告示の問題を取り上げてみよう。[11]

キケロは、前七〇年九月下旬から一〇月頃の法廷演説と想定された文章の中で、この二つの告示を、次のような順序で紹介し、論評する。[12]

① 彼はまず III 25-26 (cf. IV 70) で、告示の内容をまったく知らず、いわば白紙の状態にあった聞き手に、「中告に関する告示」EDICTUM DE PROFESSIONE と題する告示のあったことを知らせ、その中に「arator (農業経営者) は decumanus (十分の一税徴収人) が告知した額の decuma (十分の一税) を納入しなければならない」という規定 (下記(二〇五〜二〇六頁) のI-c) があったことを告げる。冒頭に《Primum edictum, iudices, audite praeclarum》とあるから、[13]これは EDICTUM DE PROFESSIONE を全体をまとめて指すのであって、その中の一つの規定であるI-c が最初の規定であった、ということにはならない (下記⑨を参照。ただしキケロは聞き手に、この規定が告示の冒頭にあったかのような錯覚を与えようとしている)。そして彼はこれに、次のような詭弁で説明を加える。「これでは arator は decumanus の恣意のままに搾取されることになるではないか。むちゃな告示だ」。ここでウェレスは、キケロが該当告示の全文 (totum, 単数) を朗読していない、自分に都合の悪いところを略して朗読した、と抗議する。キケロ

はこれに答える。「では何を略したのか。シチリア人のことを配慮したかに見える次の告示か」。

②　そこでキケロは(III 26-33. cf. IV 70)聞き手に、「八倍額賠償裁判に関する告示」EDICTUM DE IUDICIO IN OCTUPLUMと題する告示の存在を知らせ、その中の、「decumanusが正当と認められる以上のdecumaを取り立てたとき、aratorは彼から八倍額の賠償を請求することができる」という規定(下記のII-a)を朗読させて、次のように批判する。「しかし、(イ)これでは、aratorを法廷に行かせるために、労働の現場から引き離すことになる。(ロ)decumanusが持ち去った後にaratorが訴えるのはおかしい。徴収する前にdecumaniの側から納入拒否者を告発すべきだ。シチリア以外のところでは、decumanusはdecumaをpignoris capio(差押え)によって請求するが、法廷の決定までは現物を持ち去らない。(ハ)この請求を審査する法廷は、ウェレスの腹心の者を陪審員とする不公正な法廷である。(ニ)ウェレスの在任中、このようにしてdecumanusが八倍額賠償を命じられた例はない。しかも、ウェレスは一見、aratorに対してdecumanusに対してよりも穏和であったかのようにみえる。すなわち次の告示である」。

③　そして(III 34. 70)、「decumanusは故意に納入を怠ったaratorから四倍額の賠償を請求することができる」という趣旨の規定(下記のII-b)があったことを紹介し、ここでは八倍に対して四倍になっているから、賠償額はdecumanusの場合のほうが厳しい、ということを一応認める。この規定は、②と同じ「八倍額賠償裁判に関する告示」EDICTUM DE IUDICIO IN OCTUPLUMの一部である(34「その告示の中に(in edicto)」。ラテン語の用法としては、これを定冠詞的に解すべきである)。だがキケロは甘くない。「しかし、ウェレスは同時に次の告示も出しているではないか」。

④　そして、次の規定を引用する(III 34. 70)。「シチリアの諸ポリスの公職者は、decumanusが納入の義務あり

と告知した額のdecumaを、各aratorから徴収しなければならない」(下記のI-d)。この規定は、裁判を扱った「八倍額賠償裁判に関する告示」よりも、「申告に関する告示」EDICTUM DE PROFESSIONEの一部と考えるのが自然であろう(今やキケロが二つの告示の内容を、まったく恣意的に「つぎはぎ」していることは明らかである)。(この難解な規定に関しては、木庭顕(5)、注二八四、二八六、三〇二を参照。)この規定に対し、キケロは次のように言う。「これではdecumanusが個々のaratorを《四倍額賠償の法廷》に引き出す余地がないではないか。ポリスの公職者が間に入るのだから、この法廷の存在そのものが無意味である」。さらに、——

⑤キケロは次の規定を引用する(III 35. 70)。「aratorとdecumanusとの係争において、当事者の一方が望むときは、総督の任命する陪審員がこれを裁く(si uter volet, recuperatores dabo)」(下記のII-c)。これは当然②と同じ「八倍額賠償裁判に関する告示」の一部と考えてよいであろう。キケロは、この規定に対して言う。(イ)上述のことから考えて、この種の裁判は存在しえないことになる。(ロ)「一方が望むとき」とは、事実上「decumanusが望むとき」の意味にしかならない。ウェレスの編制する陪審法廷の性質から見て、aratorがそれを望むことはありえないからである。ここで、キケロは突然、前七一年の告示(III 51)を三点引用する(III 36-38. 51)。

⑥「aratorとdecumanusとの間に(納入額について)約定が成立するまでは、aratorは穀物を打穀場から持ち去ってはならない」。⑦「すべてのaratorは八月一日までに[14]decumaを港に運ばなければならない」。⑧「aratorはdecumanusの指定する法廷(iudicium de professione jugerum : 39. 55)に出頭することを、出頭担保人によって保証しなければならない」。この、前七一年の告示⑧によれば、aratorはdecumanusの恣意のままにシチリアの東端から西端までも出頭しなければならず、aratorは事実上、法廷で争えなくなる。したがってdecumanusは(冤罪で)訴えるぞ、と脅迫して金を奪うこともできる。このような脅迫のいい材料になったものとして、キケロはふた

たび前七三年の告示に戻って次の規定を紹介する。

⑨「arator は自己の作付面積を申告しなければならない」(下記のⅠ-a)(Ⅲ 38-39. 53. 54. 55. 70. 112. 129)。これは明らかに「申告に関する告示」の冒頭に置かれたものであり、しかもあらゆる規定の前提になっている。この条項が最初にあるから「告示Ⅰ」は全体として EDICTUM DE PROFESSIONE JUGERUM と呼ばれるのであろう。それはⅡ-a が「告示Ⅱ」の最初にあるからこの告示が EDICTUM DE IUDICIO IN OCTUPLUM と呼ばれるのに対応する。それはまた、Ⅲ 113 では「レオンティーヌムでは登録され申告された作付面積は三万ユーゲラを超えない」(In Leontino *jugerum subscriptio ac professio* non est plus $\overline{\text{XXX}}$)とあるから、Ⅲ 120 と考え合わせると[15]、subscriptio の規定もⅠ-a に含まれる。しかしキケロは言う。「これによって decumanus は、虚偽の申告、形式不備の申告、という言いがかりをつけて arator を脅迫し、金品を巻き上げることができる(しかるのち、その申告を無視した法外な査定をする)。明確な罰則規定がないため、ある arator は全生産高を支払うよう命ぜられ、またある arator は鞭打たれる[16]」。

⑩ なお、Ⅲ 129 に一つのエピソードが紹介されている。それによれば、ヘロールスの貴族テュラキーヌスは、全財産をもってしても支払いきれないほどの額が、ウェレスの告示に従って decumanus から告知されたため、首を吊って自殺した、という。私はこれからⅠ-b の存在を想定した(すなわち、Ⅲ 25 quantum decumanus *edidisset* aratorem sibi decumae dare oportere etc. 28 qui [arator], cum tantum dederit decumano quantum ille deberi *dixerit*. 34. 70 quantum Apronius *edidisset* deberi, tantum ex edicto dandum erat などの dicere, edere を独立の項目にした)。

以上、Ⅰ-b のみ私の想定であるが、他はすべてウェレスの告示としてキケロが引用しているものであり、これらを整合的に復原すると、次のようになる。

Ⅰ　申告に関する告示(edictum de professione jugerum)

a　arator は自己の作付面積を申告・登録しなければならない。

b　decumanus は（arator の申告を尊重して）decuma の額を確定し、これを arator に告知しなければならない。

c　arator は decumanus が告知した額の decuma を納入しなければならない。

d　シチリア諸ポリスの政務官は、decumanus が納入の義務ありと告知した額の decuma を各 arator から徴収しなければならない。

II　八倍額賠償裁判に関する告示（edictum de iudicio in octuplum）

a　decumanus が正当と認められる以上の decuma を取り立てたとき、arator は彼から八倍額の賠償を請求することができる。

b　decumanus は故意に納入を怠った arator から四倍額の賠償を請求することができる。

c　arator と decumanus との係争において、当事者の一方が望むときは、総督の任命する陪審員がこれを裁く。

さて、キケロはこれを、①I-c、②II-a、③II-b、④I-d、⑤II-c、⑥⑦⑧前七一年の告示三点、⑨I-a、の順で紹介するが、以上の復原と矛盾する箇所が『ウェレス弾劾論』にないとすれば、これを一つの可能性として考えることは許されよう。これが lex Hieronica をどれだけ踏襲しているかは別として、われわれはここに、ウェレスの真実と、キケロのレトリックの真の姿とをつぶさに知ることができる。キケロは自己の論理を明示するために全告示を分解して提示したにせよ、告示の全体像を前もって提示することをしないのは、誠実な批評者ならば許されることではない。とくにI-cからこのような形で論じ始めるのは、われわれから見れば公正な批判者の態度ではない。それにしても、前七三年のウェレスの十分の一税に関する告示はきわめて穏当なものであり、ウェレスが真面目な態度で総督としての活動を開始したことを示している。少なくともII-a、II-b、そしておそらくII-cも、III 27によればウェレスの新機軸であったという。ウェレスは、かなりaratorに有利な告示を発布したことになる。レオンティーニ、ムテュカ、ヘルビタ、アギュリウム(Leontini, Mutyca, Herbita, Agyrium)の四市のaratoresの総数は、前七三年に七七三名、前七一年に三一八名であったという(III 120)。五九%の減少である。しかしキケロは、aratoresの大部分(maximus numerus aratorum)が逃亡したため(III 128)、前七一年の後半に、全シチリアを通じて残存したaratoresは前七三年の一割にも満たないと言う(III 121)。それならば五九%よりはるかに減少率の多いところがあったはずであるが、キケロはどうしてその例を挙げないのか。おそらく「一割にも満たない」というのは非常な誇張である。しかも、キケロが「ウェレスの犠牲」として個別的に取り上げているのは、三年間にわたって全シチリアで数十件に過ぎない。ウェレスがとくに悪質なaratoresを摘発した可能性もある。ローマ時代の「大土地所有者」のpotentia(権勢)はよく知られている。キケロの数字が正しいとすると、aratoresの減少はたしかに著しいものがあるが、それは、ウェレスの厳正な態度の前に身勝手な権力者(上記四市を通じて数百名)が経営を放棄したことを示すかもしれないし、上記の四市では最後に残った三一八名が、キケロの言う「勤勉な小aratores」(III 27)の主力だったかもしれない。いずれにせよ、キケロが「悪総督」として描いたウェレスが、実はシチリア人のpatronusであろうとする者であったとしても、意外なことではない。

さて、総督としてのウェレスは、国家から与えられた部下(財務官、総督付派遣官(legati)＝副官)をあまり使わず、むしろ解放奴隷など、私的な腹心を使う。「お前(ウェレス)は三年間シチリアのprovinciaを管轄した。お前の

gener(娘婿、じつは妻の兄弟T. Vettius)……は一年間だけお前といっしょだった。お前の副官……は第一年目にお前から去ってしまった。ただ一人残った副官のP. Tadiusも、あまり長くはお前といっしょにいなかった」(II 49)。正式の部下として知られているのは次のとおりである。

財務官――Q. Caecilius Niger, M. Postumius, Q. Caesetius, T. Vettius

副官――P. Tadius, P. Cervius

Q. Caecilius Niger 彼はウェレスの財務官になった当初、ウェレスと対立したが(Div. in Caec. 55-58)、やがて和解した(29 in gratiam redire. 58)。彼はウェレス裁判において、訴追者候補として、キケロにとっては追い落とすべきライヴァルであったから、この演説はそのつもりで読まなければならない。事実、Caeciliusはウェレスの財務官という重任にあったがゆえに、キケロはウェレスの不当な穀物徴収に関連してCaeciliusの責任を総論的には問うことができた(30-34)。しかし、Div. in Caec. の後、『ウェレス弾劾論』の巻頭から巻末にいたるまで、ウェレスの「犯罪」が詳細に論じられるなかで、Caeciliusの名は一度も現れない。『ウェレス弾劾論』において、Caecilius は完全に不在である。

M. Postumius 彼に関しては、シラクサで陪審員を抽籤で選ばせる、という職務上の行為について、一カ所触れられているのみである(II 44)。

Q. Caesetius, P. Tadius 財務官のCaesetiusと副官のTadius(II 49 qui...non ita tecum multum fuit)には、一〇隻からなる艦隊の指揮が委ねられていたが(V 63)、ウェレスはほどなくこの両名に代えて、シラクサの貴族クレオメネスを艦隊司令長官に任命したと思われる。なぜなら、この両名の艦隊は、シラクサ北方のメガリスの沖を遊弋中に海賊船を拿捕するが(V 63)、ウェレスは捕らえられた海賊を助命し、代わりにローマ市民を処刑した(V

64-79. cf. I 9. 12)。この処刑の現場を、ヘラクレアが提供した軍艦の艦長フリウスが見ている(V 113)が、彼はつづいてクレオメネスの指揮下に艦隊の一員となる(V 112. 129. et al.)。これから判断すると、この艦長は、故郷を離れてCaesetius, Tadiusのもとで勤務し、シラクサに上陸してローマ市民処刑の現場を目撃し、ふたたびクレオメネスの指揮下に海上勤務した、と解するのが自然のように思われる。したがって、Caesetius, Tadiusは罷免され、その後をうけてシラクサ人クレオメネスが艦隊(七隻からなる)の長官になったと想像される。クレオメネスはこの艦隊をウェレスの副官から受け継いだという記述があるが(V 82)、この副官はTadiusであろう。ちなみに、こう見るとテュンダリスの軍艦の艦長アリステウスも同様の経験をしたと考えられるが、彼がウェレスによって武勲のためにcorona(すなわち海戦での武功を表彰するcorona navalisという「冠」)を授けられた(V 110)というのは、かの海賊船拿捕のときのことであった可能性もある。

T. Vettius　彼についてキケロは、彼が一年間(II 49)ウェレスの財務官であったにもかかわらず重要な会議に参加させられなかった、という事実と、彼がウェレスの妻の兄弟であった、という事実しか伝えていない(III 168. V 114)。なお、彼の兄弟のP. Vettius Chiloは、ウェレスによって恩恵をこうむった徴税請負組合の幹部役員(magister)であったが、ウェレスの不法行為に対してはきわめて厳しい態度をとっている(III 166-168)。

P. Cervius　彼についてもキケロは、彼が副官であったにもかかわらず、T. Vettiusと同様に重要な会議に呼ばれなかったこと、さらに前七〇年のウェレス裁判で、ウェレスに忌避されて陪審員になれなかったこと、をあげている(V 114)。

ウェレス在任の三年間について、財務官と副官の名は、あの詳細なキケロの記録の中には、以上の六人しか現れず、しかも、いずれもほとんど総督の補佐役としての役割を与えられず、むしろそれを拒否されているのにわれわれは驚く。

上記のT. VettiusとP. Cerviusが呼ばれなかったのは、捕虜になった海賊の扱いに関する会議であった。ウェレスはこれを通常の総督と同様に「顧問会の意見によって」(de consilii sententia)行なったが(V 114)、顧問会に必ず召集さるべき財務官、副官は召集されず、キケロの言うところでは、「盗賊ども、つまりお前のcomites(「仲間」)の意見によって」事が決定された。そして、ウェレスのcomitesとは何か。それは、「お前のあの選り抜きのcomitesがお前の勢力集団(manus)であった。書記、従兵、侍医、占者、触れ役――これがお前の勢力集団であった。それぞれが何らかの親戚関係や親交によってお前に近ければ近いほど、それだけいっそうお前のmanusだと考えられた。お前のcohorsはシチリアに、反乱奴隷一〇〇個大隊(cohortes)にまさる災難をもたらしたが(cf. Ps.-Ascon. 262)、それが文句なくお前のcohorsであった」(II 27. 彼のcohorsはさらにII 46. III 28. 54. et al. 70 cohors praetoria)。小スキピオ以来、総督はcohors praetoria(幕僚団)をもったことが知られているが[17]、キケロはその代わりにウェレスの下級属僚や腹心からなるcohorsを想定し、これを反乱奴隷の部隊(cohors)になぞらえてしまうのである。このような集団が属州総督のcohors praetoriaや「顧問会」であったはずはない。他方、V 102-103で、海軍全滅への対策に苦慮するウェレスに助言を与えたamici=consiliarii(顧問会員)は何者であろうか。やはり、ここにはしかるべき「顧問会」があったように思われる。II 70-75では、テュンダリスのソーパテルが裁判されたとき、ウェレスは初め「シラクサ在住ローマ市民団中の立派な人々を顧問会に有した」というが、彼らはウェレスを見捨ててしまい、ウェレスは「書記、侍医、占者の意見」によって判決を下したという。われわれはキケロのレトリックによる事実隠蔽にもかかわらず、ウェレスが正規の「顧問会」の意見を徴した、という事実を、完全に否定し去ることはできない。

しかし、ウェレスが重視したのは、次の三人の解放奴隷であり、キケロの解放奴隷ティーロー、ポンペイウスの解放奴隷デメトリオスなどに比すべき重要な役割を果たす。すなわち、Q・アプロニウスの活動は十分の一税の徴収に限られているが、[18] この限りではシチリアは「アプロニウスの王国」であったという。[19] これより広範囲に使われたのは P. Naevius Turpio であったが (V 108 quem iste in decumis, in rebus capitalibus, in omni calumnia praecursorem habere solebat et emissarium)、ウェレスにとって最も重要な腹心はティーマルキデスであった。II 136「(奴隷反乱のリーダー)アテーニオンは、いかなる oppidum(町)も占領しなかったが、……ティーマルキデスはあらゆる oppida で三年間にわたって君臨した、ということを知っていただきたい。ローマ人の最も古くからの、最も親しい関係にある盟邦諸国民の子供たち、主婦たち、bona, fortunae が、すべてティーマルキデスの権力の下におかれていた。……彼はシチリアのすべての国々に、金品を受け取って censores を分配し、ウェレスが総督であったあいだは、(シチリア諸国では)選挙など、見せかけのためにすら行なわれなかった」(cf. 133f.)。シチリア諸ポリスの censores は彼の意のままに任命されたというのがある程度でも真実であれば、timocratic な世界で彼の果たした役割は重大な意味をもつ (cf. II 131)。しかも、アグリゲントゥムやヘラクレアでは住民の古い層と新しい層との勢力のバランスが元老院の構成に直接に反映されており、ウェレスが(ティーマルキデスとともに)この状況に介入したこと(II 123-125. 131-133)は、現地の社会関係に重大な影響をもったはずである。

シチリアの patronus となるためには、またシチリアの、とくにシラクサの貴族を clientes にしなければならなかったであろう。果たしてシラクサには、ウェレスと固く結びついた貴族がいた。しかし、キケロはこれを完全にカリカチュア化する。中でも中心的なのは、ウェレスの「盗みと不正行為と妻を共にする仲間」(II 51. IV 139 illius adiutores improbitatis, socii furtorum, conscii flagitiorum) とされるアエスクリオ、クレオメネス、テオムナストゥス、ディオニューソドールスの四人の貴族であり、[20] 他に、身分は高いとは思われないがウェレスの amiculus と呼ばれるドキムス (III 78f. 83) がいる。[21]「妻を共にする仲間」というのは、アエスクリオがその妻ピーパを、クレオメネスがその妻ニーケーをウェレスの宴席にはべらせながら彼の歓心を得ようとしたからである (V 30f. 81f. 137. convivia muliebria : 31. 81. cf. act. pr. 14 + Ps.-Ascon. 209)。ドキムスの妻テルティアもウェレスの妾であったという (とくにキケロの悪意ある記述。III 79 を参照)。ウェレスはクレオメネスを海軍の司令官にした。キケロはこれを、クレオメネスを妻から引き離すためのウェレスの策略と解しているが (V 82. 137)、属州民の軍事的な利用については、共和時代末期には例が多い。[22]

では、ウェレスは「公的」な枠組みの外部で行動しようとする志向を強くもっていたのであろうか。しかし、ウェレスの最大の武器の一つは、正統な手続きによって賦与された imperium (命令権) であった。「十分の一税国」テルマエの人ステニウスはウェレスと「賓客にして親しき友」(hospes et familiaris) (III 18. cf. II 83. 91. 95. 110 amicus. 115. 116. V 109) として交際していた時代に、秘蔵の美術品コレクションをウェレスに奪われたが、「総督の不法は黙ったまま、賓客の不法は欣然として堪えなければならない、と考えていた」(II 84) と言われる。「条約締結国」メッサナの人ヘイウスも同様の運命にあったとき、「総督の言うことには従うほかはなかった」(IV 27) と言う。いずれも総督の imperium を頭においての発言である。「自由免税国」ハリキュアエの最高の富豪に数えられた (II 68) ソーパテルも、シチリア人なるがゆえにローマ人より権利が劣る (homo... et Siculus et reus, hoc est et iure iniquo et tempore adverso) という状況で空しく抵抗しようとする (II 70)。上にも引用したように、「離れたところにいる優れた者の patrocinium よりも、目の前にいる悪しき総督の imperium の方が力が強いことは誰にも分かっている」

(IV 89)。ウェレスの手管は per vim . . . occulte . . . imperio . . . gratia . . . pretio (暴力を用い……秘密裡に……命令権により……恩を与え……価格を提供し……。II 88)(さらに vi minis imperio iniuriaque (III 73) ; vi metu imperio fascibus (IV 14) ; petere . . . minari . . . spem . . . metum ostendere (IV 75)) であった。ウェレスをして自らをシチリアの王と感ぜしめたのは (III 77 se regem Siculorum esse dicebat)、これらのすべての方法の結合によってであった。例えば、ある都市の美術品を略奪しようとする場合でも、テルマエの場合には貴族ステニウスを介し (II 85. IV 51-53 のハルンティウムの場合も同様、IV 50 のケントリパおよびアギュリウムの場合も同様かもしれぬ)、カティナ (IV 50 ei (同市の長官に) palam imperat)、セゲスタ (IV 75-78)、テュンダリス (IV 84-92) の場合には公的機関をへて公然と実行する。また、多くのシチリア人がウェレスの総督としての「(再)審理」(cognitio) で不当に被害をこうむった例は、『ウェレス弾劾論II』に数多く見られる。[23] ウェレスは、「もし誤審があった場合には、総督がこれを(再)審理し、(再)審理した後、処罰を行なう」という告示すら出している (II 33)。すなわち、現地人どうしの現地人裁判官による訴訟事件に、総督としての職権によって介入する、という趣旨である (cf. II 67)。「誤審」か否かは、ウェレス自身が独断で決定するわけである。

ところで、私は前二世紀を扱ったある論文で、[24] 当時のローマが、全地中海世界の諸国――シリア王国、エジプト王国にいたるまで――に対して《non-technical》な意味での imperium を行使し、諸国の側でもローマに対して《non-technical》な意味で「命令を実行する」意志を表明したことを論じた。[25]「元老院が imperare する」という例が史料にたびたび見られるし、また、外国に籍を有するものに対してローマの政務官(および政務官代理官)が imperare する例も数多く見られる。いずれの場合にも「命令の実行」がこれに対応する。他方、私は別の論文で、[26] 前一世紀のシチリアの「条約締結国」について、歴代のシチリア総督が「imperium を帯びて」そこを訪れ (IV 7)、それが、総督が imperium をもって管轄する provincia の内部にある(V 46)、とされており、したがって「条約締結国」の国民が(明言はしなかったが implicit に)《technical》な意味での imperium の下にあったことを論じた。上記の例も、このことを示している。

そうだとすると、imperium が《technical》であるか《non-technical》であるかの区別は不分明になる。なぜなら、「自由国」、「条約締結国」の国民は、シリア王、エジプト王とまったく同様にローマの自由な amici(友邦)であったからである。ローマの imperium 保持者が、自己の管轄下にあるローマ市民(例えばローマ兵士)に対して行使する imperium と、彼の管轄下にある属州の「自由国」、「条約締結国」の国民に対して行使する imperium と、シリア王、エジプト王に対して行使する imperium と、どこが違うのであろうか。《technical》な imperium と《non-technical》な imperium との境目はどこにあるのであろうか。古典的な理論が正確に捉えているのは、第一の場合だけではないであろうか。socii(盟邦)は「十分の一税国」の市民を含めて広義では「自由」である。しかし、《technical》な imperium が外国籍の者に対してどのように及ぶかは、古典的な理論ではつきつめて考えられていないし、およそ、imperium を《technical》なものと《non-technical》なものとに区別すべき基準とその妥当性を論じた論文を、私は寡聞にして知らない。

ここでアウグストゥスの imperium の問題に深く立ち入る必要はないが、彼の imperium は、それがいつ、いかなる名称と内容をもったにせよ、「全帝国の兵士に対する排他的な支配権」[27] および全属州もしくは皇帝領属州に対する軍事的および civil な支配権力[28] である、そして「プロコンスルの支配の下にない同盟諸都市」(Mommsen, II 856)、「総督の管理下にない、属州の自由な諸都市」(ibid., II 857) はアウグストゥスの imperium の下にはない、という以外の観点は、管見の限り研究史上見られないようである。したがって、imperium の対象は、本来的にはローマ市民であると考えられている。[29]

imperium 保持者は、さしあたり coercitio(懲戒)権を有する。しかし、ローマの amici(友邦)たるエジプト王やシリア王の国民に対してまで彼が coercitio「権」をもつとは考えられない。例えばモムゼンは imperium 保持者の coercitio 権を論ずる中で(ibid. I 137f.)、その対象となる違反者の身分は問題にならない、として、次のように述べる(S. 139)。「自由人も奴隷も、男も女も、ローマ市民も非ローマ市民も、ひとしく服従しなければならず、違反した場合にはひとしく罰せられる。ただしそれは、問題の行為がローマの命令権の及ぶ範囲(Kreis)に属し、例えば国際間の条約などによって例外規定が設けられていない場合についてである」。そして、その Anm. 1 で、この「範囲」は、史料の不完全さのため、また、ローマの勢力拡大によって法的規範と法の侵犯の区別が困難になったため、明確にしがたい、socii(盟邦)の領域内で生じたことは、一般にローマ当局の関知するところではない、と述べる(この最後の一句は事実に反する。ローマによる socii(盟邦)諸国への内政干渉の例はきわめて多い)[30]。

これに対しては、すでにW・クンケルが一九六二年の著書で[31]、共和時代に懲戒「権」なるものが国法上の制度として存在したとする根拠がまったくないことを指摘しているが、なおも De Martino は一九七二年に technical term としての coercitio について論じている[32]。カエサルは『ガリア戦記』において、ハエドゥイー(Haedui)族の有力者ドゥムノリクスの反ローマ的な態度について情報を得ると、「ドゥムノリクスを懲戒し阻止する決心をした」(b. G. V 7, 1)という。また、アレクサンドリアにおいて、「もしエジプト王たちに忘恩の振舞いがあったら、守備隊で懲戒することができる」(b. Alex. 33, 4)という態度を取る。しかし、これらが《technical》な懲戒権か《non-technical》なそれかを論ずるよりも、さらに肝腎な点は、キケロもカエサルも、imperium が《technical》であるか《non-technical》であるか、という区別を意識していた形跡がまったくない、ということである。とくにキケロとしては、もしウェレスがimperium保持者としての「法的権限」を逸脱したのであるならば、何よりも第一にその点を追及したはずであるが、彼はそのような議論は展開しない。むしろ総督が「自由国」、「条約締結国」に対してimperiumを行使するのを当然のこととしている。ウェレスがテュンダリスというポリスから同市の宝物であるヘルメス像を奪った、という事件を糾弾する中で、キケロは、この一つの犯罪がいくつの犯罪を構成するであろうか、と考え、金銭奪取罪(crimen pecuniarum captarum)、公金私消罪(crimen peculatus)、反逆罪(crimen majestatis)(これは記念物を持ち去ったことそれ自体を指すにすぎない)[33]、冒瀆行為罪(crimen sceleris)、残虐罪(crimen crudelitatis)と列挙する(IV 88)。しかし、いやしくも一つのポリスの長官に向かって、「お前の国のreligioが何だ、刑罰が何だ、元老院が何だ」という言葉を吐きつつ(IV 85)、このポリスの公的な記念物の搬出・贈与を命令したこと(IV 84. 同市の長官にimperavit)それ自体はいかなる犯罪(crimen)を構成するとも考えられていない。前一七〇年のコンスル、L・アルビーヌス(Münzer, *RE* Nr. 41)は、私怨からプラエネステ人に横暴な命令を下した。リーウィウス(XLII 1, 12)はこれに対して、「彼の怒り(ira)は正当なもの(justa)であるが、政務官としては怒りに任せて行動すべきではなかった」と述べ、つづけて、「プラエネステ人の黙従によって、日ごとにいっそう酷しい命令(graviora in dies imperia)を出す権利(jus)がローマ公職者に生じてしまった」という。故事に詳しいリーウィウスすらimperiumが《technical》であるか《non-technical》であるかの区別を知らなかったようである。ここで想起されるのは、かの不法取得返還訴訟の裁判すら、ローマ勢力下にある非ローマ人がローマの公職者など個人から損害の賠償を請求する、本来的に民事的な性格のものであって、刑事法的なものではなかった、ということである[34]。W・クンケルは、共和時代末期にいたるまで、ローマ人はimperiumの概念を、モムゼンが考えるような厳密な意味では用いなかった、と論じている[35]。

ウェレスにとってシチリア諸国とエジプト王を区別するものは、前者が彼の管轄領域(=プロウィンキア)の中にあるという点である(本書第八章参照)。プロウィンキアとは、「管轄領域」の意だと解されている。しかしそれは、《non-technical》な imperium を《technical》な imperium に変える魔力をもっているのであろうか。プロウィンキアの割当ては、元老院の決議、抽籤、当事者どうしの話し合いなどで決められるにすぎない。キケロ(Att. VIII 15, 3. 前四九年)は、「祖先の遺風により、統領たち自身はすべてのプロウィンキアに入る(adire)ことができる」と言っているが、統領たちがそれらのプロウィンキアでどのような権能をもったかについては触れず、また法務官(praetores)、法務官相当官(propraetores)にその権利があったかどうかは分からない(Mommsen I 53, 3. II 655, 2. Wesenberg, *RE* 23 (1957), Sp. 998. 制限がないならば、隣接する二つの provincia の総督どうしが無制限に干渉しあうことになる)。なお、ウェレスは、イタリアのレーギウムに対して imperium を行使している(V 47 imperavit ; imperio tuo)。これに対して、《technical》な imperium は通常 lex curiata という手続きによって付与される。しかし、lex curiata は imperium 行使にとって絶対に必要な条件ではない。[36] lex curiata なき imperium の例は前三世紀末から知られており(Mommsen I 612, 1)、lex curiata のためのクーリア会は共和時代末期には三〇人の警吏《リクトル》に代えられ、帝政時代になると、皇帝の imperium が lex curiata を必要としたことはもはや確認されない(Mommsen I 613, 2. II 841f.)。その限りでは、imperium は共和政中期以後、本来もったかもしれぬ厳格さを失っている。

キケロは、条約締結国の地位を、「imperium による支配と服従の関係、盟邦たる者の存在条件、条約の記憶」(ius imperii, condicio sociorum, memoria foederis, V 50)という矛盾した単語の並列(仲間であり、契約のパートナーどうしである者が、支配する者と服従する者の関係にある)で説明し、これを「条約による権利義務と、ローマ支配下にあるという存在条件」と総括する(loc. cit. さらに、V 59 merces imperii, auxilii, iuris, consuetudinis)。また、小アジアのランプサコス(自由国?)の市民について、彼らがローマ権力に相対したとき、「存在条件としてはローマ国民の盟友であるが、その運命は奴隷のそれであり、その気持は嘆願者のそれであった」と伝えている(I 81)。キケロはこの「矛盾」に違和感を抱いている形跡はない。[37]

ウェレスは、上記のように、総督在任中に、全シチリアの patronus と称した。カエサルがガリア総督であったとき、ガリアはキケロによって、カエサルの tutela のもとにあると言われた(Cic. prov. cons. 35)。スペイン人の patronus であったポンペイウスが前五五年以後(任地に行かなかったにせよ)スペインの総督になったことは周知のとおりである。すでに前二世紀の初めに、proconsul のフラミニーヌスは、ギリシャ遠征の三年目にギリシャ人から「救い主」(σωτήρ)と呼ばれた(Plut. Flamin. 16, 7. 当時ギリシャ人はパトローン(πάτρων)という言葉を知らなかった)。さらに遡れば、第二次ポエニ戦争時代に、スペイン人やヌミディア王の patronus であった大スキピオの例をあげることができる。およそ、imperium 保持者は、敵の deditio(無条件降伏)を受け入れたときにその patronus になった、と伝えられるから、imperium をもつ patronus は古くからあったはずである。これらの例では、公職者(magistratus もしくは Promagistrat)が同時に patronus である。しかし、例えばウェレスがシチリアで行なった行為のうち、imperium にもとづく「公的」な行為と、そのような imperium にもとづかない patronus としての「私的」な行為と、当時の誰も区別しようとしなかったケースが多かったはずである。そもそも「公的」行為は私人に恩恵をもたらすはずであるが、ましてローマの公職者は「事務官」ではない。「機構」が統治するのではなく、実力者である「人間」が統治する(後述参照)。したがって、ローマ世界には、imperium をもつ patronus と、ウェレス時代のシチリア人にとってのマルケルス一家のように imperium をもたない patronus とがあったことになる。

上述のように、ウェレスは、彼のプロウィンキアの外部にあるイタリアのレーギウムの住民に対して imperium

を行使した(V 47)。いま仮に、それと同様に、属州アフリカの総督がそのプロウィンキアを越えて例えばリリュバエウムの住民を苦しめた場合、あるいは、海賊討伐のために上級命令権をもっていた(II 8. Vell. Pat. II 31, 3)アントニウス・クレーティクスがリリュバエウムで不正行為を行なった場合(それが不可能でないこと。Div. in Caec. 55)、リリュバエウムの住民がシラクサにいるウェレスに助けを求めて成功したならば、ウェレスは、「離れたところにいる」総督であると同時に、「離れたところにいる」patronusになる。ケファロエディウムの人アルテモーは、最高神官の地位をヘロドトスと争ったが、ウェレスは暦の操作を強制して(iubet)選挙の日をずらせ、これによってアルテモーが当選した(II 128-130)。ウェレスはアルテモーの恩人になったわけである。キケロは続く箇所(II 131-133)で、ウェレスが各国のcensoresを自己の判断で(もちろん、キケロによれば収賄によって)任命したというが、ウェレスはcensoresになった人々の恩人になったことになる。いずれにせよ、patronusは「私人」とは限らず、「公人」のpatronusがある。この場合、patrociniumは最も有効である。すなわち、一方に解放奴隷をおくpatrociniumのスペクトルの他方の極で、imperiumとpatrociniumは合致する。してみると、「離れたところにいる」か「目の前にいる」かは相対的であり、リリュバエウム人にとって、patronusがリリュバエウムにいるか、シラクサにいるか、ローマにいるかは、五十歩百歩の違いにすぎない。ただ、有効さは距離に反比例する。「離れたところ」のみならず、「距離」にはさまざまな次元——時間的な次元、血縁関係の次元、等々——がある。ウェレス時代にローマにあったマルケルス一族は、第二次ポエニ戦争時代のM. Claudius Marcellusから大きな距離で隔てられているが、つねにシチリア人との関係を温めてきた。しかしマルケルス一族にも、前述のM・マルケルス・アエセルニーヌスのように、シチリア人よりもウェレスに心を寄せる者もあった。

　したがって、当時の人が、imperiumが《technical》か《non-technical》かを問わなかったとすると——imperium に単に「法的」実体のみを見ていたのではないとすると——、patrocinium の最高の形は imperium にある。imperium はその意味で、相手に利をも害をももたらしうる両刃の剣である。patrocinium とて、一方に恩恵を与えることによって、他方に損害を与えうる。しかし、imperium はローマ市に戻ったときに失われ、patrocinium はさまざまな「距離」によって稀薄化されて、しかもある場合には、その矛先を他の imperium 保持者に向ける形をとる。

patrocinium は元来「家父長権」の世界にあり、imperium はおそらくそれを超えたところにある。どうして両者が接近したのであろうか。

しかし、imperium とは離れた「pater」的現象としての patrocinium の側でも、ある意味でこれとパラレルな現象があることが注目される。そのことは例えばワレリウス・マクシムス (Valerius Maximus) の一章から知ることができる。

ワレリウス・マクシムス『名士言行録』(一世紀前半)第五巻第二章は「感謝の念について」と題されているが、ここには若干の、興味深いエピソードが紹介されている。

§4　前二一七年独裁官ファビウスによって敗戦を免れたミヌキウスは、ファビウスを pater(父)と呼び、自己の部下の兵士にも彼を patronus と呼ばせたという。これには Liv. XXII 29, 11. 30, 2. Plut. Fab. 13, 6f. などの傍証があり、[38] そこでは、ミヌキウスは自己の兵士に、ファビウスの兵士を patroni と呼ばせている。

§5　テレンティウス・クレオ[39]は法務官格の家に出た元老院議員であったが、第二次ポエニ戦争の際にカルタゴの捕虜となった。大スキピオは、前二〇一年の戦勝後、カルタゴに彼の身柄を返還させた。クレオはこのことを非常に感謝し、スキピオがローマで凱旋式を行なったときには、pilleus（解放奴隷の用いる帽子）を着用して式に従った。(40) 付言すれば、われわれの知っているところでは、クレオは以後その政治生活の最後まで、スキピオの忠実な腹心としての立場を貫いた（Liv. XXX 45, 5）。それればかりでなく、前一八三年のスキピオの埋葬式に際しても、クレオはふたたび pilleus を着用して葬列に加わったと伝えられる（Liv. XXXVIII 55, 2）。

§６　前一九四年に、マケドニア王フィリッポス五世のもとに捕虜になっていたローマ兵で、フラミニーヌスの戦勝によって解放された者二〇〇〇名が、pilleus を冠して、フラミニーヌスの凱旋式に参加した。これも Liv. XXXIV 52, 12. Plut. Flam. 13, 9. Mor. 197 B によって傍証される。

§７　「国家の第一人者」であるメテルス・ピウス（cos. 80）は、自己よりはるかに格式の低いカリディウス（tr. pl. 98. pr. 79）を、前九八年に受けた私的恩義のために、公然と「わが一家全員の patronus」（patronus domus et familiae suae）と呼んだ。これについては、Cic. Planc. 69 に傍証がある。

ワレリウス・マクシムスの使用した史料を個々の場合について特定するのはきわめて困難であるが、(41) ここではむしろ、彼のこの章におけるエピソードの配列の仕方に注意したい。すなわち、§１〜３で「感謝の念」にまつわる美談が挙げられた後、§４で、恩人が patronus と呼ばれる例が挙げられる。ここでは pater が不可欠な並列語として現れる。つづいて§５〜６では、恩義を受けた者が、pilleus を冠ることにより狭義の clientes の姿をして謝恩の念を表す。§７は再び恩人がただ patronus と呼ばれた例が挙げられるが、もはや pater の語は伴わない。ただし、これは前一世紀に属する。§８〜10では再び patronus の語なしに「感謝の念」が表されたエピソードが挙げられる。このあとに Externa（外国の例）が続く。この章のクライマックスとも言うべき§５〜６では、解放奴隷の地位（pilleus）、したがって狭義のクリエンテスの地位が、恩恵を受けた者——しかも元老院議員を含むローマ市民――の状況を隠喩的に表している。これらは前三世紀後半、二世紀前半の出来事である。さらに狭義のクリエンテスの地位を表す pilleus が「恩義を受けた者」の地位を隠喩的に表す例をわれわれはワレリウス・マクシムス以外の史料から若干知っているが、[42] これまた、前二世紀の前半に属する。

前一九七年にミヌキウス・ルーフスが[43]北イタリアで戦果をあげてアルバーノ山で小凱旋式を挙行したとき、彼に救済されたプラケンティアおよびクレモーナの植民者(ローマ市民)は、pilleus を冠してこれに従った(Liv. XXXIII 23, 6)。

次に、外国人がこれを模倣する。ビテュニアの王プルーシアス二世は、前一六七年よりやや前に、自己の宮廷にローマの使節を迎えたとき、解放奴隷の容をして(頭髪を剃り、pilleus を着用するなど)、「ごらんください、貴方たちの解放奴隷である私は、ローマのすべてを称え、それを模倣しようと望んでおります」と言ったと伝えられる(Polyb. XXX 18, 3f. Liv. XLV 44, 19. その他の資料は Chr. Habicht, *RE* 23 (1957), Sp. 1111, 51f.)。そして、われわれは、前一六六年 (SIG^3 656, 23) 以後、ギリシャ人がギリシャ語で、ローマの有力者を *πάτρων* (パトローン) と呼んだ多くの例を知っている。[44]

以上の例では、私的な謝恩の念が pilleus によって象徴されているのに対し、それ以後の時代の史料に pilleus が現れるときには、私の見た限り、それは政治的、イデオロギー的な操作の道具として用いられている。そのことを最もよく示すのは、貨幣に pilleus が刻される例である。すなわち、前一二六年のカッシウス・ロンギーヌスの貨幣に刻された pilleus は前一三七年の Lex Cassia tabellaria による、民会での秘密投票制の導入を象徴している。[45] 前一二五年のポルキウス・ラエカの貨幣のそれは、leges Porciae de provocatione を記念している。[46] 前七五年の C. Egnatius Maximus の貨幣、および L. Farsuleius の貨幣のそれは、民衆派的立場を象徴しているものと解されている。[47] Dio Cass. XLVII 25, 3 でもブルートゥスがカエサル暗殺を記念して、その貨幣に、自己の頭像と並んで *πιλίον* (=pilleus) を刻させた。[48] 貨幣という特殊な政治的な宣伝手段を別としても、Appian. b. civ. II 119, 499 では、カエサルが暗殺されたとき、暗殺者の一人が、専制支配者からの解放の象徴として槍の先に *πῖλος* を掲げた (*σύμβολον ἐλευθερώσεως*) という、また、Suet. Nero 57, 1 および Dio Cass. LXIII 29, 1 によれば、ローマのプレブスはネロ帝の死を祝うために pilleus を着用した。[49] しかしわれわれは、pilleus が政治の道具になる以前の時代にしばらく留まりたい。

理論上対等であるはずの当事者の一方が、他方から受けた恩恵ゆえに自己が下位にあることを強調するための、この象徴行為が、その私的な、純粋な形で、前三世紀末から前二世紀前半にかけての半世紀(前二一七年から一六七年)に集中して多数の史料に現れるのは不思議である。それと並んで不思議なのは、これらの例がほとんど「外地における命令権」と結びついていることである。しかも凱旋式の場合には、clientes を演ずる兵士たち(クレオの場合は元老院議員)にとって、patronus はいまだ imperium を保持したままの軍司令官であった。クレオの例は、軍司令官が私人になっても clientela の意識が最後まで失われなかったことを示している。

ローマ古来の clientes と解放奴隷の clientes とは、起源的に同じものではないかもしれない。しかし、前四世紀にすでに古来の clientes は消滅しかかっており、代わって解放奴隷が増大しはじめている。[50] アッピウス・クラウディウス (censor 312) の時代に解放奴隷が社会問題になっていたことは周知のとおりである。P. Brunt は、前三世紀後半に、キサルピーナを除くイタリアの全人口を四〇〇万ないし五〇〇万、うち奴隷の数は一五〇万ないし二〇〇万とし、[51] またローマ市には、その全人口の三分の一ないし四分の一にあたる約二五万の奴隷がいたとも推定されているが、[52] 少なくとも都会の勤勉な奴隷はわずかの年数で自由を得ることが可能であった。[53] 前三世紀後半には、もはや clientes は解放奴隷によって代表されていたと考えることができよう。したがって、patronus—clientes 関係の隠喩として、とくに pilleus が用いられたのは、この時期としてはきわめて当然である。

いずれにせよ、前三世紀後半〜前二世紀前半には、本来の自由人どうしの関係が patronus—libertus の関係を表す clientela と同化されるのは、特別のことと意識されており、恩人の pater(自己に対して家父長権をもつ者。生物学的な意味での父親ではない)との同一視や pilleus 着用のような、いわば大げさな象徴行為を伴っている。それは、clientela の表象が pater familias(家父長)の世界の外に適用されたのが、この時期を中心とする時代からのことであったことを暗示しないだろうか。これに対して、前一世紀のメテルス・ピウスの例では、恩人はただ patronus と「呼ばれる」にすぎない。しかし、なぜそれがその後も、本稿の冒頭に引用したような、サラーの指摘する三つの領域においてしか使われなかったか——どうしてそれがとくに「外地命令権」(imperium militiae)の領域に広がっていったのか——については、機会をあらためて考えるほかない。

さて、以上の考察から言いうることは差し当たり、imperium 保持者がもっとも完全な patronus である、ということ、属州総督の行使する imperium が《technical》なものであるか《non-technical》なものであるかを当時の人が問わなかった、ということ、そして、patrocinium の観念が「家父長権の世界」からその外に拡大された、ということ、この三点である。imperator たる大スキピオの凱旋式に pilleus を着して参列した元老院議員クレオの姿は、このすべてを象徴している。したがって、ローマ社会について、「一方に(いわゆる《technical》な) imperium、他方に patrocinium」という二分法、さらには「法的関係、法律外的関係」という二分法は現実的ではない。imperium と patrocinium は対立するものではない。それは「制度」の内部にあるか外部にあるか、という問題ではなく、その意味でローマの patrocinium の配置図は、人類学的なパトロネージのそれとは異なる。人類学者のあいだでもパトロネージの定義はきわめて多様であるが、少なくともそれが「制度的」、「法的」な社会統合とは異なった次元に属するものであることは、共通の理解になっているようである。(54) ある場合には、それは「制度」の薄弱さを補い、ときには制度よりも有効な社会統合の機能を果たしている。しかし、imperium は、少なくとも従来の理解では、まさにローマの「制度」の中枢にあるものであった。もし、《non-technical》な imperium ではない「純粋に」《technical》な imperium が存在する、ということが幻想であるならば、われわれはローマの制度の中枢において patrocinium が機能するのを否定することができない。

ギリシャ・ローマの奴隷制についてつとに指摘されているところでは、古代人は、身内の者以外の外部の者の労働を用いるときには、相手の「労働」をその「人間」全体から抽象せず(例えば、人間から抽象された「労働」を時間などで量的に測定して取引の対象とせず)、むしろ、労働力として使用する人間を、人間まるごと占有してしまう(自由人の雇用は marginal である)。(55) それと同様に、官職に関しても、ローマ人は全き「人間」(具体的には貴族)から「公務」を抽象しない。magistratus(政務官)は、その人の「人間」と不離の関係にある。magistratus になることによって、私人から公人へと、その座席をすっぽりと変えるのではない。(56) patrocinium が imperium 保持者によって、その最高の形態で表現されるのは、不思議ではない。

私は別稿で(57) patrocinium のイデオロギー性を問題にしたが、この点についてはここでは繰り返さない。

(1) in: Gellner-Waterbury, Patrons and clients in Mediterranean societies (1977), p. 63. さらに、同書 p. 257 f. (C. H. Moore), p. 275 (E. L. Peters) 参照。

(2) 近代語としての patronage の起源については、P. White, Amicitia and the profession of poetry in Early Imperial

Rome, in: *The Journal of Roman Studies*, vol. 68 (1978), p. 78, n. 9.

(3) R. Motomura(本村凌二), *Kodai* 2 (1991), p. 61f. に学説史の大まかなスケッチがある。——私自身も『世界歴史大事典』(平凡社)第二〇巻「ローマ(共和政期)」の項(一九五四)以来これに深くコミットしてきた。

(4) 人類学的方法確立以前から、少なくともローマの外国支配に関してパトロネージ概念が用いられたことはP. C. Sands, The client princes of the Roman Empire (1908) が示しているが、これは結論の部分(p. 158f.)で、イギリスのインド支配に関するLee-Warner の著書(Protected princes of India (1894). 筆者未見)を援用しており、ローマの外国支配をパトロネージとみる見方が、近代帝国主義社会と一定の内的関連をもっていることを示している。

(5) Saller, op. cit. p. 9. cf. P. White, op. cit. p. 79.

(6) 以下、Cic. Verr. の引用にあたっては、第一部を act. pr. と、第二部の各巻はただ I, II, III, IV, V と引用する。

(7) Münzer, *RE* (=Pauly-Wissowa-Kroll-Mittelhaus-Ziegler, *Realencyclopädie der classischen Altertumswissenschaft*) 4 (1901), Art. Cornelius Sp. 1389, Nr. 228. 彼の父(*RE* Art. Cornelius Nr. 230) は Marcellus 家から出て Cornelius Lentulus 家の養子となった。

(8) II 156–157 Halaesa, Catina, Tyndaris, Henna, Herbita, Agyrium, Netum, Segesta; enumerare omnis non est necesse. 160 Tauromenium, Tyndaris, Leontini. 161–164 Centripa. さらに II 137. 141. 146. 148f. 165. 168. ——木庭顕(6)(注(12)を参照)六一六頁が示唆するように、これらの soteria の拠点の特殊性はあらためて考えなければならない。

(9) Att. XIV, 12, 1(前四四年四月) Scis quam diligam Siculos et quam illam clientelam honestam iudicem. Scaur. 26. Brut. 319. cf. Div. in Caec. 2. また、Att. II 1, 5(前六〇年六月)では、P. Clodius の口から、キケロをシチリア人の patronus とする意味の発言がなされている。

(10) M. Gelzer, Cicero, ein biographischer Versuch (1969), S. 42: die tadellose Haltung der Richter im Verresprozess. ただし、cf. Ps.-Ascon. 205.

(11) M. Gelzer, op. cit. S. 44.

(12) 以下、ウェレス着任当初の「十分の一税」に関する二つの告示の復原について、私は数年前、故村川堅太郎教授を中心とする「古代史の会」で研究成果を発表したが、これは今のところ印刷されていない。——現在われわれはこの演説に関して木庭顕の次の重要な論文をもっている。「"in Verrem"と"de re publica"」(1)、『国家学会雑誌』第九五巻(一九八二)第三・四号、同(2)、同誌、第九六巻(一九八三)第三・四号、同(3)、同誌、第九六巻(一九八三)第九・一〇号、同(4)、同誌、第九七巻(一九八四)第一・二号、同(5)、同誌、第一〇三巻(一九九〇)第七・八号、同(6)、同誌、第一〇三巻(一九九〇)第九・一〇号。本稿では最後の二編を木庭顕(5)、木庭顕(6)として引用。

(13)　この言葉は、primum . . . audite(まず……を聞いてほしい)とも取れるし、primum edictum . . . (第一の edictum を……)とも解せる。

(14)　III 36 によれば、この告示に反抗する Q. Septicius はその収穫を imbri frumentum corrumpi in area patiebatur と言う。してみると、告示⑥は前七一年の、遅くとも七月初めには出されたであろう。ちなみに、Drumann-Groebe, Geschichte Roms usw. III 2. Aufl. (1906), 781 によれば、前六五年においてローマ暦の八月一日はユリウス暦の七月三〇日であるから、この暦法上の差はほとんど無視できる。

(15)　quod lege Hieronica numerus aratorum quotannis apud magistratus publice subscribitur.

(16)　なお木庭顕(5)四四六頁は、III 112 (jugera professi sunt aratores omnes imperio atque instituto tuo)を根拠として、この条項がウェレスの創始にかかるものであるとする。この箇所は、ウェレスが lex Hieronica を全面的に廃棄し、それに代わるまったく新しい非道な告示を発表した(II 33. III 15–20. 24 et al.)、そしてそれがウェレスの instituta と edicta によってなされた(III 24 novis institutis et edictis, tota Hieronica lege . . . reiecta ac repudiata. 43. 150)というキケロの一貫した主張を繰り返したものであるが、果たして lex Hieronica がウェレスによって完全に破棄されたか否かについては、私は判断を留保したい。少なくとも III 112 で、ウェレスがこれらの告示を彼の imperium と institutum によって発表した、ということは、それが tralaticia なものであることを排除しない(III 15 : instituta omnium＝歴代総督のそれぞれの institutum が edicta tralaticia を形成する)。

(17)　Oehler, *RE* 4, 356f. Art. Cohors amicorum. Seeck, Art. Comites 623f. F. de Martino, Storia della costituzione romana II 2. ed. (1973), p. 404 seg. ——II 34 では、Q. Mucius Scaevola が前九七年に Asia の proconsul として cohors をもったことが示唆されている。

(18)　III 22 omnium qui decumani vocabantur princeps. 32 decumani hoc est Apronius. III 23 では彼は fanorum expilationes に関与したと言うが、具体例は伝えられない。

(19) III 58. 200 Aproni regnum. 115 regie. 228 dominatio. 23 dominus. 31 tyrannus. 115 tyrannice.

(20) Aeschrio と Cleomenes がシラクサの元老院議員であることは II 47。Theomnastus は高位の神官職についた(II 126–127)。Dionysodorus の身分については、他の三人とともにシラクサの元老院にウェレス父子の像を飾るように命ぜられたこと(II 52)から想像しうるのみである。

(21) 彼の妻 Tertia は役者の娘で、楽師のもとから連れ去られてきた者であるから(III 78. 79. 83. V 31. 81)、彼自身さほど高い身分であったとは考えられない。

(22) 本書第四章参照。

(23) Thermae の Sthenius(II 90–91). Halaesa の Dio(II 19. I 27). Agyrium の Sosippus と Philocrates 兄弟 (II 25–27). Bidis の Epicrates(II 56). Centuripa の Heraclius(II 66–67). Lilybaeum の Agonis(Div. in Caec. 56).

(24) 本書第六章。

(25) 本書第六章一六九頁以下。

(26) 本書第八章二三六頁以下。

(27) Th. Mommsen, Römisches Staatsrecht II 840. 以下 Mommsen と略す。

(28) A. von Premerstein, Vom Werden und Wesen des Prinzipats (1937), SS. 225. 234.

(29) F. de Martino, op. cit. I 2. ed. (1972), p. 416, il concetto dell'*imperium* ... era un forte potere centrale, atto a dominare sulle antiche genti che avevano costituito il comune.

(30) 例えば前一八六年の Sc. de Bacchanalibus (ILS 18 = FIRA No. 30. Liv. XXXIX 14, 3f. 18, 7f. et al. 拙著『支配の天才ローマ人』一八六頁)、前一九三年の lex Sempronia de pecunia credita (Rotondi, p. 271. 拙著、一八六頁)、前一七〇年の Sc. de Thisbensibus (FIRA I No. 31 = Sherk, RDGE No. 2. 拙著、二〇三頁)、前一六四年の Sc. de Sarapeo Deli insulae (SIG^3 664 = Sherk, No. 5. 拙著、二一七頁)、その他。また、個々の政務官(ないし政務官の代理官)の内政干渉についても(例えばフラミニーヌスのナビス戦争など)、拙著に挙げた多くの例を参照。さらに、例えば Cic. ad Q. fr. I 1, 25 (前五九年にキケロよりアシア州の総督たる弟に宛てた書簡) nullas esse in oppidis seditiones, nullas discordias; provideri abs

te ut civitates optimatium consiliis administrentur.

(31)　W. Kunkel, Untersuchungen zur Entwicklung des römischen Kriminalverfahrens in vorsullanischer Zeit (1962), S. 140, Anm. 479.

(32)　F. de Martino, loc. cit. p. 418 seg. は imperium militiae 保持者の coercitio 権，judicatio 権の対象として，ローマ市民たる兵士と並んで popolazioni nemiche を挙げるが，引用されている史料 (Liv. XXVIII 24, 10. Polyb. VI 37, 8 (これについては Walbank の注を参照)) は戦陣での出来事である。戦陣で nemiche な外人に報復を加えることは当然である。

(33)　Sulla の lex Cornelia maiestatis は in regnum iniussu populi Romani aut senatus accedere を禁じているが (Cic. Pis. 50. Kunkel, *RE* 24 (1963), Sp. 743)，当時のローマ人には civitates と regna とを何らかの意味で区別する意識があったのであろうか。

(34)　P. A. Brunt, Roman imperial themes (1990), p. 493f. は，crimen repetundarum が少なくとも Sulla の lex Cornelia repetundarum 以後刑事法的なものになった，と論じている。

(35)　W. Kunkel, Magistratische Gewalt und Senatsherrschaft, *ANRW* I 2 (1972), S. 13. ——Livius における imperium, imperare の《non-technical》な用法については本書第六章に引用した多数の例を参照。

(36)　Mommsen, I 164, 2. 612, 1. L. Lange, Römische Altertümer I 3. Aufl. (1876), S. 747.

(37)　まさにこの Verr. I 81 から Lampsakos は civitas libera だと想像されている。R. Bernhardt, Imperium und Eleutheria, Diss. Hamburg (1971), S. 126, Anm. 195. いずれにせよ，広義では「自由」である。

(38)　史料は，F. Münzer, *RE* 6 (1909), Art. Fabius Nr. 116, Spp. 1822. 1828, 60f. *RE* 15 (1932), Art. Minucius Nr. 52, Sp. 1961, 48f.

(39)　F. Münzer, *RE* 5A (1934), Art. Terentius Nr. 43. F. Cassola, I gruppi politici romani nel III secolo a. C. (1962), p. 390f. 吉村『支配の天才ローマ人』五三頁。

(40)　5 auctori enim libertatis suae tamquam patrono accepti beneficii confessionem, spectante populo Romano, merito reddidit. cf. Liv. XXX 45, 5. XXXVIII 55, 2. per. 30. Quintilian. declam. 9, 20. Plut. Mor. 196 E. Dio Cass. XVII frg. 57, 86.

（41） Valerius Maximus の典拠については R. Helm, *RE* 8A(1955), Art. Valerius Nr. 239, Sp. 102f. とくに Val. Max. と Cicero, Livius の関係については、Sp. 105f. Plutarchos が Val. Max. を使用していないことについては、Sp. 114. ——いずれにせよ、Val. Max. の叙述は、細かい点で不正確なことがあっても、肝腎な点はしかるべき典拠によっている。

（42） なお、古代ラテン語著作家における pilleus, pilleatus とその変化形の使用箇所、および Appian., Dio Cass., Diod. Sic. (XXI-XL), Plut., Polyb. における *πῖλος, πιλίον* とその変化形の使用箇所については島田誠氏(東洋大学(当時))をわずらわし、The Packard Humanities Institute (California) の CD-ROM series #5. 3, および University of California Irvine の Thesaurus Linguae Graecae の CD-ROM のデータベースで検索していただいた。また、史料の利用にあたっては秋山学氏(東京大学大学院西洋古典学研究室助手(当時))に大変お世話になった。この場をかりて、両氏に感謝の意を表したい。

（43） F. Münzer, *RE* 15(1932), Art. Minucius Nr. 55. Sp. 1963f.

（44） SIG^3, OGIS などの索引 s.v. *πάτρων* 参照。

（45） M. H. Crawford, Roman Republican Coinage I(1974), p. 290.

（46） M. H. Crawford, op. cit. p. 293.

（47） M. H. Crawford, op. cit. pp. 405. 406.

（48） cf. M. H. Crawford, op. cit. II(1974), p. 741 & plate No. 508/3.

（49） フランス革命の際にサンキュロットが冠った bonnet phrygien は、これらの先例を受け継ぐものであろう。

（50） L. R. Taylor, The voting districts of the Roman Republic(1960), p. 133. N. Rouland, Pouvoir politique et dépendance personnelle dans l'antiquité romaine(1979), pp. 159. 205f.

（51） P. A. Brunt, Italian manpower 225 B.C.-A.D.14(1987), pp. 60. 121.

（52） N. Brockmeyer, Antike Sklaverei(1979), SS. 159. 164.

（53） 奴隷自身の労働による奴隷価格の償却については、N. Brockmeyer, op. cit. S. 321, Anm. 17 を参照。

（54） 本稿の注(1)に引用した書物の中で、編者 E. Gellner(pp. 1-4)は、「婚姻関係にもとづく政治組織はパトロネージの社会ではない。……封建制もパトロネージではない。封臣の主君に対する忠誠は overtly committed であり、その論理は codify され formalise されている。……これに対してパトロネージは pays légal のものではなく pays réel のものである。

……パトロネージはofficialなモラルではないことを弁えている。封建制は一社会のGreat Traditionを形成しうるが、パトロネージはそうではない(封建制はpatronage manqué. cf. K. Brown(p. 315))。パトロネージは公式に認められ宣言された社会倫理の外側にある」と論ずる。いま一人の編者J. Waterbury(p. 336)も、パトロネージは弱者が特別に弱く、強者が特別に強い社会、そしてそれをカヴァーする法廷、警察、ゲームのルールなどが十分かつlegitimateに機能していない社会に生じやすい、と考える。cf. p. 260(C. H. Moore)、政府が大きいほど、人類学者のいうパトロネージの役割が小さいことの例。その他p. 22f.(J. Scott), p. 63(A. Zuckerman), p. 314(K. Brown)などを参照。

(55)　M. I. Finley, Ancient slavery and modern ideology(1980), p. 67f. フィンレイ編『西洋古代の奴隷制』(一九七〇)所収のフィンレイ論文、桑原洋訳「ギリシア文化は奴隷労働を土台としていたか」(原文は一九五九年発行)、八七頁、および訳者注。

(56)　なお、一つのアナロジーとして、岸本美緒「明清時代の郷紳」(柴田他編『権威と権力』、シリーズ「世界史への問い」第七巻、岩波書店、一九九〇、所収)、六〇頁を参照(同様に、P. Veyne, Le pain et le cirque(1976), p. 503, n. 92)。

(57)　吉村忠典「パトロネジに関する若干の考察」(長谷川博隆編『古典古代とパトロネジ』名古屋大学出版会、一九九二)。この論文集の中で浦野聡氏(二四〇頁)は、「近代的観点から、合法的なものと非合法的なもの、制度と制度外的なものを対立的に捉えて、それを古代社会に適用しようとする時代錯誤的発想」を批判しておられる。

［付　記］

本稿は『湘南国際女子短期大学紀要』創刊号(一九九三年三月)に掲載された。ただし、若干の小さな書き換えがある。

Ⅲ　三つのケース・スタディー

第八章　条約締結国としてのメッセナ

一

紀元前三世紀以来、地中海世界の諸国は、ローマとの間に、あるものは軍事条約《フォエドゥス》を締結し、あるものは無形式な友好関係《アミーキティア》を結び、またあるものは貢納の義務を課され、いずれも「自由《リーベル》」な国と呼ばれながらも多かれ少なかれローマの勢力下に置かれてきた。前二世紀中ごろからは、ローマ権力の強大化とともに、ローマの意志がすべてに優越し、条約締結国・貢納国・一般の自由国という区別なく、すべての国がローマの権威に服し、ローマの命ずるところをそのまま実行するようになったことは、すでに知られているとおりである。(1) それは本来、ローマと諸国との関係に関する限り、いわゆる国際関係と「国際法」の終焉を意味し、(2) 同時に「ローマ帝国」の誕生を告げるものでもあった。

その後もいくつかの「条約締結国」が存在を続けたばかりでなく、諸国とローマとの新たな「条約《フォエドゥス》」すら締結されたが、(3) もはや条約締結はほとんど形式と化し、のちには、「条約締結国」の名はローマ帝国都市の名誉号と化した。(4) これは、ギリシャ史については、都市国家としてのポリスの「脱ポリス化」(Entpolitisierung)、(5) そして帝国都市化という、ヘレニズム時代から始まった歴史過程の重要な一局面であるといえよう。では、ローマのほとんど無制限な支配権力のもとで、共和時代末期に「条約」は具体的にどのように機能していたであろうか。

これをうかがわせる最もよい例の一つとして、前二六三年ごろにローマと条約を締結したシチリア東北端のポリス、メッサナの、前一世紀前半における状態をあげることができる。その実情はキケロの『ウェレス弾劾論』を通読すればいちおう明らかであり、ここに縷説するまでもない。しかし私は、通常この条約の内容と考えられているいくつかの点に疑問を感ずるので、条約内容と確認しうるにもかかわらず前一世紀にはその実質が失われていたと思われる点と併せて、以下にその条約の内容およびその機能の仕方を再検討して、若干の結論を引き出したいと思う。(6)

二

メッサナ・ローマ条約の内容を検討する前に、まず、メッサナの地位について基本的に次の点をおさえておきたい。

一　**メッサナのローマに対する地位は「条約締結国」(civitas foederata)である。** このことは Verr. III 13. IV 21. 26. V 49–59. 136. 163 に明言されており、問題はない。条約の内容は後に検討するが、さしあたり、Schmitt, op. cit. 135f. Nr. 478 を参照。

二　**しかし、メッサナは属州シチリアの内部にある。** たとえば Verr. IV 150 によればメッサナ人は「全属州(シチリア)のうちウェレスが安全であることを望む唯一のものである」し、ウェレスのメッサナにおける行為は、V 46 によれば、彼が「命令権を帯びて管轄した属州の中で」なした行為であり、V 163 の表現を借りれば、「ローマ国民の属州の中で、かつ条約締結国民の都市において」行なった行為である。さらにI 27. IV 1-3. 8-10. 20. V 57. 136. 170 などの文章表現も、メッサナが属州シチリアに属することを前提している。したがって、少なくともウェレスの時代には、条約締結国は属州の中にあってもよかった[7](同様にシチリアの自由免税国も属州の中にある——II 67 : Centuripa. 78 : Halicyae)。

三　したがってメッサナは、属州総督の命令権《インペリウム》および職権《ポテスタス》のもとにある。　たとえばIV 7には、歴代のシチリア総督が「命令権を帯びて」メッサナを訪れた、とあり、IV 8では、メッサナで美術品を購入したと称する(実は掠奪したのだが)ウェレスについて、「われわれはシチリア州に、命令権と斧《セクーレース》(すなわち束桿《ファスケス》)とを備えた商人を派遣したというのか」と述べられている。IV 10でも、ウェレスがメッサナにおいて「命令権と職権」を備えていたと言い、IV 14では、ローマ国民がメッサナ市民をウェレスの「職権ばかりでなく信義《フィデス》」にも委ねたのに、彼が「命令権および束桿」をもって掠奪行為を働いた、と述べられている[8]。——したがってシチリア総督はメッサナに、必要な奉仕・給付を命令する(imperare)ことができた。後述のように、メッサナは条約によってローマに軍艦を提供するように義務づけられていたが、この提供は、条約に従ってローマから「要請《ロガーレ》」されるのではなく、「命令《インペラーレ》」されるものであった[9]。また、メッサナはローマに随時「命令穀物」(frumentum imperatum)を提供しなければならなかったが、これも後述する。その他IV 21. V 43参照。

キケロはメッサナにおけるウェレスの行動を非難して、sustulisti ius imperii, condicionem sociorum, memoriam foederis(「お前は、(イ)命令権《インペリウム》の権利、(ロ)盟邦《ソキイー》たる者の条件、(ハ)条約の記憶を捨て去った」、V 50)と言う。ここではメッサナとローマの間の、(イ)支配関係、(ロ)友好関係、(ハ)契約関係、の三者が一体として捉えられている。すなわちメッサナはローマに対して、被支配国であると同時に条約締結の主体なのである。このようなローマの条約締結国のいわば奇妙なあり方は、上の引用に続く箇所で、ius foederis et imperii condicio (条約による権利義務と支配下にあるという存在条件)とまとめられる。(10)

三

では、具体的にローマ・メッサナ条約(11)は――前二六三年より後の何らかの機会に改定されたとしても――どのような条項を含んでおり、それらはウェレスの時代にどのように機能していたであろうか。

一　メッサナは、条約により、ローマに二段櫂船一隻を提供しなければならなかった。 すなわち「メッサナ人は、ローマが命令したときには、自己の出費と自己の危険において軍艦を装備し、たとい大西洋《オーケアヌス》までても派遣するように、条約そのものによって義務づけられていた」(V 50. さらに 51 (biremis). 59 (biremis). 136. IV 21)。シュミット(上掲箇所)は、この負担が他の同種類の条約の例に較べて比較的軽少なものであることを指摘する。しかしキケロの文脈においては、負担が二段櫂船一隻にすぎないことにはそれほどの意味はない。むしろ彼が問題にするのは、ウェレスが在任中に、他の諸ポリスには軍艦を提供させながら、メッサナにはこの負担を免除したことである。すなわち、他のポリスも総督に命令されたときには軍艦を提供しなければならなかったのである。キケロは言う。「諸ポリス(civitates)に軍艦と一定数の陸兵・海兵の提供を命令する(imperare)のがウェレス以前の歴代総督の習慣であった」(V 43)。しかるにウェレスは「諸ポリス」から賄賂をとってこれを免除した(V 61. 62. 136)。この場合、「諸ポリス」とは条約締結国のみを指すとは考えられない。シチリアの条約締結国としては、メッサナのほかタウロメニオン(II 160. III 13. V 49f.)とネエートン(V 56. 133)があるのみで、そのうち前者は軍艦提供の義務を負わなかった

(V 50)。そしてネエートンとメッサナのみが「諸ポリス」と表現されるとは、文脈上考えられない。事実、『ウェレス弾劾論』第二部第五巻には、ケントリパ(83f. 86. 88. 89. 104. 105. 116. 134)、セゲスタ(86. cf. IV 76)——以上「自由免税国」——、テュンダリス(86)、ヘルビタ(86)、ヘラクレイア(86)、アポローニア(86. 90)、アロンティオン＝ハルンティウム(86. 90)——以上「十分の一税国」——の軍艦と海浜隊が現れる。ここから見ると、シチリアの諸ポリスは、条約の有無にかかわらず、総督に命ぜられたときには軍艦や陸兵・海兵を提供しなければならず[12]、したがってメッサナも、条約の規定にかかわりなく、総督の命令によって軍艦を提供したり、あるいはその負担を免ぜられたりしたことになる。ローマ・メッサナ条約に記されたこの約定は、前一世紀においてまったく形骸化していたといわなければならない(なお、このことはすでにホルン(S. 48)も簡単に指摘している)。

二　メッサナは、条約により、ローマに陸兵を提供しなければならなかった。 シチリア諸国が総督の命令が下ったときに陸兵をも提供しなければならなかったことは、前項で見たとおりである。シチリア東南端のパキューノスにあった守備隊(praesidium. V 87. 133. 135)はそのようなものの一例と考えられる(その他IV 21. 23. 150. V 43. 51 参照)。この点についてもわれわれは前項に挙げた史料から、メッサナが、条約の規定にかかわりなく、総督の命令によって陸兵を提供したり、あるいは免除されたりしたことを知ることができる。

三　メッサナには、条約によって、追放者安全権(ius exilii)が認められていたか。 ホルン[13]は次のように論じた。——キケロの伝えるところ(V 158–170. IV 24. 26)によれば、コンプサ(サムニウム)出身のローマ市民ガウィウスという者は、シチリアにおいて、スパルタクスのスパイとしてウェレスに捕らえられ投獄されたが、脱獄してメッサナにたどりついた。ここで彼は自分を投獄したウェレスを公然と罵り、ローマでウェレスを告訴する、と公言した。しかし、ウェレスとくに親密な関係にあったメッサナの当局者は彼を捕らえてウェレスに引き渡し、ウェレスは彼を十字架にかけて死刑に処した。ガウィウスがメッサナで大言壮語しえたのは、ここではわが身の安全が保証されていると考えたからに違いなく、このことはメッサナに追放者安全権があったことを証明する。――ホルンのこの解釈は現在にいたるまで受け入れられている。しかし、ウェレスが実際にメッサナの追放者安全権を侵犯したのであるならば、そのことはウェレスを糾弾するキケロにとっては恰好の論点になったはずである。だが、キケロの描写の中で鞭打たれて喘ぐガウィウスも、また論告者としてのキケロ自身も、一言もそのことに触れない。両者が抗議するのはただ、ウェレスがゆえなくしてローマ市民を極刑に処したということのみである(キケロの上掲箇所、および Gell. X 3, 12f.)。ガウィウスの行動を説明するのは、まさにキケロが V 160 で述べている事柄、すなわち、シチリアの東北端に立ってイタリアを眼前にし、あと一歩でウェレスの管轄するシチリアを脱することができるという気のゆるみ・油断である。また彼は、メッサナとウェレスとの深い結びつきも知らなかった(ibid.)。さらにメッサナ人も、同じイタリア系の出でありながら(メッサナはオスク人のポリスである)、ガウィウスの故郷コンプサ(同じくオスク系)は同盟市戦争以後ローマ市民権を得ているのに、自分たちはまだ得ていない、という嫉妬を抱いたかもしれない。いずれにせよ、ガウィウスの物語からは、メッサナに追放者安全権があったことは証明することができない。(14)

四　メッサナには、条約によって、裁判高権(Gerichtshoheit)が認められていたか。

認められていた、(15)とする唯一の根拠であるプルータルコス「ポンペイウス伝」(10, 3)は、前八二年にポンペイウスがシチリアに兵を進めたときの出来事を述べる中で、次のように記している。「メッサナ人は、ポンペイウスが司法権を行使するのを拒否して、それはローマ人の古い法によって禁じられている、とあげつらったので、ポンペイウスは、「剣を帯びている予にむかって法律を読み聞かせることなど、やめるがよい」、とこれを叱った」。プルータルコスはここで、「条約によって」禁じられている、とは言わずに、「ローマ人の古い法によって」(*νόμῳ παλαιῷ Ῥωμαίων*)禁じられていると言い、あるいは「法律を読み聞かせる」(νόμους ἀναγινώσκοντες)と述べている。果たして前一三一年のルピリウス法(いわゆるシチリアの「属州法」)は、たとえば次のような規定を含んでいる。「(シチリアのポリスの)市民が市民と争うときには自国で自国の法により争うこと。異なるポリスの市民があい争うときには、ルピリウスの告示に従って総督が判事を抽籤により選出すること。……ローマ市民がシチリア人を訴えたときにはシチリア人の判事が、シチリア人がローマ市民を訴えたときにはローマ人の判事が与えられること、等々」(II 32)。属州シチリアの内部にあるメッサナが、条約締結国だからといって、シチリアの「属州法」であるルピリウス法の適用から除外されていたとは考えられない。現に、ネエートンは、条約締結国でありながら(前述)、ヒエロン法を採用したシチリアの属州法(II 32)およびウェレスの告示(III 25–26. 34–38. 51. 53–54. 55. 70. 112–113. 129)に従って一定の形で十分の一税を支払っていた可能性が強いのである。[16] ポンペイウスがこのようなルピリウス法の規定を犯して抗議を受けたことは十分に考えられる事柄であり、上記のプルータルコスの記述のみからは、条約にメッサナの裁判高権を規定した条項があったことは証明できない。[17]

五　メッサナは「命令穀物」(frumentum imperatum)の強制買付けに応じなければならなかった。 すなわちメッサナはローマに対し、「(年額)六万モディイ(約三〇〇〇石)の小麦の買付けに応じなければならなかったし(debebant)、また応ずるのが常であった(solebant)」(IV 20)。買付穀物(frumentum emptum)には「第二の十分の一税」(altera decuma)と「命令穀物」があったが、前者は「十分の一税国」のみに課されるものであり、メッサナの場合には「命令穀物」がこれに該当した。シチリアで命令穀物の強制買付けが行なわれるのは古くからの習慣であったが、[18] 前七三年のテレンティウス・カッシウス法(III 163. 173. V 52. Sall. hist. III 48, 19 M)は、「買付穀物の価格(モディウス当りの単価)を定め、買付けの量と方法に関する判断を元老院に委ねる」とともに、このことに関する従来の慣習を調整し明文化した。[19] ところで、ホルン(S. 42)やシュミット(loc. cit.)は、メッサナの命令穀物提供義務は条約文中に明記されていたと考える。しかし、キケロはそのようには述べていない。むしろ、前七三年のテレンティウス・カッシウス法とそれに続く元老院決議は、「すべてのシチリアのポリスから一様に穀物を買い付けるべき」ことを定め(III 163. V 52)、キケロはそれが「(諸ポリスに)共通の軽い負担」であり(V 52)、メッサナも他のポリスと「同じ立場にあった」(in eadem causa)と述べている(V 53. なお V 55. III 163 参照)。したがって、メッサナが「買付けに応じなければならなかった(debebant)」のは必ずしも条約による義務ではなく、前七三年のローマ当局の決定によるものであり、このことはキケロも明言している。[20] 仮に条約中に買付穀物に関する何らかの取りきめがあったとしても、[21] その内容はやはりウェレスの時代には空洞化していたことになる。すなわち、シチリア総督は、前七三年のローマ当局の決定によって、またそれ以前にも(V 55 参照)それとほぼ同内容の慣習に従って、条約の規定にかかわりなくメッサナから命令穀物を買い付けることができたはずであり、メッサナも、条約の規定にかかわりなく、買付けに応じなければならなかったはずである。

六　メッサナには関税高権があったか。

ホルン(S. 42)はメッサナに関税高権がなかったと考えたが、シュミット(S. 136)は、メッサナが《de jure selbständige Gemeinde》であるから関税高権を認められていたはずである、と論じた。これは独断であって、証明にならない。シチリア諸港の関税(portorium)の問題はいまだ学界でも解決を見ないが、[22] 仮にそれがローマのものであるとすれば、その徴収はローマの公共事業請負組合が請け負った(II 171. 185)。

以上のことから、ローマ・メッサナ条約の内容として従来想定されてきたものの一部は根拠薄弱であること、また根拠のある条項についてもウェレス時代にはその規定が形骸化していたこと――したがって条約は条約として機能していなかったこと[23]――が結論される。前一世紀前半における条約締結国メッサナの地位には、一般の自由国の地位とさして変わるところは見られない。にもかかわらずローマがこれを条約締結国として遇したことは、脱ポリス化したポリスがなおもポリス(＝「国家」)であることのみすぼらしい確認でしかない。しかし、単なる「自由」の承認よりは、より積極的な承認であった。[24] いずれにせよ、それは、ローマがやはり一種のポリスとしての政治機構しかもたず、官僚制的な領土国家にはなり得なかったことの反映であろう。[25]

四

条約内容については以上のごとくであるが、ウェレス統治下におけるその運用の実情を理解する上で重要な前提となるのは、メッサナとウェレスとの私的なつながりである。[26]

メッサナ人がウェレスに対して抱いた「好意」(benevolentia : II 13. V 161) について、ウェレスの弾劾者であるキケロは、それなりの誇張を含めて、たとえば次のように言う。「ウェレスは、他のすべてのシチリア諸ポリスからは嫌悪されたが、メッサナからのみは愛された」(IV 15)。「メッサナは、ローマ国民には何ものも与えず、ウェレスには何ものも拒まない、という仕方でウェレスの命令権下にあったシチリア唯一のポリスである」(V 58) 等。他方、ウェレスにとってメッサナは「恋人」であり (deliciae : IV 3. civitas amica : II 13. IV 25. 136. V 48)、第二の祖国 (IV 17) であった。ウェレスがメッサナをことごとに優遇したのに対し (IV 23. 150. V 43. 48. 49–59)、メッサナはウェレスがシチリア人から奪った財宝をローマに搬出するための港を提供し (II 114. 185. IV 17. 23f. 84. 92. 136. 150. V 44. 46. 59. 160)、あまつさえ、メッサナの公的事業として大型貨物船すら建造してウェレス個人に贈った。[27] また、ウェレスを讃えるためにウェリア祭を設けたのはメッサナが最初で (IV 24)、シラクサ人もこれにならって、由緒あるマルケリア祭を廃してウェリア祭を挙行することにした(II 51f. 114. 154. IV 151)。前七〇年のウェレス裁判にウェレス弁護人側の証人を送ったのは、シチリアの全ポリスのうちメッサナだけであった。(28) すなわち、ウェレスはメッサナのパトロンだったのである。(29) ローマ支配下の諸ポリスとローマ元老院議員との信義《フィデス》にもとづく私的な結びつきは、ローマの地中海世界進出の最初期から知られる現象であり、ウェレスもまた、その例外ではなかった。

五

メッサナのパトロンであるウェレスは、前述のようにして、条約の規定にもかかわらずメッサナに軍艦の提供を免除し、その負担を他の諸ポリス(そのほとんどが軍艦提供の条約業務を負わないもの)に転嫁した(ウェレスはその際、これらのポリスと取引——金銭を支払わせて軍艦の提供を免ずるという——をしているが(V 61. 62. 136)、そのことは問題の本質と関係がない)。また彼は、メッサナに命令穀物を免除し、その分をケントリパとアライサに肩代わりさせた(IV 20)。このことから分かるように、条約(「国際法」)はもはや意味を失い、それに代わって、パトロネージ関係がローマ権力の伝達回路となっている。(30)

ローマはヘレニズム時代史のあとを承け、自由な諸ポリスの世界を換骨奪胎してローマに服従する「自由国」の群と化さしめた。自由な諸ポリスの対等な国際関係(「国際法」の世界)が形骸化(消滅ではない)する中にローマがその支配の論理をどのように浸透させていったかは、歴史学上の大問題であって軽々しくは論じられない。しかし、そのような歴史の展開にとって、前一世紀前半における条約締結国メッサナの状況は、一つの到達点を示すものではないであろうか。

(1) たとえば、E. Täubler, Imperium Romanum I(1913), 447f. H. Horn Foederati, Diss. Frankfurt/M.(1930), 48. E. Badian, Foreign clientelae(1958), 113f. W. Dahlheim, Struktur und Entwicklung des römischen Völkerrechts im 3. und 2. Jahrhundert v. Chr.(1968), 273f. A. N. Sherwin-White, The Roman citizenship^2(1973), 174f. などを参照。

(2) Badian, op. cit. 114. R. K. Sherk, Roman documents from the Greek East(1969), 97.

(3) たとえば、前一二九年のペルガモンとの条約(SIG^3 694)、前一〇五年のアステュパライアとの条約(Sherk, op. cit. No. 16)、前九四年のテュレイオンとの条約(SIG^3 732)、前七八年のガデスとの条約(前二〇五年の仮条約の改定。H. H. Schmitt, Die Staatsverträge des Altertums III(1969), Nr. 541)、その他E. S. Gruen, The Hellenistic world and the coming of Rome(1984), I 48f. II 738f. 海外における civitates foederatae について、概説的には、古くは J. Marquardt, Römische Staatsverwaltung I^3(1884), 73f. H. Horn, op. cit. など、新しくは F. De Martino, Storia della costituzione romana II^2(1973), 323f. W. Dahlheim, Gewalt und Herrschaft(1977), 174f. Sherwin-White, op. cit. 174f. Roman foreign policy in the East 168 B.C. to A.D. 1(1984), 58f. Gruen, I 14f. II 731f. など。

(4) 帝政期には coloniae foederatae や municipia foederata すら現れる、D. Nörr, Imperium und Polis in der hohen Prinzipatszeit(1966), 61. Dahlheim(1977), 184.(史料の確認については島田誠氏の御協力を得た。)

(5) Nörr, 34. 42. 47 et al.

(6) 本稿の中心史料である『ウェレス弾劾論』は、「訴追者決定手続」の演説(Divinatio in Caecilium, 以下 Div. in Caec. と略記)および『弾劾論』第一部(これからの引用は本稿ではなされない)、第二部(全五巻。以下 Verr. I, II,…V と略記。したがって Verr. I と記したのは第一部ではなく、第二部第一巻である)からなる大部のものであるが、ウェレス裁判における訴追者の演説である、という重要な前提をつねに頭に置かなければならない。他方、弁護人側の演説は現存しない(cf. Malcovati, ORF^2 318f.=Q. Hortensius, pro Verre)。

(7) 同様に Cic. Font. 13(69 B.C.)でも条約締結国マッシリアは属州の中にある。ただし後年のキケロは、属州内の一貢納国が貢納を免除されることを、属州の外部に出されることのように表現する(Phil. II 92. 97. III 30. VII 15. cf. III 10. V. 11f.)。——自由国(条約締結国を含むが貢納国は含まない)が属州に属さないとする古典的な理論は、Th. Mommsen, Römisches Staatsrecht III(1887), 687f. cf. 655 であろう。しかし W. Henze, De civitatibus liberis quae fuerunt in provinciis po-

puli Romani, Diss. Berlin (1892) はその標題が示すように自由国を属州内においており (cf. p. 5. 24)、現在ではそれがむしろ普通である (たとえば De Martino, op. cit. II[2] 330. Sherwin-White, Roman cit[2]. 187. しかし G. De Sanctis, Storia dei Romani III[2] 2 (1968), 299. 335f. はメッサナを属州外におく)。ローマに貢納を納める部分のみを属州とするのは (たとえば Marquardt, I[3] 499. Wesenberg, *RE* 23 (1957), 1000. H. Volkmann, Der kleine Pauly, Art. Provincia (1975), 1199)、ウェレスの時代については不正確である。

(8) さらに V 46 (メッサナは provincia quam tu (Verres) cum imperio obtinebas の中にあり)。47 : imperio . . . tuo. 58 : in istius imperio.

(9) imperare と rogare の区別についてはたとえば Liv. XLV 13, 14 を参照。

(10) また V 59 : ea fuit merces imperii, auxilii, iuris, consuetudinis, foederis. さらに Täubler, 449, 1 を参照。

(11) V 51 : cum hoc munus imponebatur tam grave civitati, inerat nescio quo modo in illo foedere societatis quasi quaedam nota servitutis. この言葉からホルン (39f.) は、この条約が「不平等条約」(foedus iniquum) であった可能性を推定する (ただし Schmitt (137) は批判的)。ここでキケロは、この条約には、「何だか知らないが隷従の印のようなものがあった」と言っているにすぎず、この言葉からそれが「不平等条約」であったことは結論されない。それはさておき、ローマ人の条約に「平等条約」と「不平等条約」があったという前提そのものが最近では問題とされており (Badian, 25f. 85f. cf. 36, 6. Gruen, I 14f. 26 et al. 拙著『支配の天才ローマ人』(一九八一)、一五六頁)、私は「不平等条約」という範疇そのものの存在を認めることができない。

(12) 条約なき「自由国」から要求されるこのような「友邦としての奉仕」(*φιλικαὶ λειτουργίαι*, Strab. VIII 365) については、S. Accame, Il dominio romano in Grecia dalla guerra acaica ad Augusto (1946), 129f.,『支配の天才ローマ人』二五〇頁を参照。その他、カエサルの『ガリア戦記』にもそのような例が多く見られる。

(13) Horn, 41. ——Badian, 37. Schmitt, loc. cit. もこれに賛成。

(14) およそ、すべての条約締結国が追放者安全権をもったとする旧説 (たとえば Badian, 37. De Martino, II[2] 324) には根拠がない。F. W. Walbank, A historical commentary on Polybius I (1957), 683. Sherwin-White, Rom. cit[2]. 126, 2.

(15) Horn, 40f. Schmitt, loc. cit.

(16) キケロはIII 13で、「十分の一税の入札がなされない条約締結国が二国ある。それはメッサナとタウロメニオンである」(Foederatae civitates duae sunt, quarum decumae venire non solent, Mamertina et Tauromenitana)と述べ、他方V 56. 133では、ネエートンが条約締結国とされている。これらの記事からは、ネエートンが何らかの形で――すなわちネエートンの土地を非ネエートン人が経営する場合に――十分の一税を支払う条約締結国であり、III 13は十分の一税をまったく支払わない条約締結国としてメッサナとタウロメニオンを挙げている、とするカルコピーノの考え(J. Carcopino, La loi de Hiéron et les Romains (1914), 213f.)に従う以外にないように私には思われる。Schmitt, Nr. 535らのように、III 13にネエートンの名が現れないのをキケロの「誤り」(Fehler. cf. De Sanctis, III^2 2, 336 una pura svista)とする考えには賛成しがたい。R. T. Pritchard, *Historia* 24 (1975), 41, トインビー著、秀村・清永訳『ハンニバルの遺産』二一八頁をも参照。

(17) Dahlheim, 188, 40は、「自由国」が裁判高権をもたないことは認めている。

(18) V. M. Scramuzza, in: T. Frank, An economic survey of ancient Rome III (1937), 256. 267.

(19) Mommsen, III 1130. G. Rotondi, Leges publicae populi Romani (1912), 366. Scramuzza, 256.

(20) 「ウェレスは、元老院決議および穀物に関するテレンティウス・カッシウス法によって、シチリアで穀物を買い付けなければならなかった」(III 163 : Frumentum emere in Sicilia debuit Verres ex senatus consulto et ex lege Terentia et Cassia frumentaria.)。

(21) ただし、V 55-56は、メッサナが条約締結国であったといっているだけであり、条約に命令穀物に関する取りきめがあったということは意味していない。

(22) これに関する諸説の問題点については、E. Badian, Publicans and Sinners (1972), 133, 55参照。

(23) Gruen I, chap. 1は、前二世紀以来のローマの海外における軍事条約がもともと条約として十分に機能していなかったことを論じている。

(24) キケロによれば、ウェレスがメッサナに命令穀物を免除したのを知ると、ネエートンは代表をウェレスのもとに送り、わが国もメッサナと同様に条約締結国であるから(eadem causa foederis)命令穀物を免除してほしい、と申し入れる。ウェレスはその言い分の正しさだけは認めざるを得ない(V 56)。これから見ると、条約締結国には何らかの特権意識はあったのであろう。また他のところ(II 160)でキケロは、タウロメニオンが「条約に守られて」(praesidio foederis)歴代総督の不正を免れてきた、と言う。これは、このポリスが十分の一税を免ぜられていたこと(III 13)を指すかもしれないし、また少なくとも条約上艦船提供の義務を免ぜられていたこと(V 50)を指すかもしれない。しかしまた、一般的に条約締結国が他のポリスとは違ったものと意識されていたことを意味するかもしれない(Dahlheim, 70, 7 はキケロの引用について誤りを含む)。

(25) Sherwin-White, 186 を参照。

(26) A. Holm, Geschichte Siziliens im Altertum III (1898), 136f. W. Drumann-P. Groebe, Geschichte Roms V² (1919), 307.

(27) II 13. IV 17–19. 21–24. 150. V 43–50. 58. 59. 136. とくに IV 17: aedificatam (sc. navem cybaeam maximam triremis instar, V 44) *publicis* operis *publice* coactis, eique aedificandae *publice* Mamertinum senatorem praefuisse.

(28) Div. in Caec. 14 (cf. Ps.-Ascon. 190f. Stangl.) II 13. 114. IV 15–19. 27. 150–151. V 43. 47. 57–58.

(29) ただしウェレスは、全シチリアのパトロンかつ救い主(patronus, soter)と称した(II 154)。――メッサナのパトロンとして『ウェレス弾劾論』に現れるものに、ウェレスのほか C. Claudius Pulcher (cos. 92. cf. IV 6. Badian, Foreign clientelae 296. Gruen I 163, 30)がある。さらに大ポンペイウスもここに数えておきたい(cf. IV 25: Percennii qui nunc item Pompeii sunt. V 169: via Pompeia)。また Claudii Marcelli は全シチリア人のパトロンとして知られる(v.g. Div. in Caec. 13. Verr. III 45. IV 86f.)。

(30) Sherwin-White, 187f. を参照。

[付 記]

本稿は、はじめ片岡輝夫他著『古代ローマ法と歴史諸科学』(創文社、一九八六)に掲載されたが、小林謙一氏(横浜国立大学教授)の手で独訳され、一九九〇年に著者が再統一直後のドイツを訪れた際に、この独訳によってコンスタンツ大学その他で講演をしたのち、J・ブライケン教授(当時ゲッティンゲン大学教授)のご厚意を得て、ドイツの雑誌 *Hermes* 120. Band (1992) に Messene als civitas foederata と題して掲載された。

第九章　アンビオリクス

アンビオリクスは、前一世紀前半のガリア北部にあったエブローネス国の王である。(1)

ガリアの住民はケルト人であるが、エブローネス国などを含む北部ガリア(セーヌ河・マルヌ河の北)の住民はベルガエ人と呼ばれ、かなりゲルマン人の血を交えていた。(2)

政治的には、当時のガリアは、現在の南仏のプロヴァンス、ラングドック、ドフィネあたりまでがローマ領となっており、その西と北は大西洋・英仏海峡・北海の海岸にいたるまで、無数の部族国家に分かれていた。それらは、小さいものは数万、大きいもので数十万程度の人口をもち、ある国は貴族政で任期一年の政務官をもち、またある国はさほど強力ではない王をもっていた。

大きな部族国家は小さな部族国家をある種の従属関係においていた。しかしそれは一般にいう主権国家と属国との関係に類するものではなく、むしろ多くの場合、有力国家を中心としてこれをパトロンと仰ぎその権威に服する独立の国々というゆるい関係であった。たとえば、中部ガリアのハエドゥイー国は北方のベロワキー国その他多くの国を従属関係においていたが、武力の点ではベロワキー国の方がはるかにまさっていた。

アンビオリクスは、森と沼に満たされた北ガリアの僻地におそらく名門の子として生まれ、[3]前五〇年代にはカトウォルクスという老王と並ぶエブローネス王の地位についていた。彼の国は現在ドイツ・ベルギー・オランダの三国が交わるあたりにあったが、前二世紀末・一世紀初めごろから、[4]隣国アトアトキーの勢力下におかれ、この国に貢納をおさめ、またアンビオリクスの息子と甥はこの国に人質にされていた(b. G. V 27, 3)。エブローネス国に関して、史料には二人の王、王の従士(後述)、および「民衆」(multitudo) 以外の社会的区別は言及されていない。しかし、ガリア一般の例から考えると(VI 13f.)、エブローネス国にも僧侶と騎士と平民という三身分があったはずである。ガリアの平民は借財と貢納の重圧に苦しみ、「ほとんど奴隷のような状態」にあったといわれる(VI 13, 1-3)。そして、平民と区別される奴隷そのものも――数は多くないにせよ――いたと考えなければならない。[5]エブローネス国では、地主貴族と一般農民(穀物生産およびとくに家畜飼育を行なった。cf. VI 35, 6. 43, 2. VIII 24, 4)との対立は、中部ガリア諸国ほどには進んでいなかったと考えられる。[6]しかも小さな国だけに、いったん事あるときにはかなりまとまりやすい全体を成していた。ガリアの騎士貴族たちは一種の従士団(ambacti)をもっていたが、エブローネス国の騎士貴族も同様であったと考えられる。それは「ガリア人の習慣によって、最悪の運命においても主人を捨てることが許されない」ような従属者《クリエンテス》であった(VII 40, 7. さらに I 4, 2. II 1, 4. VI 15, 2)。彼らは主人に絶対の忠誠を誓い、主人と文字どおり生死をともにする者で、主人が殺された後におめおめと生をむさぼろうとする従士はいまだかつて存在したことがないとさえいわれている(III 22, 1-3)。アンビオリクス王の周辺にもこのような従士と思われる者が見られる(comites familiaresque, VI 30, 3)。また農民や商工業者も一般に有力者の従属民となり、軍隊に動員されることもあったらしい。[7]従士団を従えるガリアの騎士貴族社会を呑み尽くそうとしてこの頃ガリアに現れたのが、カエサルに代表されるローマの勢力である。

そのころのローマは、いろいろな面で大きな矛盾をかかえていた。それは主として、元来ひとつの都市国家にすぎなかったローマが、地中海世界の大半を従えたときになっても、なおも都市国家的な体制を徹底的に改められないところから来ていた。これはローマの国防にとって未曾有の危機を意味した。なぜなら、ローマの征服戦争によって地中海世界の富はイタリアに集中したが、それはかえってローマ社会を少数の富裕者と多数の貧民とに分解し、これに伴う大土地所有の発展によって、これまでローマの国防を担ってきたイタリアの中小土地所有者層が崩壊したため、従来の軍事制度では、広大な地中海世界においてローマの支配権を維持することそれ自体が困難になっていた。前二世紀末からローマ貧民(とくに貧農)の一部は軍隊に吸収され、これによって兵員不足の若干が補われた。しかし、ローマが直面した軍事的課題の大きさは、ローマ人だけの手では担い切れるものではなかった。そのため政治家の一部には、イタリア以外の地中海世界の住民でローマ人でない者をローマの軍事力を補うために公私両様の形で利用しようとする傾向が強くなった。これらの政治家は、地中海世界各地の原住民戦士階級の指導者層を組織し、彼らの人的物的資源を随時動員しうる体制を築いていった。(8) カエサルのガリア経営の主要目的も一つにはそこにあったと思われる。

カエサルは前五八年にガリアの総督となった。前一〇〇年頃の生まれであるから、まだ四〇代の働き盛りであった。以後彼は、征戦の間にこの地の指導者階層と緊密な関係を結び、(9) これをローマと自己とに忠実なものにして、いつでもローマの目的のために利用しうる態勢を築こうと、精力的な努力をつづけてゆく。(10) 彼がガリア戦争においても、また後の戦争(この場合には内乱であるが)においても、従士団を率いたガリア貴族を補助軍として利用したことは、彼自身の記述から明らかである。しかし、ガリアの貴族社会はこれによって二分した。ある者はローマと結び、進んで人的物的資源の供給者となることによって、自己の地位も保証されることを望んだ。しかし他の者――

とくに直接に重圧を受ける一般民衆と結ぶ者——はこのような形でローマの道具となることを拒み、自己の独立を守るために激しく闘った。したがってカエサルは、このようなガリアを、全体としてローマに忠実なガリアに変えなければならなかった。それがカエサルの九年にわたるガリア総督としての課題であった。

カエサルのガリア戦争の苛酷さはしばしば指摘されている。事実、カエサルがガリアを去るまでに、全ガリアの成年男子の三分の一は戦死し、三分の一は捕らえられて奴隷として売られ、残ったのは三分の一にすぎなかったといわれる。(11) だが、これらの過程を通じて、カエサルが敗れた敵を皆殺しにしたり奴隷として売ったりしなかった場合にガリア人から要求したのは、カエサルとローマとを信じてこれにすべてを委ねる形での無条件降伏(deditio)であり、その前提条件はカエサルの命ずることを実行する(imperata facere)約束、(12) および人質提供(obsides dare)の約束であった。それはいわゆる信義の関係を基礎とするもので、信頼する方は、何をされても文句を言わない代わりに、ある程度の保護が得られること(少なくとも殺されたり奴隷に売られたりしないこと)を期待し(cf. VII 41, 1. 40, 6)、また信頼されたカエサルの方でも彼らに与える損害を許せる限り小さくし、戦後処理を通じて彼らを積極的に自己に忠実な道具に作り上げるように心がけた。その条件である「命令の実行」には、武器の引渡し、ないしはカエサルの軍隊に対する人的物的援助の提供、(13) をはじめ、さまざまなことが含まれたが、中でもローマに貢納を支払うことが命ぜられるのが普通であった。(14) カエサルに征服されたのちのガリアは、年額四〇〇〇万セステルティウスの貢納をローマに払わなければならなかったと伝えられる(Sueton. Caes. 25, 1)。(15) このような無条件降伏によって敗者をある形で生かしながら、同時にこれを自己の手足として組織してゆくのがローマ人の戦争方法であった。(16)

だが、ガリア総督としてのカエサルの管轄領域は本来中部・北部ガリアを含まず、この自由独立の国家群の世界に軍隊を進めることは、ローマの国法にも違反し、(17) 国際間の慣習にももとる暴挙であった。したがって彼が、ガリア総督としての最初の年(前五八年)に中部フランスで戦争をした後、セークァニー国内の現在のブザンソンに陣営を設けてここで一冬を越そうとしたこと——そのためにこの国民はどれだけの犠牲を強いられるか知れなかった——は、全ガリア人を憤激させる傍若無人な行為であった。(18)

このようなカエサルの態度は、つとにベルガエ諸国民にも強い警戒心をおこさせ、中部ガリアの多くの国民が声援を送るなかで、ベルガエ諸国はあい結んで侵略者カエサルと武力で対決する決意を固め、前五八年から前五七年にかけての冬に彼らは連合軍を編成した。総勢は約三〇万と伝えられるが、そのうちエブローネス国は近隣の三国と併せて四万の兵を提供した。正義心と聡明さのために人望のあったスエッシオーネス国王ガルバが総大将にえらばれた。

しかし、ベルガエ諸国の連合軍はアクソナ河(北フランスのオアーズ河の支流エーヌ河)のほとりでカエサルに敗れて退いた。以後彼らはそれぞれ自国に戻って、現地人としての有利さを生かしてカエサルと戦うことになった。カエサルは彼らを追ってスエッシオーネス国(現在のソワソン付近)、ベロワキー国(現在のボーヴェー付近)、アンビアーニ国(現在のアミアン付近)を次々と従えた。しかしアンビアーニ国の北方・東北方につらなる国々は、森と沼の多い未開地で、国民も勇猛さで知られていた。(19)中でもネルウィイ国は武勇の誉れの高い大国で、(20)近隣諸国と協力して、はげしくカエサルに抵抗したが、サビス河畔(現在のノール県の東端部)の戦いで善戦のすえ敗北し、潰滅的な打撃を受けた。カエサルはさらに進んで、エブローネス国の宗主国であるアトアトキー国の要塞(現在のナミュールとリエージュの間)(21)を陥れた。五万三〇〇〇人のアトアトキー人がカエサルに捕らえられ、奴隷として売却された。これによってベルガエ諸国に対するカエサルの勝利は決定的となった。

カエサルはこの戦いののち、アトアトキー国に捕らえられていた各国の人質を元の国に返したらしく、アンビオリクスの子と甥もこのとき母国に返され、またエブローネス国がこれまでアトアトキー国に払っていた貢納も免除されることになった(V 27, 2)。カエサルはアンビオリクスの人物をかなり評価したらしく、以後この王にかなりの好意を寄せるようになる。[22]アンビオリクスも、これからのち、さまざまな形でカエサルを援助したらしい。[23]この間、使者としてカエサルとアンビオリクスの間を往復した人の名も知られている(V 27, 1)。またアンビオリクスがカエサルの部下サビーヌスと親交を結んだのもこの時あたりからであろう(V 27, 7)。

続く二年間(前五六年・五五年)にカエサルはガリアの東部・西部・西南部を従え、またベルガエ人の土地ではメナピイ国(現在のライン河最下流から南西部)・モリニ国(現在のカレーの南方)と戦い、ゲルマニアおよびブリタニア(現在のイギリス)にまで兵を進めた。このような広い地域にわたる連年の戦争はやがてカエサルに巨大な富をもたらし、彼はこれによってローマ市に豪壮な建造物(バシリカ、フォルム)を建て、またローマの政治家で財政的に窮した者を援助して、自己の勢力を増大しようとした。[24]この間、アンビオリクスは史料に現れない。ただ『ガリア戦記』第四巻(6, 4)には、エブローネス国が前五五年にトレーウェリー国に従属していたことが言及され、他方これ以後、エブローネス国とアトアトキー国との関係は、宗主国と従属国という関係では現れなくなる。それは、前五七年にカエサルがアトアトキー国を破ったときからの変化であるのか——そうだとすれば、ローマ一辺倒のレーミー国[25]ではなく、独自の道を歩むトレーウェリー国[26]をパトロン国にえらんだアンビオリクスは、カエサルと手を結びながら自国の主体性を維持するためにきわめて賢明な方法をとったことになる——、それとも、エブローネス国がもともとアトアトキー・トレーウェリー両国と関係をもっていたのか、明らかでない。いずれにせよ、これから後の歴史にとっては、エブローネス国がトレーウェリー国と結びついていたことが決定的に重要となる。

トレーウェリー国は、騎兵にすぐれたガリア有数の大国として知られるが(II 24, 4. V 3, 1)、前五七年にカエサルがベルガエ人と戦ったときには、彼に騎兵援軍を送り、戦況が不利なのを見て兵を引き上げたこと(II 24, 4)が言及されるほか、これまで、はっきりした形ではあまり姿を現さない国である(I 37, 1. 3. III 11, 1. IV 6, 4. 10, 3)。しかし前五四年に入ると、カエサルはトレーウェリー国内の政治的対立を詳しく述べている。それによると、この年、インドゥティオマールスという有力者が娘婿のキンゲトリクスと政権をめぐって争った。カエサルがこの地方に兵を進めると、キンゲトリクスは一族郎党を引きつれてカエサルのもとに走り、国内の権力はインドゥティオマールスの手に帰した。インドゥティオマールスは兵を集め、老人や子供を深い森の中に隠し、カエサルと一戦を交える準備を整えたが、国内の有力者の何人かがキンゲトリクスを追ってカエサル側に走り、情況が自己に不利になると、カエサルに弁明の使者を送って、屈服を申し入れた。カエサルは彼の真意をさとらぬわけではなかったが、たまたまブリタニアへの第二次遠征を準備していたときなので、この申し入れを一応額面どおりに受け取ったうえ、彼に二〇〇名の人質を出すように命じた。その中には彼の息子とおもな親戚全員が名指しで含まれていた。以後カエサルはつとめてキンゲトリクスに好意を示し、トレーウェリー国の重だった人々が彼と和解するように骨折り、できる限り彼の勢力を増大させた。インドゥティオマールスが自己の権力の失墜を思い知らされ、カエサルへの恨みをつのらせたことは言うまでもない。果たしてその年の冬には、インドゥティオマールスは早くも自国の政権を奪回し、キンゲトリクスを放逐してしまう(V 56)。

さて、インドゥティオマールスが二〇〇名の人質をつれてカエサルの陣営を訪れたころ、この陣営にはハエドゥイー国の有力者ドゥムノリクスがいた。彼は自国においては、徴税請負によって産を成した(I 18, 3f.)といわれるにもかかわらず民衆の支持の厚い人で(I 3, 5. 17, 1. 18, 3)、逆に自国の支配層の間では人気がなかったようである。[27]なぜなら、彼に対して非友好的なリスクスという者が、カエサルがはじめてガリアに来たときにすでに最高政務官に選出されていた(I 16, 5. 17, 1f. 18, 1f.)。しかし彼は、ハエドゥイー国の範囲を超えて、ひろくガリア人の間できわめて信望が厚かった。[28] 彼は前五八年にカエサルの利害に反する行動をとったので、カエサルから極度に警戒されるようになった(cf. I 20, 6)。カエサルはその後彼を監視するために自己の手もとにおいていたが、たまたま前五四年にカエサルがブリタニアに渡航する際、後顧の憂いを断つためにガリア各国の有力者をブリタニアに同行させようとし、彼らを召集して人質として身近においていたことは、[29] ドゥムノリクスの歴史的役割を決定することになった。

　ドゥムノリクスは、これらガリアの運命を左右しうる人たち何人かと個々に語らい、彼らをカエサルに敵対させたうえ、全ガリア人が共同して(communi consilio, V 6, 6. cf. 27, 5)ガリアのために闘うことを彼らに誓約させた(iusiurandum poscere, V 6, 4-6)。それは信望の厚いドゥムノリクスならではの成果であったといえる。やがてドゥムノリクスは、カエサルがブリタニアに出帆しようとしたときに逃亡したため、殺される。そのとき、追っ手に囲まれた彼が部下を励ましながら激しく抵抗し、最後まで自己の自由と祖国の自由とを呼号しながら討死したさまは、ほかならぬカエサル自身の手で感銘深く描かれている(V 7, 8)。このことはただちにガリア人にひろく知れ渡ったに違いなく、ガリア人がこの報道を無感動に受け取ったとは考えられない。[30] 折しもガリアは先年来(IV 38, 2)異例の旱魃に見舞われ、飢饉が予想されていた(V 24, 1)。ここにローマの大軍が蟠踞することはガリア人にとってどれだけの負担になるか計り知れなかった。カエサルに対する憎しみはつのる一方だったと思われる。

　ドゥムノリクスの働きかけの成果であろうか、カエサルがブリタニアから戻ってほどなく――したがってカエサルが人質にしていたガリア各国の有力者もガリアに戻ってから――カルヌーテス国(現在のシャルトル付近)に反乱がおこった。ここでは前五六年にカエサルの後押しで王位についたタスゲティウスという者が権力を握っていたが、この年(前五四年)の秋、[31] 同国の多くの者が語らいあって彼を殺害した。この知らせを受けたカエサルはすぐに数千のローマ軍をこの国に進駐させ、軍隊の威圧のもとに殺害者を検挙しようとしたが、その努力もむなしく、犯人は最後まで発見されなかった。カルヌーテス国はガリアの宗教的中心でもあり、のち前五二年の大反乱の火の手をあげたのもこの国であった。

しかし、ドゥムノリクスの影響を受けたものとして、カルヌーテス国以上にカエサルを苦しめることになるのは、ほかならぬトレーウェリー国とこれに従属するエブローネス国であった。

いったい、ガリアの独立運動をリードする諸国の王・貴族が次々と現れる中で、トレーウェリー国のインドゥティオマールスだけは一族の中に有能な協力者を何人かもったらしいことが伝えられている。なぜなら、彼の娘婿のキンゲトリクスこそカエサル側に走ったが、それ以外には彼の死後にもあとを受けついで闘争をリードする親族者が複数で言及されている(VI 2, 1 eius propinqui)。前述のようにインドゥティオマールスが二〇〇名の人質を伴ってカエサルの陣営に出頭したとき、その中にはこれらの者が含まれていたはずである。[32] 彼らは当然ドゥムノリクスの感化を受けたと考えられるが、しかし、この感化がもたらした最大の果実は、彼らトレーウェリー国には現れず、この国をパトロン国と仰ぐ小国エブローネスに現れた。

上記のようにブリタニアに第二次遠征を行なってガリアに戻ったカエサルは、軍隊を部将に分配し、それぞれの指揮のもとに各地で冬営させることにした。すなわち、サビーヌスとコッタは一五個大隊を率いてエブローネス国へ、キケロ(雄弁家キケロの弟)は一個軍団(すなわち一〇個大隊)を率いてネルウィイ国へ、ラビエーヌスは一個軍団をもってトレーウェリー国に近いレーミー国へ、その他の部将たちもそれぞれの軍隊を率いて各国に分散して冬営につくことになった。前述のように、この年は飢饉のため大軍を一カ所に集結しておくことができず、多数の国に分散して負担を負わせたのである。

サビーヌスとコッタに率いられる一五個大隊は一〇月のはじめ頃[33]、エブローネス国のアトアトカ(現在のリエージュの北方一五キロのトングル)の冬営に入った。アンビオリクス・カトウォルクスの両王は、はじめローマ軍を迎え入れて、これにさまざまな奉仕をした。しかし両王は、パトロン国の指導者インドゥティオマールスの連絡を受けると、互いに相談しあったうえ(cf. VI 31, 5)、急遽軍隊を動員し、ローマ軍の木材徴発隊を襲い、さらに大軍をもってサビーヌスらの陣営を襲撃した。ローマ軍は敏速にこれに対応し、騎兵隊を繰り出して応戦した。エブローネス軍はこれに圧倒されて兵を引いた。このときエブローネス人は、ローマと共通の問題について意見を交換して和解の緒を見いだしたいから、と言ってローマ軍に会談を申し入れた。サビーヌスらがこれに応じて使者を送ると、アンビオリクスはこれに、ほぼ次のように語った。――私は先年来カエサル閣下から受けた大恩を決して忘れてはいない。また私は、わがエブローネス国だけでローマという大国の軍隊に勝ちうると考えるほど世間知らずでもない。しかし今回は、ガリア人全体が協議の上で、自由回復のために、ローマ軍のすべての陣営に対する一斉攻撃を決議し、その日取りまで決定したので、私どものような実力のない小国としてはこれに異を唱えるわけにはゆかず、全体の決定に従って今回の行動に出たわけである。だが、こうして私は、一斉蜂起をする約束の日に蜂起して貴陣営を襲ったことによって、ガリア人としての責任は果たしたことになる。これからはカエサル閣下の恩にむくいることを考えたい。ついては、サビーヌスと私とはとくに親しい関係にあることでもあるから御注意申し上げたいが、ゲルマン人の大軍がガリア人に傭兵としてやとわれることになり、明後日到着する手はずになっている。彼らが到着してガリア人が力を増すより前に、サビーヌスらとしても、ここからそう遠くはないキケロなりラビエーヌスなりの軍に合流して態勢を強化した方が有利なのではないか。もしそうなさるなら、私どもとしては貴軍の移動を妨害はしないつもりである。正直を言って、私どもとしてもそうしていただいた方が、国内にローマ軍の陣営をかかえてその面倒を見るよりは楽である。また、ローマ軍をゲルマン人の襲撃に対して備えさせたことによって、私はカエサル閣下にもいささか恩返しをしたことにもなろう。――

このようなアンビオリクスの申し出がサビーヌス、コッタらに伝えられると、ローマ軍の陣営ではこれをどう受けとめるかについて激論が闘わされた。たしかにエブローネスのような小国が単独でローマ軍に戦いを挑むとはほとんど考えられず、その裏に全ガリア人の共同計画があることは想像しやすかった。しかし、カエサルの命令なくして勝手な行動をとることは軍律にも反するし(cf. III 17, 7)、ましてやカエサルの命令に反することを敵の指図によって行なうとは軽率にすぎると考えられた。たといゲルマン人の大軍が攻め寄せても、これを支え切れないとは言い切れなかった。コッタはこれらの点を主張したが、サビーヌスはこれに強く反対した。彼によれば、かつて武勇をうたわれたガリア人たちは、今やローマ軍によって屈辱的な服従を強いられているため、その自由を求める気持たるやきわめて激しいものがある。これにゲルマン人が合流したら、そのエネルギーは大変なものになる。しかもカエサルは毎冬の習慣どおり、すでにガリアを去って北イタリアに行ってしまったらしいから、いざという時にももはや救援は頼めないだろう。われわれは、アンビオリクスの言うように、一刻も早く友軍と合体し、強大な敵を支えうる態勢を整えるべきである。――両方の立場からの議論が白熱すると、サビーヌスとコッタの間には険悪な空気さえ流れたが、何がどうあろうと二人の指揮官が反目しあっては話にならないから、という部下たちの取りなしでおさまり、結局サビーヌスの意見が勝を占めることになった。翌日早朝の出発が布告され、その夜は出発の準備で過された。

アンビオリクスはこの間、敵の様子を冷静に見守った。陣営内の動きはやがて彼の説得が功を奏し、ローマ軍が移動の準備を始めたことを示した。彼はただちに部下に命じて、要所要所に伏兵を配したうえ、軍隊を二手に分けて、サビーヌスらの陣営から三キロほど隔たった谷で敵の近づくのをひそかに待ち受けた。

ローマ兵は持ちうるかぎりの荷物を持ち、間延びのした隊列を組んで、疲れた足を運ばせた。ローマ軍の大部分が谷間に入りこむと、エブローネス軍は突然谷の両側に姿を現して彼らに襲いかかった。サビーヌスは思いがけぬ敵の出現になすべきところを知らず、兵士をさかんに督励して陣形を整えようとしたが、それすら自己の周章狼狽ぶりを曝露するばかりであった。これに対してコッタはこのことを予想していたので、冷静に兵士を指揮し、適切な判断で円陣を組ませた。アンビオリクスは、接戦で味方が不利になると、ただちに命令をくだし、遠くから敵に投槍などを浴びせ、敵が突進してきたらすぐに退き、敵が退いたらこれを追う戦法をとらせた。このようにすれば、現地人としての身軽さと日頃の訓練とがものをいうと判断したのである。[34] エブローネス人の変幻を極めた巧妙な戦術のためローマ軍は苦戦した。戦いで明けた一日が終る頃には、手負いの者も多数生じ、コッタ自身も負傷して、ローマ軍の敗色は濃くなった。

これまでアンビオリクスはローマ人に姿を見せなかったが(cf. Dio Cass. XL 6, 2)、やがてサビーヌスは遠くに彼の姿を見つけ、すぐに使いを走らせて助けを求めた。アンビオリクスは、サビーヌスが希望するなら話合いに応じよう、その際サビーヌスの安全は保証する、と答えた。この返事を聞くとサビーヌスはコッタに、「アンビオリクスはわれわれの安全を考えてくれるはずだから、いっしょに話し合ってみよう」と誘ったが、コッタは、「武装したままの敵と取引すべきではない」と主張して、頑として応じなかった。それでサビーヌスは部下の将校たちを従えてゆくことにした。

彼らが近づくと、アンビオリクスは武器を捨てるように要求した。サビーヌスはこれに従い、部下にも同様にさせた。会談が始まると、アンビオリクスは故意に時間をひきのばした。その間にエブローネス兵は徐々に彼らを取り囲み、やがてサビーヌスとその部下はその場で殺されてしまった。ある伝え(Dio Cass.)によれば、アンビオリクスはサビーヌスを取りおさえると、鎧と衣服を剝ぎ取って槍で殴打し、「よくもこんな奴らがわれわれのような人間を支配しようとしたものだ」(cf. II 30, 4)と罵ったという。

今やエブローネス兵は大声で凱歌をあげながら、ローマ軍に猛攻を加えた。コッタは雄々しく戦いながら戦死した。兵士らも大部分は討死し、残った者はもとの陣営にかろうじて逃げ戻ったが、夜には彼らも互いに刺し違えて死んだ。ここに一五個大隊(少なくとも六〇〇〇人)のローマ軍は全滅したわけである。ほんの少数の者だけが生き残り、森の中の道なき道を必死の思いでラビエーヌスの陣営にたどりつき、出来事を報告した。[35]

以上はほぼカエサルが伝えるままの事件の経過である。カエサルはこの敗北の責任を主としてサビーヌスの拙劣さに帰し(cf. 52, 6 culpa et temeritate legati)、さらに「不運」を加えるが、[36]決してアンビオリクスの力量のためとは言わず、むしろアンビオリクスを約束違反ばかりする卑劣な人間として描こうとする。しかし、サビーヌスは『ガリア戦記』第三巻では、部将としての分をよく弁えた人として描かれ(III 17, 7)、しかも巧みな策略を用いてガリア人を破っている。[37]今の場合、部将の態度がどうであったにせよ、一五個大隊の全滅についての最高の責任者はカエサル自身であるから、カエサルは自己の記述において、その責任をできるだけサビーヌスに転嫁したかったであろうし、[38]ただでさえ彼はこのような失態をしたサビーヌスの行動を同情をもって綴る気持にはなれなかったであろう。したがってカエサルの記述は、サビーヌスの失態をかなり誇張して描いているのではないかと思われる。[39]他方、カエサルが老獪・狡猾な「極悪のうから」(34, 5)の首魁とするアンビオリクスも、じつはかなり才幹のある智将であったと想像してよいであろう。

さて、機敏なアンビオリクスは、勝利に胸をふくらませながら夜を日についで隣国アトアトキーに急行し、これを闘争に立ち上がらせ、つづいてネルウィイ国(現在のベルギー西部)にかけつけて、永久の解放をかちとる好機をゆめ逸しないようにと彼らを説き伏せ、この地に冬営を構えているキケロの軍を急襲することを提案して、彼自身これに積極的に協力することを約束した。これによってネルウィイ人は、エブローネス人、アトアトキー人、およびそれら各国の傘下にある諸民の参加を得、アンビオリクス自身の協力も得て、キケロの陣営――現在のブリュッセルの南方にあった[40]――を襲った。この時も、キケロと個人的に親しいネルウィイ国有力者が、アンビオリクスのやり方に倣って、キケロを陣営外におびき出そうと弁舌をふるったが、キケロは、武装した敵と取引することはできぬ、として断乎これを拒否した。巧みな攻撃施設――カエサルは後にこれを見て感嘆の気持を隠さない(52, 2)――によるガリア人の攻撃は激しさを極め、ある時には大風の吹き荒れる中でガリア人が一種のタドンを焼いて飛ばせたため、ローマ軍の営舎が火焔に包まれ、その苦戦ぶりは極点に達した[41]。カエサルはこの頃サマロブリーワ(現在のアミアン)に在ったが(24, 1. 46, 1. 47, 2. 53, 3)、キケロの使者によって急を知ると、二個軍団を率いて救援におもむいた。このためネルウィイ人らはキケロの陣営の囲みを解いてカエサルを迎えうったが敗北し、カエサルは首尾よくキケロの軍に合流することができた。しかし、この攻防戦において、キケロの軍で無傷の者は一割に満たなかったという(52, 2. cf. 45, 1)。なお、カエサルはキケロの救援に向かう途上でラビエーヌスの使いによって初めてサビーヌスとコッタの戦死を知り(47, 4-5)、あまりの悲報に打ちのめされ、復讐をとげるまでは毛も切らず髭も剃らない、という誓いを立てたと伝えられる(Sueton. Caes. 67, 2)。

この間、アンビオリクスの勝利は、他の方面でも新しい局面をひらいていった。およそ彼の成功がガリア人全体を元気づけたことは非常なもので、[42] カエサルはこのため、ハエドゥイー人――ドゥムノリクス亡き後の――とレーミー人以外のいかなるガリア人も信用できなくなったと述懐している(54,4)。アンビオリクスの捷報が急速にガリア人の間にひろまると、あちこちで戦いの準備がなされ、闘争態勢をととのえるための伝令はいたるところに飛びまわり、有力者たちは人目につかぬ所で夜をえらんで戦術会議をひらいた。これらの情報のためカエサルは、一冬を通じて安らかな日がなく、毎冬の習慣であった北イタリアの巡回裁判もとりやめなければならなかった。たとえば、アレモリカ諸国(現在のブルターニュ、ノルマンディー方面の沿海諸国)もアンビオリクスの勝利に刺戟されて、この地方に冬営を構えていたカエサルの部将ロスキウスの軍を襲おうとした。ただし彼らはネルウィイ人の失敗を聞いて意気沮喪し、目的を果たさなかった。

カエサルが各国の指導者たちを招き、脅迫すら交えながら、強く反抗を戒めたことは言うまでもない。しかし、ガリアで有数の大国とされるセノネス国(現在のサンス付近)においても反ローマ勢力が力を得、カエサルに擁立された国王を殺害しようとし、王が危険を感じてカエサルのもとに逃亡するという事件がおこった。[43]

そして、トレーウェリー国のインドゥティオマールス自身も従属国王アンビオリクスの成功にかえって励まされ、新しい動きを見せた。彼はアンビオリクスの成功を知るとただちにラビエーヌスの陣営を陥れようとしたが、襲撃を予定していた前日にネルウィイ人の失敗の情報を得て、いったん自国に兵を引き上げた。彼はつづいてライン河の彼方からゲルマン人の援軍を迎えようと試みたが、これは実を結ばなかったらしい。しかし近隣諸国から兵馬を集め、またカエサルによる支配体制の犠牲者ともいうべき各国の政治亡命者・追放者を招きよせ、他方中部ガリアのセノネス国、カルヌーテス国などとも緊密な連絡のもとに行動する手はずを整えた(56,4)。この頃のインドゥティオマールスは、かつてのドゥムノリクスのようにガリア人全体の衆望を集め、人々は進んで彼の麾下に馳せ参じたようである。ここで彼はトレーウェリー国全体に総動員令を発し、キンゲトリクスを国賊に宣言してその財産を没収し、さしあたりの課題としてラビエーヌスの陣営を占領するように全軍に命令した。[44] ラビエーヌスはキンゲトリクスらの通報によってこのことを知り、近隣の諸国に騎兵の提供を命じるなど用意おさおさ怠りなかった。インドゥティオマールスが陣前に迫ると、ラビエーヌスは故意に臆病をよそおって相手を油断させ、機を見て突如打って出たが、彼は全軍に、ただインドゥティオマールス一人だけを追うように、それより先にはいかなる敵も討ってはならぬ、と命令し、彼を討ち取った者には多大の褒賞を約した。ラビエーヌスの策戦は図にあたり、ガリア軍は総崩れとなった。インドゥティオマールスはミューズ河の渡河中に討ち取られ、[45] その首級はラビエーヌスの陣に送られた。ガリア人の落胆は察するにあまりあるが、これによってカエサルがガリアを「やや平静になった」と考えたのも無理からぬことである。

しかしトレーウェリー国民は、インドゥティオマールス亡き後も彼の一族の手に国家の指導権を委ね、ゲルマン人と連絡をとるなど、ローマに対する抵抗の姿勢を捨てなかった。アンビオリクスはこれと同盟を結び、この協力体制によって今後カエサルを翻弄することになる。[46]

カエサルは前五三年早春の三月中頃から行動をおこし、ネルウィイ国を急襲してこれを破り、さらに中部フランスのセノネス国・カルヌーテス国をおさえてこれらに騎兵を提供させると、彼自身の表現を借りれば今や「精魂を傾けて」(VI 5, 1 totus et mente et animo)アンビオリクス・トレーウェリーの同盟勢力と対決しようとした。そのために彼はすでに冬の間に軍隊を大幅に強化して、七個軍団を一〇個軍団に増大していた。[47]

アンビオリクスは決戦を避けた。そのためカエサルは一〇個軍団の兵力のうち五個軍団——もしくは七個軍団[48]——を動かして、エブローネスの隣国でアンビオリクスととくに親しい関係にあったメナピイ国を襲い、沼や森林に悩まされながらも、農家や村や(cf. Dio Cass. XXXIX 44, 2) 穀物を焼いて(cf. II 29, 3. IV 38, 3) 掠奪をほしいままにしたので、メナピイ人はついに和を乞うた。カエサルは、彼らがアンビオリクスやその使者を絶対に国内に受け入れない、という厳しい条件をつけて彼らの降伏を受け入れ、信頼するアトレバテス国王コンミウスをここに留めて監視の任にあたらせた。これによって、エブローネス国は西北方からも囲まれた形になった(しかしコンミウスは、後述のように、その冬までにはローマと手を切る)。

他方、トレーウェリー人はこの頃ラビエーヌスの陣を襲ったが、彼の智略のためにかえって潰滅的な打撃を受け、その結果として、インドゥティオマールスの遺族はゲルマニアに逃れ(8, 8)、トレーウェリー国では親ローマ派のキンゲトリクスが政権に返り咲いた(しかし二年後には、この国ではまたもや反ローマ派が勢力を握っていたことが知られている。VIII 25, 1f. 45, 1f.)。他方、メナピイ国を従えたカエサルは、現在のオランダ南東部を経てライン河に出たのち、河沿いに南下して、やがてトレーウェリー国に入った[49]。

ここでカエサルの第二次ゲルマニア侵入が行なわれる(第一次侵入はこの前年に行なわれた)。侵入の目的としてカエサル自身が明記するのは、第一にゲルマン人がトレーウェリー国に援軍を送るのを阻止すること、第二にアンビオリクスがゲルマン人の中に逃亡する道を封ずること、この二つである。この遠征の詳細は省くが、カエサルはこれによって所期の目的を達成したとは言いがたい。ゲルマン人は後にもガリア人に援軍を送っているし、アンビオリクスも結局はゲルマン人に受け入れられたからである(後述)。

ゲルマニアからガリアに戻ったカエサルは、時を移さず部将バシルスに騎兵隊全員を授けて先発させ、敏速かつ隠密の行動によってアンビオリクスを奇襲するように命じた。アンビオリクスは少数の騎兵を従えて、現在のリエージュ付近の森にある館に身をひそめていたが、バシルスの奇襲を危うくかわすと、ただちに部下に伝令を飛ばせて、兵力を集結することなく、互いに分散して個別の行動をとり、ゲリラ戦を行なうように指示した。そのため彼らはあるいは森に、あるいは沼地に身をひそめ、また近隣の諸国も彼らに協力し、多くの者の身柄をかくまった。

この頃、アンビオリクスと並ぶエブローネス国王であった老カトゥウォルクスは毒を仰いで自殺した。カエサルは彼が「アンビオリクスと共謀した」人であるにもかかわらず、老いの身に戦闘と逃亡の苦難を堪えかね、「首謀者アンビオリクスをあらゆる言葉で呪いながら」死んだと伝える。しかし、悪意的なカエサルもカトゥウォルクス王が祖国を売ったようには記しておらず、むしろある学者が想像するように、彼はカエサルとローマを呪いながら死んだというのが真相であったかもしれない。(50)またこの間、エブローネス国とトレーウェリー国の間にあった若干の小国がローマに降ったが、カエサルは彼らがアンビオリクスを絶対にかくまわないという条件でその降伏をいれた。

カエサルは、バシルスに続いてエブローネス国に入ると、かつてサビーヌス、コッタらが最後の陣を設けたアトアトカの営舎を根拠地に定め、ここに輜重を集めて兵の負担を軽くし、キケロに兵若干を授けて監視に残し、行動を開始した。彼は兵力を三手に分け、ラビエーヌスを三個軍団とともに北方、メナピイ国に接する地方に、トレボーニウスを三個軍団とともに西南方、アトアトキー国と接する地方に、そしてカエサル自身も三個軍団とともに第三の方向(51)――アンビオリクスがその方向に逃れたとの情報があったため――に向かった。こうして三方向に手分けをして、ひとまず七日間の予定で、およそ四万のローマ軍が、わが国の一つの県ほどのエブローネス国全土を思いきり劫掠することになった。

エブローネス国民は国を挙げてローマ軍に抵抗したため、もはや兵士と民間人との区別はなく、あるものはゲリラ戦士ばかりであった。(52)要塞や砦もなく、戦士たちは国内いたるところに散って、あるいは谷間にひそみ、あるいは森や沼地にかくれ、現地人である利点を存分に活用して敵を悩ませた。地形はローマ軍が一団となって行動することを不可能にした。中隊単位の行動も思わぬ奇襲を招くばかりであった。ましてや広く散開して個別行動をとりながら進めば、ますますゲリラ襲撃の好餌となるばかりであった。

アンビオリクスはかつて、「私は王であるが、私が国民に対してもつ権力と、国民が私に対してもつ権力と、どちらが強いか分からない」という意味のことを言った(V 27, 3)。これはいろいろな意味にとれるが、今ここにゲリラ戦が行なわれるとき、王と国民とが完全に一体となって戦い抜くことができた秘密は、このアンビオリクスの言葉の中に隠されているかもしれない。

カエサルはやがて、ローマ軍の損害を軽くするため、近隣諸国に使いを送り、彼らを招いてエブローネス国をほしいままに掠奪させる策に出た。彼はすでにエブローネス国を地上から抹殺することを考えていたのである(34, 8)。エブローネス国掠奪の誘いがかけられていることがライン河の彼方に伝えられると、ゲルマン人の一派であるスガンブリ族が数千の兵を引き連れてライン河を渡り、エブローネス国に侵入して多数の人畜を掠めた。しかし、彼らがアトアトカから数里はなれた所であるエブローネス人を捕らえたとき、この悧口な男は侵入者に向かって、「どうしてこの哀れで貧しいエブローネス国ばかり掠奪するのだ。むしろアトアトカに行った方がよい。そこにはローマ軍の輜重が集結されており、警備も手薄であるから、ずっと豊富な獲物が得られるはずだ」と教えたので、彼らはそれまでに得た掠奪物をそこに隠し、この男に案内されてアトアトカに殺到した。

アトアトカのキケロは完全に虚を突かれた。襲われたときには、半数以上の兵士が穀物徴発のために陣営から離れており、病人を含むわずかな者しか残っていなかったので、ローマ軍の陣営は大混乱に陥り、あわや占領されるかに見えた。しかしやがて穀物徴発隊が戻ると、スガンブリ族はローマ軍に多大の犠牲を与えながらも、囲みを解いて引き上げた。この時、敵が去った後にもローマ兵の脅え方は非常なもので、カエサルがその夜アトアトカに帰還するまでは、彼らは半狂乱の状態にあったと伝えられる。

さて、カエサルは重ねて近隣諸国から多数の兵を徴集すると、これをエブローネス国内のいたるところに送りこみ、目に触れる限りの家や小屋や村を焼かせ、家畜その他を掠奪させた。もとよりアンビオリクス追求の手もいささかもゆるめず、兵士らも、アンビオリクスを捕らえることがカエサルからの最大の褒賞にあずかる道と考え、必死になって彼を追い求めた。しかし、敵の捕虜を捕らえて訊問しても——アンビオリクスの逃げ方が巧妙だったためであろうか、あるいは捕虜らがアンビオリクスを守るために白を切ったためであろうか——「アンビオリクスはたった今あちらに逃げたばかりだ」との返事しか得られず、その方向を探索してもアンビオリクスの姿は見られなかった。[53]この間アンビオリクスは、身のまわりにわずか四騎の従士を従えるのみで、森や山道や洞窟に身を隠して追求をのがれた。この逃避行の五騎こそ、歴史に姿をとどめた最後のエブローネス人にほかならない。

このように残虐の限りを尽くしたのち、侵入軍は前五三年の秋には、現在のランスに引き上げていった。

その頃、前述のように、エブローネス国の北隣にあたるメナピイ国には、カエサルによってアトレバテス王コンミウスが監視役として留められていた。彼はカエサルの信任が厚かったにもかかわらず、同じベルガエ人の一国王であるアンビオリクスの悪戦苦闘ぶりを座視してはいなかった。彼がいつどのように動いたかは明らかでないが、すでにその冬にはローマ人に異常な警戒心をおこさせるに至っており、カエサルの部将ラビエーヌスは彼の暗殺を決意した。しかし、送られた刺客の不手際のため彼は手傷を負っただけで命拾いをした。[54]彼はこの事件以後ますますローマに対する敵意をもやし、反ローマ闘争に立ち上がる者があれば進んでその先頭に立つ気持のあることを表明していた(VIII 47, 2)。元来この地方で信望のあった彼であるから、[55]その反逆の意味は大きかった。

さて、前五二年は、中部ガリアを中心とするガリア人大反乱の年である。この解放戦争を指導したウェルキンゲトリクスの名は有名であるが、本稿では彼の活躍について触れる余裕がない。これについては『ガリア戦記』第七巻にまとまった記述があるので、読者はそれを参照されたい。カエサルは、ウェルキンゲトリクスとの戦いを叙述するにあたって、ベルガエ人の動向にはあまり触れず、そこにはアンビオリクスの名も、エブローネス国の名も、全然現れない。この年、ベルガエ人はコンミウスらを総大将とするガリア連合軍に兵を出し、カエサルに包囲されたウェルキンゲトリクスの救援に協力したが、なすところなく退いた。この間、アンビオリクスはある程度自由に動けたはずであるが、彼の国はすでにローマ軍のために徹底的に殲滅されていた。いわば満身創痍の彼に何ができたであろうか。彼もまたガリアの心ある人々と同様に、前五〇年でガリア総督としてのカエサルの任期が切れ、彼がこの地を去るのを待っていたかもしれない。[56]しかしカエサルは彼に対する復讐を忘れなかった。

前五一年に入ると、カエサルはコンミウスらに率いられるベルガエ諸国連合軍と戦う。そして、これを破るとただちにエブローネス国を襲った。アンビオリクス自身はどうしても捕らえられなかったので、カエサルは自己の体面を守る次善策として、またもエブローネス国土の徹底的破壊を企て、国内くまなく軍隊(外人部隊を含む)を送りこんで、殺戮、放火、掠奪を行なわせ、多数の人を死傷させた。彼はこれによって、エブローネス人が、その原因となったアンビオリクスを恨むように仕向けたかったという。しかしこのような分裂策は成功しなかった。否、他のガリア諸国の例では、国土がこれまで破壊されるより前の段階で親ローマ派が現れ、適当な仲介者を立ててローマに降伏し、生命と財産(少なくともその一部)を守ろうとするのが普通であった。[57]エブローネス国にそのような勢力が現れれば、彼らはキンゲトリクスが指導権を握っている時期のトレーウェリー国にカエサルへの仲介を依頼しえたはずである。しかしそのような勢力はついに一度も現れなかった。まことにカエサルの一生を通じて、アンビオリクスほど彼をふりまわした人物はいなかったといえよう。[58]

こうしてエブローネス人は全滅し、永遠に歴史から姿を消す。アンビオリクス自身も、これ以後われわれの視界から失われる。「なぜなら、彼はライン河の彼方にのがれ、永遠に姿を消したから」(フロールス)。

これがアンビオリクスとエブローネス国民との凄惨な抵抗の経過である。アンビオリクスがカエサルの厚い信頼を裏切って反逆し、しかも彼の軍隊一五個大隊を全滅させたことは、とくにカエサルを激怒させる理由であったかもしれない。しかしカエサルが私怨のみのためにこの四年にわたる大殲滅戦を展開したとは思われない。むしろそれは、カエサルが自己のガリア経営に敵対する者をどのように憎悪し、どのように迫害しえたかを示しており、同時に彼がガリア経営にどれだけの力を注いだかを物語っている。さらにひいては、俗にローマの「帝国主義[59]」と言われるものが、キケロによって「全世界のパトロン的支配」などと美化される反面、どのような残忍な刃を秘めていたかをもうかがわせる。カエサルがある程度の「寛仁さ」を示したのは、自己に降った者に対してであった。それは「すべてをローマに委ねる」ことを前提した上での寛仁さであった。われわれは有名なウェルギリウスの詩句を思い出す。「ローマ人よ……帰順者を容赦し、驕傲なる者を粉砕することを忘るるなかれ」(田中・木村訳)。

(1) 本稿で扱う問題の中心史料は言うまでもなくカエサルおよびヒルティウスの『ガリア戦記』である。本稿では叙述が『ガリア戦記』の叙述順を追っている限り、いちいち出所を注記しなかった。なお、たとえばMeusel : I 2, 3. Constans : IV 5, 6 などと記したのは、それぞれ Fr. Kraner-W. Dittenberger-H. Meusel, Commentarii de bello Gallico, 19. Aufl. (1961) および L.-A. Constans, Guerre des Gaules, Collection G. Budé (1954) の当該箇所に対する注を意味する。カエサルを補う史料として Dio Cassius の第三八巻から第四〇巻までがあり、非カエサル系の情報を含んでいる点で貴重である。これもディオの叙述順に従う限り、本稿ではいちいち出所を示さない。また Plutarchos, Caesar 15–27 にもある程度の記事がある。その他 T. R. S. Broughton, The magistrates of the Roman Republic, II の当該箇所に挙げられている史料を参照。

(2) カエサルはエブローネス族をゲルマン人と考えるが(b. G. II 4, 10. VI 2, 3. 32, 1)、彼らがかなりガリア化されていることは事実であり、彼らにはゲルマン人よりもガリア人との連帯意識の方が強かった。アンビオリクスもあくまでガリア人としての意識で行動している。G. Walser, Caesar u. die Germanen (1956), 38f. O. Seel, Ambiorix, in: Wege der Forschung, Bd. XLIII (Caesar), 280 mit Anm. 1 などを参照。

(3) C. Jullian, Vercingétorix (ed. P.-M. Duval, 1963), 85.

(4) Meusel, Constans: V 27, 2.

(5) C. Jullian, Histoire de la Gaule, II (1908), 64f.——I 4, 2. V 45, 3. VI 19, 4. VII 42, 3. VIII 30, 1 などの表現は、奴隷の存在を肯定しなければ理解できない。

(6) C. Jullian, II 71f. A. Grenier, in: T. Frank, An Economic Survey of Ancient Rome, III (1937), 406f. とくにベルガエの経済についてはA. Grenier, 443f. さらにM. Rostovtzeff, Social and Economic History of the Roman Empire, 2. ed. (1957), I 186. 219–221. II 632, 34. 633, 38.

(7) cf. VIII 32, 2. C. Jullian, II 75f.——Ambacti については、C. Jullian, II 77f., 本書第四章九五頁。もちろん clientes というのは一種の interpretatio Romana であり、Polybios はこれを ἑταιρεία と呼ぶ(II 17, 12)。

(8) 本書第四章を参照。

(9) M. Gelzer, Caesar, 6. Aufl., 120. 長谷川博隆訳(筑摩書房、一九六八)、一一七頁以下。

(10) cf. T. Frank, Roman Imperialism (1925), 336.

(11) cf. M. Gelzer, Caesar, 152. 長谷川訳、一四六頁。

(12) 本書第四章八八頁。

(13) b. G. V 20, 1-4 Trinovantes ... legatos ad Caesarem mittunt pollicenturque sese ei dedituros atque imperata facturos ... His Caesar imperat obsides XL frumentumque exercitui ... Illi imperata celeriter fecerunt, obsides ad numerum frumentumque miserunt. b. civ. I 15, 2 Cingulo ... ad eum (sc. Caesarem) legati veniunt, quaeque imperaverit, se cupidissime facturos pollicentur. milites imperat; mittunt. cf. b. Alex. 65, 4 reges tyrannos dynastas provinciae finitimos ... receptos in fidem condicionibus impositis provinciae tuendae ac defendendae.

(14) M. Gelzer, Caesar, 103/4. 152. 長谷川訳、一〇二・一四六頁。

(15) 私は一九六三年に、金の価格から算出して、一セステルティウスを当時の約三三円と計算した(ウォールバンク著、拙訳『ローマ帝国衰亡史』岩波書店、凡例を参照)が、その後、金価格に大きな変動があった。いずれにせよ、純金三分の一グラムがほぼローマの一デナリウスであり、一デナリウスの四分の一が一セステルティウスである。

(16) b. G. II 3, 2 qui (legati Remorum) dicerent se suaque omnia in fidem atque in potestatem populi Romani permittere . . . 3 paratosque esse et obsides dare et imperata facere et oppidis recipere et frumento ceterisque rebus iuvare. さらに II 32, 3. 35, 1. IV 22, 1f. ex magna parte Morinorum ad eum (sc. Caesarem) legati venerunt, qui . . . se . . . ea quae imperasset facturos pollicerentur . . . (Caesar) magnum iis numerum obsidum imperat. quibus adductis eos in fidem recipit. 27, 1. V 20, 1. 4. VI 10, 4. VII 90, 2. VIII 23, 2. 31, 4. 48, 8 などは共和時代末期において、人質の提供と同様、命令実行の確約も deditio の前提(帰結ではなく)であったことを示している。cf. Sall. Jug. 62, 3-8. hist. II 87, B 12. 92, 9 Maur.(より古い時代における deditio の前提条件については、W. Dahlheim, Struktur und Entwicklung des röm. Völkerrechts (1968), 8f. を参照)。――私はすでに *Historia* X (1961), 480(=本書第四章八八頁、前注(12))において imperata facere という表現がカエサルの作品において deditio と結びついていることを指摘した。その後このことを詳しく取り上げた論文として、D. Timpe, Rechtsformen der römischen Außenpolitik bei Caesar, *Chiron* 2 (1972), 277f. がある。Timpe, 283, 22 が、この表現を technisch なものでないと主張するのは正しい。そのことは表現が一定していないことからも知られる (imperata facere, quae imperasset facere, id facere quod imperabatur, さらに Sall. hist. II 87, B では iussa facere)。また Timpe, 286f. がいうように「内乱」という状況下では市民の市民に対する deditio は法的にナンセンスである。しかし、事実として、共和時代末期には、この約束が deditio(または内乱においてはそれに準ずる状況)の前提をなしていることは上記の史料から明らかである(Timpe, a. O. があげる Livius の諸箇所は、imperata facere が古い時代には deditio の前提とはなっていなかったことを示している)。――deditio において「命ぜられたことを行なう」のは本来当然であり、法的にはこの前提は無意味である。しかしこれがあらためて言葉で表現されるようになったことは、少なくとも歴史的には、この deditio が単にすべてを譲渡して処分を甘受するだけの受け身のものでなく、進んで何らかの行動を約束する積極的なものであることを事実として示しており、ひいては、ローマが被征服民から積極的に求めるところがあり、被征服

民もこれに積極的に対応せざるをえなかった、新しい時代の一側面をうかがわせる。——Timpe, 290f. は deditio の一面を説明して "Eine Institution, die der Ausfüllung durch das Ermessen eines Repräsentanten der römischen Macht bedarf (すなわち「すべてを委ねた」以上は将軍が相手の処置に対して全権をもつから), mußte von der Ausbildung der großen spätrepublikanischen Imperien betroffen werden" と述べ、Pompeius, Caesar, Octavianus らがその業績のゆえに fides においても優れていたことの重要性を指摘する。私はかつて (T. Yoshimura, a. O., 487f.＝本書第四章九九頁以下)、このような将軍たちが「将軍としての auctoritas」において優れていることが歴史的にいかに重要な意味をもつかを論じた。Timpe の指摘もこのことと関係があるが、われわれは imperata facere がこのような auctoritas の下に行なわれるときに、真にローマを救う力としての有効性をもちえたことに注意しなければならない。

(17) M. Gelzer, Caesar, 94, 7. 長谷川訳、三一〇頁、注七。

(18) C. Jullian, III (1909), 243. これに対し T. Frank, Roman Imperialism, 346, 16 は、カエサルが「勝者の権利」によってブザンソンに冬営することができたはずであると主張する。しかし、カエサルはセークァニー国に対して「勝者の権利」をもたない。われわれはアリオウィストゥスへの応酬にみられるカエサルの詭弁に迷わされてはならない。b. G. I 36, 1f. Ariovistus respondit : ius esse belli, ut qui vicissent, iis quos vicissent, quemadmodum vellent, imperarent ... Haeduos sibi, quoniam belli fortunam temptassent et armis congressi ac superati essent, stipendiarios esse factos. これに対するカエサルの答えとして 45, 1f. neque se iudicare Galliam potius esse Ariovisti quam populi Romani (したがってアリオウィストゥスに対する勝利はガリアに対する「勝者の権利」を生じない). bello superatos esse Arvernos et Rutenos a Q. Fabio Maximo, quibus populus Romanus ignovisset neque in provinciam redegisset neque stipendium imposuisset. quodsi antiquissimum quodque tempus spectari oporteret, populi Romani iustissimum esse in Gallia imperium ; si iudicium senatus observari oporteret, liberam debere esse Galliam, quam bello victam suis legibus uti voluisset. すなわち、アルウェルニーとルテーニーを破ったローマは、この両国に対してだけは「勝者の権利」をもったであろうが、「したがってセークァニー国やハエドゥイー国を含む全ガリアに対して同じ権利をもつ」とするのは、論理の飛躍というよりは一種の詭弁である。

(19) C. Jullian, III 260.

(20) II 4, 8. 15, 3f. V 39, 1. Plut. Caes. 20, 7 *τοὺς ἀγριωτάτους καὶ μαχιμωτάτους ... Νερβίους.*

(21) ここでは Meusel 版の Geographisches Register, s.v. Atuatuci に従う。

(22) V 27, 2. Dio Cass. XL 6, 1.

(23) C. Jullian, III 273, 4. 369. cf. Dio Cass. XL 7, 2 *ἐκ τῆς συστρατείας ἣν μετὰ τῶν Ῥωμαίων ἐπεποίητο* (*Ἀμβιόριξ*).

(24) T. Frank, An Economic Survey of Ancient Rome, I 325f. M. Gelzer, Caesar, 108. 125. 152f. 長谷川訳、一〇七・一二三・一四六頁。

(25) V 54, 4. VII 63, 7. cf. VI 12, 7 quos (sc. Remos) quod adaequare apud Caesarem gratia (sc. cum Haeduis) intellegebatur, ii qui propter veteres inimicitias nullo modo cum Haeduis coniungi poterant, se Remis in clientelam dicabant. すなわちパトロン国はカエサルから与えられるわけではなく、あくまで各国が独自にえらぶ。

(26) インドゥティオマールス以前のトレーウェリー国について C. Jullian, III 351 は次のように綜括している。"Ces Trévires étaient alors le seul peuple intact de la Gaule. Ils n'avaient été compromis ni par une connivence étroite avec César ni par des combats contre les légions. Alliés négligents ou ennemis latents, le proconsul ne savait que penser de ces hommes, les plus redoutables, disait-on, de la Gaule indépendante."

(27) cf. C. Jullian, III 204.

(28) I 18, 6 non solum domi, sed etiam apud finitimas civitates largiter posse. V 6, 1 magnae inter Gallos auctoritatis. このようなことがいわれるのは——ある時点でのインドゥティオマールス (V 55, 4) を除けば——『ガリア戦記』全体を通じてドゥムノリクス一人だけである。ウェルキンゲトリクスについてもこのようなことはいわれない。またドゥムノリクスは姻戚関係によってガリアの多くの国の指導者層と深いつながりをもっていた (I 9, 3. 18, 6. 7)。なお彼の gratia : I 9, 3. 18, 3. 9. potentia : I 18, 6. 8. auctoritas : I 17, 1. V 6, 1.

(29) V 5, 3 principes ... ex omnibus civitatibus. 彼らはカエサルがブリタニアに渡ろうとした時点で集まった人たちであるから、ブリタニア遠征が終った後にはまたそれぞれの国に帰ることができたと考えられる。

(30) セノネス国のアッコーがカエサルに反逆して処刑されたときのガリア貴族の不穏な動きを参照せよ (VII 1. cf. Constans : V 7, 8)。

(31) C. Jullian, III 376, 3では、タスゲティウス暗殺は一〇月一〇日頃、その知らせがカエサルに伝えられたのが一〇月一五日頃のことである。

(32) V 4, 1f. Indutiomarum ad se cum ducentis obsidibus venire iussit (Caesar). His adductis, in iis filio propinquisque eius omnibus, quos nominatim evocaverat, etc.

(33) C. Jullian, III 376, 3.

(34) V 34, 3 levitate armorum et cotidiana exercitatione nihil his (=α, β=ex his) noceri posse. この難解な箇所について、最近ではO. Seel, a. O., 326f. が次のような意味の理解を示している。「エブローネス人は軽装で投槍を主力としているから白兵戦ではローマ兵に傷を与えることができず、他方ローマ軍はよく訓練されているからその意味でもエブローネス人は白兵戦ではローマ兵を傷つけることができない」。すなわちSeelはcotidiana exercitationeがローマ軍のみに当てはまって、エブローネス軍には当てはまらないと考えるが(330 : Gerade weil die Beziehung des cotidiana exercitatione auf die Eburonen in baren Widersinn führt, usw.)、誰がそれを断言できるだろうか。ベルガエ戦士はローマ軍と戦わないときには何の訓練もなしに安逸をむさぼっていたのであろうか。いわんやアンビオリクスが今の時点よりやや以前からローマへの反逆を考えていたならば(それは可能である)、彼はその時から兵の訓練をとくに真剣に考えなかったであろうか。そうでなければ、どうしていま突然の実戦でローマ軍を破れたのであろうか？　少なくともこの二語をローマ軍に結びつけなければならないということは、当時の読者にとっても、ゼールが(モイゼルとともに)考えるほど自明ではなかったであろう。したがってLipsiusらがlevitate... noceri posseをinterpolatioと考えたことは別としても、Klotzがnihilの前にlacunaを想定し、Constansが同じくnihilの前にnonを補い、また他のeditoresがhisをiisにemendierenしようとしたことも決して無意味ではない。私自身もhisをiisとするEmendationに傾く。cf. Meusel, Kritisch. Anhang zu V 35, 4 (S. 483/4). そして、アンビオリクスがすでに以前から国民にゲリラ戦を含む戦争の訓練を行なっていたものと解したい。

(35) C. Jullian, III 376, 3によれば、これらは一〇月二一日の出来事であり、次に触れるキケロの陣営の襲撃は一〇月二三日頃からのことである。

(36) 34, 2 nostri... ab duce et a fortuna deserebantur. 52, 6. のちにもVI 30, 2. 4. 35, 2. 42, 1.

(37) III 18, 1f. Dio Cass. XXXIX 45. Front. strat. III 17, 7. Oros. VI 8, 18.

(38) O. Seel, a. O., 308f. は、カエサルの記述におけるこのような意図をあとづけている。cf. M. Rambaud, *La déformation historique dans les commentaires de César*, 2. éd. (1966), 220. 240f.

(39) サビーヌスについては F. Münzer, *RE* 6A, 1575f. を参照。

(40) Meusel: V 39, 1. なお F. Münzer, *RE* 7A, 1297f. を参照。

(41) C. Jullian, III 386 は、これらの作戦の指導者としてアンビオリクスを想定する。cf. Dio Cass. XL 7, 1 *καὶ αὐτοὺς (Νερουίους) ὁ Ἀμβιόριξ προσλαβὼν συνέβαλε τῷ Κικέρωνι.* ここではアンビオリクスはネルウィイ人を含む軍隊の指揮官とされる。

(42) ただし C. Jullian, III 392 は、アンビオリクスが、いかに智略にたけていたとはいえ、小国エブローネスの王でしかなく、全ガリアを率いるだけの威信をもたなかったことが、ガリア人全体の不幸であったと考える。

(43) M. Rambaud, op. cit., 100f. は、カエサルの作品中に "disjonction des faits" の手法——すなわち、事実関係が自己に不利に進展したことを覆うため、その叙述において全体の脈絡を故意に分断し、これをそれぞれ独立の小事件に分解して真の意味の理解を妨げようとする手法——があることを論証しようとする中で、次のように論ずる。——『ガリア戦記』第五巻にはいくつかの重要な事件が分散して述べられている。すなわち、カルヌーテス国王タスゲティウスの殺害、トレーウェリー国の有力者キンゲトリクスの追放、ハエドゥイー国の有力者ドゥムノリクスの反逆、エブローネス国王アンビオリクスの反逆、ネルウィイ国の有力者の反逆(41, 1)、アレモリカ諸国の反乱、およびセノネス国王カワリヌスの追放である。これらはカエサルの支配に対する不満と独立への意欲から諸国の緊密な連携のもとに統一的な計画をもって実行されたもので、全体としてカエサルのガリア統治が破産に瀕したことを物語っている。しかしカエサルは自己の統治の破綻を隠蔽したかったので、全体を次元の低いエピソード群に分解してバラバラに叙述し、読者の目をくらまそうとする。——このようなテーゼを証明する論拠として、ランボーは次のような点を挙げる。——カエサルは、十分に予知していたはずのアンビオリクスの反乱を突発事件として描く(26, 1 initium repentini tumultus ac defectionis)。その原因としてカエサル自身はトレーウェリー国のインドゥティオマールスがアンビオリクスを煽動した事実をあげるが(26, 2)、ランボーによれば、インドゥティオマールスがアンビオリクスに対してなぜこのような力をもちえたかの説明がなく、それは考えられないことである。しかしこれは、エブローネスがまさにトレーウェリーの従属国であったという事実(前述)から十分に説明がつく。また、カエサルはさらにそれ以後、中部・北部ガリア各地において反ローマ的な動きが、アンビオリクスの動きの連鎖反応としておこったように記すが、ランボーによれば、これはアンビオリクス一個人をはるかに超えた広汎なガリア人の抵抗運動を故意に無視しようとするものであり、しかもカエサルはこれらの動き(キケロの陣営の襲撃、アレモリカ諸国の反乱、セノネスの反乱)がアンビオリクスの反乱と同時に一体の動きとしておこったものであることも蔽わんとしている。しかしこの点については、ランボーがカエサルの記述を否定する根拠を出しえないことが決定的な弱点である(ランボー p. 103 がみずから言うように、この同時性は une hypothèse historique にすぎない)。否、カエサルはこれら諸事件の disjonction を決して行なっていない。カエサルがわれわれにはっきりと語っているのは、インドゥティオマールスを中心とするトレーウェリーの役割であり、これに煽動された者としてのアンビオリクスの行動、そしてその影響を受けたものとしてのネルウィイ、アレモリカ諸国の動きである。もしカエサルが事件の統一性を隠蔽しようとしたならば、彼はアンビオリクスに次のようには語らせなかったであろう。27, 4–6 civitati (sc. Eburonum) porro hanc fuisse belli causam, quod repentinae Gallorum coniurationi resistere non potuerit... sed esse Galliae commune consilium: omnibus hibernis Caesaris oppugnandis hanc esse dictum diem... non facile Gallos Gallis negare potuisse, praesertim cum de recuperanda communi libertate consilium initum videretur. 41, 3 omnem esse in armis Galliam. またランボー p. 102 は、インドゥティオマールスやアンビオリクスの動きではなく、むしろカルヌーテス王タスゲティウスの暗殺が全運動の狼煙 (le signal religieux du soulèvement général) であったとするが、これはカルヌーテス国がもつ宗教的重要性から推論した想像説にすぎない。カエサル自身はタスゲティウス事件よりはるか前からガリアの動乱の近いのを感じ取っており(5, 4. cf. 22, 4 propter repentinos Galliae motus=「いつおこるかしれないガリアの動乱」、cf. Meusel)、この恐れの説明としてドゥムノリクスのことに触れている(6, 1f.)。タスゲティウス殺害事件がおこると、カエサルはカルヌーテス国に部将プランクスと一個軍団を送ったのみで(25, 4)、殺害の犯人を徹底的に追求することなく、結局犯人は『ガリア戦記』全体を通じて不明のままに終る。これは彼がアンビオリクスを追求した執拗さと較ぶべくもない。ランボーのように、得体の知れない証明不可能なカルヌーテスのイニシアティヴを信ずるよりも、カエサルに明記されているドゥムノリクスの「信望」を想定する方がはるかに賢明ではなかろうか。前述のように、ドゥムノリクスはガリアの指導者たちから、ガリア解放の闘いを「共同して」(communi consilio) 行なうことを「誓約するように求めた」(iusiurandum poscere) のである (V 6)。彼ほどの人物に求められれば、多くの者がこの誓いをなしたと考えるのが順当であろう。したがって私は、前五四年の動乱の「元兇」はドゥムノリクスであったと想定したい。

(44) おそらく現在のセダンの南東約一五キロにあった。C. Jullian, III 394, 6. Meusel : 47, 5.

(45) Meusel : 58, 6.

(46) Dio Cass. XL 31, 2 はこの同盟のリーダーをトレーウェリーよりもむしろアンビオリクスとする――ὁ γὰρ Ἀμβιόριξ τοὺς Τρηουήρους . . . παραλαβὼν τά τε αὐτόθεν ἐπὶ πλεῖον συνέστησε, καὶ παρὰ τῶν Κελτῶν (=ゲルマン人) μισθοφορικὸν μετεπέμψατο.

(47) M. Gelzer, Caesar, 130. 長谷川訳、一二七頁。

(48) Meusel : VI 5, 6.

(49) C. Jullian, III 399, 10 は、メナピイ国を降したカエサルが、エブローネス国の北方を迂回し、現在のイープル―ガン―アントワープからオランダの東南部を通り、デュッセルドルフの北およそ五〇キロのクサンテンでライン河に出て、河沿いに南下したと考える。

(50) C. Jullian, III 404. カトウォルクスは、カエサルに降伏すれば恩賞を得られたであろう。ましてやアンビオリクスを殺せば、どれだけカエサルに喜ばれたであろうか。

(51) 『ガリア戦記』(VI 33, 3) の写本を文字通りにとれば、西方、Schelde 河の方向であるが、これを東方、Celbis 河(現在のモーゼル河の支流 Kyll 河)の方向ととる説もある。この説の方が事実関係としては理解しやすいが、文献学的にはかなり無理である。cf. Meusel : VI 33, 3 および Kritischer Anhang.

(52) 34, 1 erat . . . manus certa nulla. 35, 3 manus erat nulla quae parvam modo causam timoris adferret.

(53) C. Jullian, III 408, 3.

(54) VIII 23, 3-6. 『ガリア戦記』第八巻はカエサルの部下ヒルティウスの著である。カエサル自身はこの暗殺未遂事件にまったく言及しない(一)。

(55) IV 21, 7. C. Jullian, III 415, 6.

(56) VIII 39, 3. M. Gelzer, Caesar, 148, 271. 長谷川訳、三三一頁、注二七一。

(57) II 12, 5. 14, 1f. VI 4, 2. 5.

(58) C. Jullian, III 370 は彼について次のように言う、"c'est l'énergie la plus puissante qui se soit heurtée à la fortune de César, j'excepte Caton d'Utique". しかし、小カトーは敗死したが、アンビオリクスはカエサルから逃げ切った。

(59) ローマの「帝国主義」については、とくに本書第二章を参照。

[付記]

本稿は、秀村欣二・久保正彰・荒井献編『古典古代における伝承と伝記』(岩波書店、一九七五)に掲載された。

第一〇章　ポンペイウスの《legio vernacula》について

共和時代後期のローマは、軍事的負担の未曾有の膨張にもかかわらず、イタリア農民層の没落や打ち続く戦争による兵員の減少などによって、深刻な国防上の危機に直面した。その際ローマ人は非市民（イタリア人、属州人などの外国人）の軍事力を公的・私的な種々の形で利用したが、本来このような非市民軍事力は共和時代には補助軍の形でしか使われず、正規の軍団が非市民を主体として作られたことはなかった。しかるに帝政への過渡期になるとこの原則は崩れ、前五一年にカエサルはガリア・トランスアルピーナでローマ市民権をもたない原住民から legio Alaudae（《ひばり軍団》）と呼ばれる軍団を編成したと伝えられる（Suet. Caes. 24, 2）。これが通常ローマ史上最初の非市民軍団とされ、ローマ正規軍の異民族化という、帝政時代に重要さを増す発展の先鞭がつけられたものと考えられている。

しかし筆者は、共和時代末期史を繙くうちに、カエサルとポンペイウスとの内乱においてポンペイウス側に現れる legio vernacula（《原住民軍団》）と呼ばれる軍団が、上記の legio Alaudae よりもさらに古い非市民軍団であり、したがって非市民軍団の編成という画期的なことを行なった最初の者がカエサルではなくしてポンペイウスであると考えるに至ったので、以下にその根拠を述べ、読者のご批判を仰ぎたいと思う。

＊

前四九年一月七日、カエサルとポンペイウスの内乱が始まる直前においてポンペイウスは一〇個軍団をもっており(カエサル『内乱記』I 6, 2. Gelzer, Pompeius^{2} 198. 270, 49 に『内乱記』III 1, 4 が加わる)、そのうち七個はスペインにあった(同 I 85, 6. ただし Cic. fam. XVI 12, 4 その他の伝承については後述)。この七個の内訳は、部将L・アフラーニウス指揮下の三個(『内乱記』I 38, 1. 39, 1)、M・ペトレイウス指揮下の二個(同 I 38, 1. 39, 1)、およびワルロー(あの有名な博学家)指揮下の二個(同 I 38, 1. II 18, 1. 6)である。ワルローのもっていた二個のうち一個は legio vernacula であり(同 II 20, 4)、他は『アレクサンドリア戦記』にも現れる《第二軍団》であった(後述)。

legio vernacula という名はカエサルの『内乱記』の他にも『アレクサンドリア戦記』および『ヒスパニア戦記』に出てくるので、[1] これによってその性質と沿革を考えることができる。従来この軍団は、vernacula という名を有するから属州民軍団であり、内乱史(共和末期の第二次内乱、前四九年以降)にしか登場しないから内乱期の混乱がもたらした変則的軍団であると、無反省に信じられる傾向があった(たとえば Mommsen, *Hermes*, XIX 12f. Marquardt. Röm. Staatsverwaltung II^{3} 432f. Liebenam, *RE* 6, 1602. Veith, Heerwesen und Kriegführung 386)。それゆえいま一度史料にあたってこの軍団の組成を明らかにし、併せてそれが果たして内乱期の混乱がもたらしたエピソードにすぎないかどうか検討してみることも意味があるといえよう。

まずこの軍団が従来考えられてきたとおりスペインで現地住民から編成された軍団であることは、たしかにその名称からも一応明らかであるが、さらに傍証としてわれわれは次のことを指摘することができる。すなわち、スペインに在ったポンペイウスの七個軍団を説明してカエサルの『内乱記』(I 85, 6)は、そのうち六個がイタリアから送られたもの(missae in Hispaniam)、一個がスペインで編成された(ibi conscripta)ものであると言っているが、このスペインで編成されたものこそvernaculaでなければならない。なぜなら、『アレクサンドリア戦記』(53, 5)では、スペインで生まれた非市民としてのvernaculaの兵士が、スペインで生まれたローマ市民の兵士と並んで、スペイン生まれではない兵士から区別されている(aut in provincia natus, aut〔MSS. の aut を Nipperdey のように ut に直す必要のないことは Mommsen, op. cit. 13, 1 を参照〕vernaculae legionis milites, aut diuturnitate iam factus provincialis. これを die in der Provinz geborenen Bürger, die in der Provinz geborenen Nichtbürger und die Nichtspanier と解するモムゼン(13, 1)は正しい)。

そしてこれらの原住民がローマ市民権をもたぬこと、また彼らが——帝政時代に行なわれたように——軍団に入るに際して市民権を与えられたと解する必要もないことは、次の理由から明らかである。

(1) legio vernacula には奴隷すら兵士として従軍した(『ヒスパニア戦記』12, 1. 20, 5)。

(2)[2] legio vernacula は『ヒスパニア戦記』(7, 4)でスペインにある coloniae から編成された軍団(legio facta ex coloniis quae fuerunt in his regionibus. なお『内乱記』II 19, 3 cohortes colonicae を参照)からはっきり区別されている。ところで当時スペインにローマ市民植民市は存在せず、ただ二つのラテン植民市(Carteia, Valentia)があったに過ぎない(Kornemann, *RE* 4, 516)から、coloniae という言葉はここではテクニカルに使われているのではなく(op. cit. 568)、例えば Italica や Corduba のように多数のローマ市民が住む町を漠然と指したと考えられる。そして『ヒスパニア戦記』(7, 4)によれば vernacula はこのような町の市民からつくられたものではないことになる(もっとも、この箇所には先人も気づいていたが、coloniae という語があまりにも狭く解されたため、Marquardt II^3 433, 2 のような誤解が生じた)。

(3) スペインにはローマ市民権をもたないがローマの軍事制度・戦術に習熟した者が少なからずいたはずである。なぜならかつてここでセルトリウスが原住民を率いて勢力をふるったことは周知の事実であるが、これら原住民はローマ政府軍に敵対したためにその後も市民権を得ることができなかった(『ガリア戦記』III 23, 5 参照)。しかしこのような原住民は容易にローマ的な軍団の形に編成されえたはずである(『内乱記』I 61, 3. Plut. Sert. 14, 1 参照)。

(4) ここで想起されるのは前四八〜四七年に小アジアでドミティウス・カルウィーヌスを援けたガラティアの四分王デーイオタロスの軍である。この軍は「デーイオタロス王が何年にもわたってローマ的な訓練と装備とでつくってもっていた軍団」(legiones ab Deiotaro, quas ille disciplina atque armatura nostra compluris annos constitutas habebat『アレクサンドリア戦記』34, 3. さらに 39, 2. 40, 2. 4. 68, 2. 69, 1. 77, 2 に言及、都合三個軍団となる)と説明されるが、compluris annos とあるからにはデーイオタロスがすでに前五〇年前後にこの legiones をもっていたと考えることが許されよう。しかるに前五一〜五〇年にキリキアの総督(proconsul)となったキケロは、彼を援けたデーイオタロス王が「ローマ的装備で各四〇〇名から成る三〇の大隊《コホルス》と二〇〇〇の騎兵」をもっており、それが彼の「全兵力」(copiae omnes)であったことを伝えている(ad Att. VI 1, 14)。三〇大隊といえば正確に三個軍団に相当する。ここにわれわれはキケロが『アレクサンドリア戦記』によって legiones と呼ばれたこの非市民軍に対して決して legiones の名を許さず、これを copiae としか呼ばなかった(ad Att. V 18, 2. 21, 2. VI 1, 14. fam. XV 1, 6. 4, 5. 7. Deiot. 14. Phil. XI 33. 34)ことを知る(なお『アレクサンドリア戦記』62, 1 の Mauretania 王 Bogus の legio,『アフリカ戦記』1, 4. 48, 1. 59, 2 のヌミディア王ユバの legiones を参照)。[3] さて、キケロは前四九年一月二九日付の書簡(fam. XVI 12, 4)で内乱勃発当時のスペインにおけるポンペイウス側兵力として七個軍団ではなく「アフラーニウスとペトレイウスを指揮者とする六個軍団と大きな補助軍」(sex legiones et magna auxilia Afranio et Petreio ducibus)を挙げる。ここでアフラーニウスとペトレイウスの名が挙げられて今一人のlegatusであったワルローの名が挙げられないのは注意をひくが、しかしキケロがここで全スペインを意味していることは文脈から明らかである。すなわち、legiones Deiotarianaeという非市民軍団にlegionesの名を与えることを拒否したキケロは、ここでもカエサルおよび彼の後を受けて『戦記』の諸続編を書いた人たちがlegio vernaculaと呼ぶものにlegioの名は許さず、これを「大きな補助軍」(magna auxilia)の中に含ませてしまったのである。これもvernaculaがローマ市民の軍団でないことを証明する沈黙の証拠とされよう。

(ちなみにFlor. II 13, 29でもアフラーニウスとペトレイウスが合計五個軍団、ワルローが一個軍団をもっている[4]。しかし、リーウィウス(Per. 110)ではアフラーニウスとペトレイウスが計七個軍団、ワルローがexercitus〔Per. 111にはduae Varronianae legiones〕が現れる。)

以上四つの理由から、legio vernaculaが市民権をもたぬスペイン原住民を主体とする変則的な軍団であることは明らかといえよう。

*

さて、前四九～四七年にカエサル勢力下のヒスパニア・ウルテリオルの総督(propraetor)となったQ・カッシウス・ロンギーヌスは、その指揮下に――補助軍を別として――五個軍団をもっていた(『アレクサンドリア戦記』〔以下注記においてはb. Alex. と略す〕54, 2/3. 55, 1)。すなわち第二軍団(b. Alex. 53, 4. 5. 54, 3. 57, 1. 3)、第五軍団(b. Alex. 50, 3. 52, 1. 53, 5. 54, 3. 55, 1 MS. 57, 3. 5)、第二一軍団(b. Alex. 53, 5. 54, 2. 57, 2. 3)、第三〇軍団(b. Alex. 53, 5. 54, 2. 57, 1. 3)、およびlegio vernacula(b. Alex. 53, 4. 5. 54, 3. 57, 1. 3)である。そのうち第五軍団はカッシウス自身の手で現地で編成された(b. Alex. 50, 3. 53, 5)。他の四個軍団は彼が前四九年にカエサルから受け取ったものであるが(『内乱記』II 21, 4)、そのうち第二一軍団と第三〇軍団はイタリアで少し前に編成されたものであり(b. Alex. 53, 5. われわれの知るかぎり最新のイタリアの dilectus は Cic. Att. IX 19, 1 に言及された前四九年三月のものである)、そして第二軍団と legio vernacula とは以前にワルローがもっていたものにほかならなかった(b. Alex. 58, 1 veteres legiones. 2 quas Varro obtinuerat. 61, 1 veteranae multisque proeliis expertae legiones)。

カッシウスは前五二年に同じヒスパニア・ウルテリオルで財務官を務めた(Broughton, The magistrates II 236. Münzer *RE* 3, 1740 は前五四年以降とする)。おそらくその時カッシウスが示した貪欲さがもとであったろう(彼の貪欲さについては b. Alex. 49, 1f. 51, 2. 4. 55, 4f. 56, 3f. Liv. Per. 111 avaritia crudelitasque)、当時彼に対する陰謀があり(b. Alex. 48, 1. 50, 1 similia rursus)、これらの思い出は、前四九〜四七年においてもカッシウスと原住民の間にお互いの(b. Alex. 48, 1 de se mutuo)深刻な反感を去らしめなかった。ここに「この属州の反感を軍隊の人気によって補おう」としたカッシウスは人気獲得のため兵士に金銭を与えなどしたが(b. Alex. 48, 1f. 52, 1)その効果は少なく(b. Alex. 48, 3 quae [praemia] speciosum reddebant praesentem exercitus amorem. 53, 5. 4 第二軍団と vernacula, quibus odio sciebat praecipue Cassium esse)、前四八年に再び原住民がカッシウス暗殺の陰謀を起こしたとき、vernacula の兵士と第二軍団の兵士とはこの陰謀を支持し(b. Alex. 54, 3)、またそれに続いて起こった兵士の反乱も vernacula によって口火が切られた(b. Alex. 57, 1)。vernacula がこの属州のカッシウスに対する反感を強く代表していたことは明らかである。

また、この兵士の反乱には vernacula と第二軍団との全部および第五軍団の一部が加わり(b. Alex. 57, 1. 3. 5)、Corduba もこれに参加した(b. Alex. 57, 5. 58, 1. 4. Dio Cass. XLII 15, 2)。ところでこの反乱の全経過を通じて、同じく現地で編成された(上述)第五軍団とは異なり、vernacula が第二軍団と並んで他の軍団にまさる老練な軍団であるとの印象を与えるが、果たしてこの両軍団は、『アレクサンドリア戦記』61, 1 で、反乱に参加しなかった諸軍団と対比され、veteranae multisque proeliis expertae legiones(「百戦錬磨の古年兵軍団」)と呼ばれる。

この表現は注意をひく。なぜならばこの multa proelia とは具体的にどの戦いを指すであろうか？　ここに言及されている第二軍団と vernacula とが参加して他の軍団(この時カッシウス側に立っている第二一軍団と第三〇軍団)が参加しなかった戦いとしてわれわれが知っているのは、内乱勃発後においては前四九年のワルローとカエサルとの戦いがあるのみである。しかしこの戦いは『内乱記』(II 17 以下、とくに c. 20) に見られるごとくほとんど proelia を伴わなかった。したがって multa proelia は内乱以前に行なわれたものでなければならない。ところで『内乱記』(I 44, 2 cum Lisitanis reliquisque barbaris 〈continenter bellum gerentes〉というノヴァークの conjectura はその主旨において妥当であろう) によればスペインにおけるポンペイウスの軍隊はすでに内乱以前からルシタニア人その他の蛮族と戦ってきたというから、multa proelia はこれら蛮族との戦いを意味するものと考えられる。

しかもカッシウスのもとでは vernacula と第二軍団とは原住民のカッシウスに対する反感を代表し、また『アレクサンドリア戦記』53, 4 にはカッシウスがとくにこの両軍団に嫌われた(quibus odio sciebat praecipue Cassium esse)とあり、しかも前四九年度以降においてはこの両軍団がとくに他軍団と区別して扱われた形跡はないから、vernacula とカッシウスとの対立は、後者がまさにヒスパニア・ウルテリオルの財務官であった前五二年に遡るものとしなければならない。ゆえに、vernacula 成立の terminus ante quem は前五二年ということになる。それが併せて multa proelia という表現をも最もよく説明するものと思われる。

他方、上記のごとく『内乱記』(I 85, 6) にはポンペイウスがスペインに六個軍団を派遣し、さらに一個軍団をスペインで徴集した(sex legiones . . . missas in Hispaniam septimamque ibi conscriptam)とあり、スペインで徴集された一個軍団としては上に見たようにvernacula以外にはありえないから、vernacula成立のterminus post quemはポンペイウスがスペインの総督(proconsul)となった年、すなわち前五五年ということになる。

かくてわれわれはvernaculaという非市民軍団がポンペイウスの命令権下に前五五年〜五二年の間にスペインで編成されたものであり、したがって非市民軍団としてカエサルのlegio Alaudae(前五一年成立)よりも古いことを知るのである。カエサルは多くの点でポンペイウスの生徒であったと言われるが、非市民軍団作製という点でもそのことが妥当するのが見いだされても決して異とするに足りない。

*

最後に、カエサルにlegio Alaudae編成を可能ならしめたのがガリアにおける彼のパトロン的地位であったこと、およびAlaudaeそのものが彼の「私兵」であったこと(cf. Suet. Caes. 24, 2 privato sumptu)は明らかであるが、同様のことがポンペイウスについても言いうることを指摘しておく。もっともスペインにおけるポンペイウスのクリエンテーラに関する一般的な論述はM・ゲルツァー(*Kleine Schriften* I, 98. II, 149. Pompeius^2 53)、R・サイム(The Rom. Revolution 75)、E・ベイディアン(For. Clientelae 278f.)などが十分に研究しており、筆者はこれらに加えることをもたない。ここではただvernaculaそのものとポンペイウスとのつながりについて、次の二点をあげたい。

(1) 上に述べたカエサル派のカッシウスの下で反乱を起こしたvernaculaは、盾にポンペイウスの名を刻むなど、ポンペイウス派的に振舞った(b. Alex. 58, 1f. Dio Cass. XLII 15, 1f. XLIII 29, 1f.)。カエサル方の史料である『アレクサンドリア戦記』はこの反乱が本質的には反カッシウス的であるにすぎず、決して反カエサル的ではないとする。

しかし、Dio Cass. はこの反乱の反カエサル的、親ポンペイウス的な性格を明瞭に伝える(その典拠はリーウィウス? cf. Liv. Per. 111 a partibus Caesaris desciverunt. Dio は散逸したリーウィウスの内乱史記述を広汎に利用した(Ed. Meyer, Caesars Monarchie^2 611f.))。

(2) 前四六～四五年にスペインにおけるポンペイウス派残存勢力は legiones vernaculae を最大の頼りにしたという(b. Hisp. 7, 4)。ただし、注(1)を参照。

われわれはさらに vernacula がスペイン原住民のいかなる社会層から徴集されたかを明らかにしなければならない。しかしそれは別個の問題設定となるので、ここでは論ずることができない。

(1) legio vernacula という語はしばしば非ローマ市民たる属州民から成る軍団を指す一般的名辞と解され、G. Veith (Kromayer-Veith, Heerwesen und Kriegführung 386) などはカエサルの legio Alaudae(《ひばり軍団》)をローマ史上最初の legio vernacula とさえ呼んでいる。また、従来 legiones vernaculae という複数形が好んで使われたが、しかし、これが史料に複数で現れるのは『ヒスパニア戦記』(7, 4) 一カ所のみであり、しかもこの箇所のテクストが非常に損じていることは誰の目にも明らかである。ためにモムゼンはこの vernaculae という読み方を vernacula et II と改めている(Oxford版の apparatus による)。しかも、『内乱記』の vernacula と『アレクサンドリア戦記』のそれとは下にも見るごとく同一軍団を指し、また『ヒスパニア戦記』の複数形を生かすとしても、その一つは『内乱記』および『アレクサンドリア戦記』の vernacula と同一物でなければならない(『アレクサンドリア戦記』64, 2 におけるトレボーニウスの役割を参照)。それゆえ、およそ史上に第二の vernacula が存在したと想定する根拠は『ヒスパニア戦記』(7, 4) というきわめて不可解な箇所のみに存することとなる。かく考えてくれば legio vernacula なるものがただ一つしか存在したことがなく、この名称も固有名詞的に使われたと見る可能性も出てくる。その際、『内乱記』(II 20, 4) の altera ex duabus legionibus, quae vernacula appellabatur(「二個軍団のうちの一個、それは vernacula と呼ばれた」)という表現もそのようなニュアンスに解される。ただしモムゼン(*Hermes*, XIX 13, 1) は legio vernacula という名が、カエサルがこれを記した当時においてはいまだ耳慣れぬ表現であったため、『内乱記』II 20, 4 にこのような表現が使われた、と説く。筆者は第二の legio vernacula の存在を承認するか否かについて、目下のところ判断を保留したい。――なお、筆者は『ヒスパニア戦記』の解釈にあたって畏友国原吉之助氏の懇切な助言を得た。ここに記して厚く謝意を表したい。

（2） 第二および第三の点はマティアス・ゲルツァー先生のご教示にもとづく。先生にはこれ以外にも多くの指導を賜った。

（3） Marquardt, R. Staatsv. II³ 391, 1 とくに 469, 1.

（4） しかし、フロールスの記述がキケロを典拠としている形跡は認められないから、われわれはフロールスの背後にキケロと並ぶ――おそらくポンペイウス派の――史料を想定することができる。それは哲学者セネカの父が著わした史書(Rosbach, *RE* 6, 2765f.)であるかもしれないが、少なくともリーウィウスではないと思われる(Liv. Per. 110)。――ところでモムゼン(13f.)は、一方ではカエサルが自身では Alaudae を legio と呼ばなかったこと、他方では vernacula が legio と呼ばれたこと(上記 quae vernacula *appellabatur*)から、この二つの軍団が決して同じ性格のものとは見られないこと(すなわち一方が legio であって、他が legio でないこと)を主張する。これに対してわれわれは、ポンペイウス側の史料(フロールスの典拠およびキケロ)が vernacula を決して legio と呼んでいないこと、および quae vernacula appellabatur と記したのがカエサルにほかならないこと、を指摘することができるのである。すなわち、非市民軍団に legio の名を与え、これを legio として扱うことは本来違法であった。そしてカエサルは自己が違法を行なわずにポンペイウスばかりが違法を行なったかのごとく記すことによって、一九世紀の批判的歴史学の泰斗であるモムゼンにまで自己に有利な、そしてポンペイウスに不利な印象を与えることに成功したのである。――しかしながら vernacula が legio として扱われたことは、それが aquila をもっていたこと(『ヒスパニア戦記』7, 4. 30, 1. 31, 11)およびその tribunus militum と centuriones が言及されていること(『アレクサンドリア戦記』57, 1.『ヒスパニア戦記』20, 4)から明らかである。同時に Alaudae もスエトニウスの「カエサル伝」(24, 2)では legio と呼ばれている。

[付記]

本稿は、はじめ『西洋古典学研究』第八号(岩波書店、一九六〇)に掲載され、のち、《Über die legio vernacula des Pompeius》と題して、*Annuario dell'Istituto Giapponese di Cultura in Roma*, No. 1 (1963) に独文で発表された。

付説　公職と「反」公職
——古代ローマ共和政期の公職をめぐって——

はじめに

ローマは、オーソドックスな伝説によると前七五三年に建国され、最初は王政であったが、やがて共和政になる。共和時代のローマの制度は、伝説によると——伝説と言ってもその中に真実の核があることは一般に認められているが——前五一〇年と前四九四年の二つの革命によってその基礎がつくられた。だが、それは「制度」としては実に奇妙なもので、決してスムーズには機能しないように、特別の仕掛けをしてつくられていた。本稿ではそれが生成変化をとげてゆく過程を取り上げるが、社会経済史的な問題に触れるのは最小限にする。しかもローマの制度は公職者(いわゆる「政務官」)・元老院・民会の三者の鼎立という形で説明されるのが普通だが、本稿はそのうちの公職者(下級のものを除く)だけにスポットを当てる。したがって本稿の目的はローマの政治制度の全体像を描くことではない。しかもラテン語の術語には思い切った意訳——半ば記号化して——を用いる。

モムゼンという一九世紀のローマ史の大家によると、[1]共和政ローマの高位の公職は、個々のポストが個別の職務内容に対応するという分業の形をとっておらず、いずれも国政のすべてに関与したという。「執政官」「法務官」など日本で用いられている訳語はまったく便宜的なもので誤解を招きやすく、むしろ「按察官」のような曖昧模糊とした訳語のほうが「使える」といえるかもしれない。ただ中国や日本には古く「按察使」という地方官を監察する役人があって、これと紛らわしいとはいえる(ローマのいわゆる「按察官」は、ローマ市から外に出ることができない)。また、裁判はどの公職がやったのかと言われると、それはさまざまな公職がそれぞれなりにやったのであって、司法・立法・行政という近代的な三権分立の一環として司法権があったのではない。[2]

ローマ人はまず、前五一〇年の革命で王という存在を駆逐していわゆる共和政体を樹立すると、任期一年の最高指導者(「統領《コンスル》」)を毎年民会で選出した。当時としては、軍隊の指揮が彼らの最大の任務だったが、それはやがて「軍司令官」と限定されたポストではなくなる。これには、やはり任期一年の補佐役《クアエストル》がつく。統領もその補佐役も、きわめて初期から(伝説では共和政のそもそもの最初から)毎年二名ずつである。

王を駆逐したのはパトリキと呼ばれる貴族、つまり若干の特定の家柄に属する少数の富裕な人々である。そして、王政廃止の直後の時代にはパトリキが固く団結し、他の者は公職につけなかったと言われる(これは問題のある点だが)。統領の補佐役のポストにも、平民《プレブス》が初めてついたのは前四〇九年のことであり、共和政成立から一世紀を経ている。

こうして王政廃止の直後には、国民の上に立つ者としてはパトリキ貴族の統領と統領補佐役があり、あとは秘書とか警吏とか触れ役などの属僚がいただけである。これがローマの公職制度の最初の出発点であった(初期のローマ社会はおもに氏族・家族のレベルで動いており、「国」がやることはきわめて限られていた)。これから徐々に役職の種類は増えてゆき、のちそれらが共和時代の後半から後述の「昇進コース」の形をとる。

一　常設されない公職

発達した共和政時代のローマには常設の公職と常設でない公職がある。常設の公職――さしあたり統領とその補佐役――は、毎年民会で選ばれて複数のメンバーで仕事をする。本稿はローマの公職システムの基本的な性格とその骨格を明らかにすることを目的とするので、常設の公職をメインテーマとする。しかし常設ではない公職にも重要なものがあるので、一応これに触れておきたい。

その一つは「大監察官」で、何年かおき(前二〇九年以後は五年おき)に置かれる定員二名、任期一年半の公職である。これは、前五世紀後半に統領の任務が過重になったので、そのある部分(きわめて重要な)を肩代わりするために設けられたものであるが、国勢調査によりローマ国民の政治生活の枠組みである各国民の身分の割り振りを決定し、前四世紀末ごろからは元老院議員をクビにすることとすらあった。共和時代のローマで最も高位の公職であり、統領経験者が就任するという慣習が定着してゆくほどで、原語で「ケンソル」というが、私は片岡輝夫氏に従ってこれを「大監察官」と訳すことにしている(3)。

もう一つ、常設ではない重要な公職に「独裁官」がある。これは特別な任務のために――例えば重大な戦争遂行など――ふつう統領によって任命されるもので、副官はいるが同僚はなく、つまり定員一名、しかし任期は半年以内と限られている。

これらは、最初から共和制公職制度の青写真の中にあったというよりは、統領とその補佐ということで共和政治を発足させてみたが、それでうまくゆかない事態が生じたので、アド・ホクにこれらを置き、それがその後必要に応じて繰り返されるようになったのであろう。

二　常設の公職——「統領」「統領補佐役」体制

同僚制　さて、常設の公職である統領や統領補佐役のように複数の定員をおくのを普通「同僚制」と呼んでいる。これからのち役職の種類が増えていっても、常設の公職は、四人、六人、一〇人、など必ず偶数に——つまり多数決が成り立たないように——なっている（臨時の公職には奇数のものもある）。多数決というような、複数の人格の意志を足して割ったり、あるいは差し引き計算してからでなければ動けないのは、ローマの支配者の行動様式ではない。もちろん、多数決という方法がこの世に存在しうる、ということに気がつかないほどローマ人は幼稚ではない。元老院も民会も多数決で決議をつくる。しかしその際にも、「一票」というものの重みの観念がわれわれとは全然異なる。例えば〈えらい人〉の一票が〈えらくない人〉の一票の何千倍の重みをもつのを、ローマ人はあやしまない。同僚どうしが話し合いによって物事を決めることはあるにしても、ローマの支配者は決して民主的な人たちではなく、一人一人がもっと権威主義的である。だから定員が四人なり六人なりの公職があっても合議制はとらないし、それぞれの「長」というものもない。

したがって同僚中の一人が、他の同僚に諮ることなく、その人一人だけの独断で何かを行なっても、ローマではこれはそのまま直ちに有効である。ただし、他の同僚の中の一人でも「拒否権」（正しくは「干渉権」）を発動したら、それで直ちに前の人の行動は無効になる。拒否に対する拒否は成り立たない。したがって、同僚制といっても一人一人が単独で自由かつ完全に行動することができるのであり、いわばその公職を独占していた。だから「拒否権」

によって互いに掣肘しあったのである。同僚の意見など聞かなくてもまったく問題はない。しかし聞いておかないと、事柄によっては同僚の拒否に遭い、その意味では、やはり根回しが必要であった。

「鳥占権」「命令権」　統領の権力を構成するのは、「鳥占権」と「命令権」である。

「鳥占権《アウスピキウム》」とは聖別された空間での鳥の行動から神の啓示を受け取る超越的な力(国民を統率するのに必要なカリスマ(クンケル)[4])のことで、この権能を委ねられた者は事を行なうにあたって、行なおうとすることをローマ最高の神であるジュピターが嘉し給うか否かを占った。

「命令権《インペリウム》」はこれと不可分のもので、その起源や元来の性質はよく分からないが、少なくとも共和時代においては、それが軍指揮権、司法権、行政権などを包含し、かつ服従しない者を処罰できる包括的な権力であること、あるいは早い時期にそうなったことは疑いない。

パトリキは、これらがプレブスによって行使されるのを神聖冒瀆と考えていた。

名誉標識　のちのちまで命令権保持者は特別の「標章《インシグニア》」を持ったが、統領の「標章」の一つに、彼に随行する一二人の警吏がおり、ファスケスという、斧といっしょに棒の束を革紐で縛ったものを左の肩に担いで、統領の露払いをする(ただしローマ市内では斧は外す)。警吏はつねに統領についてまわり、統領が市民に演説をするときにはいっしょに演壇に登る。そればかりでなく、統領が用もなく散歩をするときにもいっしょにいる。統領が人を訪問するときにも、ついていって訪問先の戸を敲く。統領が公共浴場に行くときにもくっついていく。こういうときにも、突然誰かの奴隷を解放する、というような「公務」を頼まれることがあったからである。また、統領が自宅にいるときには警吏はその邸の玄関の間に控えている。統領がまったくの私用をしているときも、この警吏が傍らにいなければそれは習慣に反することとされた。だがむしろそこでは公務か私用か、という明確な区別はない。「勤務時間中」などという観念はない。こうやって、いつどこででも統領としての務めを果たすことがあったので、統領は「車で運ぶ椅子」を用いた。これは簡単な象牙製の折り畳み椅子であるが、統領は奴隷解放や裁判や徴兵などもこの椅子に座って行なわなければならなかった。ローマでは民会などでも、公職者は座り一般市民は立っている、というのが大原則である。だからこの椅子も統領の「標識」の一つとされる。

プロウィンキア　それぞれに至高かつ完全な命令権と鳥占権をもった人格が複数存在するのが、統領の「同僚制」であり、複数の人格から成る一つの公職の内部では任務を分担しあう「べきだ」、お互いに相手の任務分担に手を出しては「ならない」、という観念はない。もちろん、これには限度がある。ローマが大きくなった後、わずかな人間に、一人一人がローマ市と、スペインと、アフリカで裁判の責任を持て、敵が攻めてきたら防衛の責任も持て、と言われても、当時としてはそれは不可能であり、そのときにはそれぞれの人の「管轄」が決められる。これを「プロウィンキア」という。英語の「プロヴィンス」の語源である。しかし、スペインをプロウィンキアとする統領は、たまたま別の人のプロウィンキアであるアフリカにやってきても統領としての権威を失わない。

こうして、一人の統領はその相棒として自分を否定しうる者をもっていた。こういう危険な要素を含んでいたので、人々は二人の統領が「仲よく」仕事をすることを期待し、同僚どうしの衝突を避ける工夫がなされた。古い時代ほど二人の統領が同じ所で任につくことが多く、そういうときにはその二人が、ローマ市では一カ月ごとに、戦地では一日ごとに輪番で命令権を行使し、したがって交替でファスケスを持つ警吏を先行させた。そういうときには籤引きで順番を決めるとか、話し合いで決めるとか、若いほうが年長者に先番を譲るとかいうことがなされた。しかし輪番であっても、休んでいるほう、つまり下番《かばん》の者は、任務についている者、つまり上番《じょうばん》の者に対して拒否権を行使することができた。ただ、戦場ではそれはできなかった。もちろん、同僚が離れた所で任務につくようになると拒否権の行使は事実上不可能になる。拒否権というのはそう何日も後になってから行使できるものではない。少なくとも共和時代後期について知られるところでは、例えば民会での法案の成立をつぶすのには採決の前に拒否権を発動しなければならない。それは、その法律の内容を否認するというよりも、民会の賛成を得てその法律をつくるという提案者の行為を拒否するものだからである。(5) 選挙の民会では投票が終わったのちに司会者がある候補者の当選を宣言したときに、この宣言の行為を拒否して無効にすることができた。

統領補佐役(6)　これは原語で「クアエストル」といい、日本では「財務官」と訳されている。(7) その起源については明確なことは言えないが、たとえば王政時代に王の下働きをした者が、共和時代になって統領の下働きをするようになったのかもしれない。

クアエストルは、王政時代から殺人事件の調査をやらされたので「取り調べる者」という意味でクアエストルと呼ばれるようになったという説があるが、そうだとしても彼にはもう一つ大きな仕事として国庫の管理という任務があり、前五世紀後半に貨幣に相当するものが現れたのちには(8)このほうが重要になる。つまり、彼は国庫の鍵を握ったのである。ただし統領または元老院の命令するままに支出した。また国庫は金銭ばかりでなく公文書も保管する。元老院決議や民会に出された提案などがきちんと製本されて統領補佐役によって保管され、求められればいつでも古い文書が出せるようにしてあった。また戦陣においては、彼は出納・兵站を扱ったばかりでなく、直接に軍隊の指揮をとることもあった。(9)

「統領補佐役」という言い方に問題がないわけではない。モムゼンはこれを「統領補佐役」として扱うが、古くから(10)この説には反対があり、先年亡くなったドイツのローマ法の大家クンケルはクアエストルが「統領補佐役」になったのは共和時代末期のことだと言う。(11) だが、それがもともと「補佐役」という資格で成立したか否かはともかく、統領の下にある唯一のポストだったし、古くは統領の望む人が任命ないし選出されたので、少なくとも事実としては命令権保持者である統領を助ける立場にあっただろう。

このポストは王政時代にはまだ存在せず、共和時代になってから統領を助けるために国庫の管理や裁判権の一部が委ねられてできた、とする説もあるが、いずれにせよ統領はもはやこれらの仕事をクアエストルに任せて自分は手を出さなかった。かといってクアエストルは統領と別の、独立した存在になったのではなく、両者の一体性は保たれた。統領は仕事の一部を彼に譲渡したのではなく、便宜的に委ねたのである。統領はクアエストルのやることに対して「禁止権」をもったし、上述のように戦場ではこれを部将に任じた。

統領とその補佐役の関係は、ローマ市内では次第にクールになってゆくが、外地では人間的な関係が保たれる。外地というのは特別なところで、一人の統領ないしそれに相当する権能をもった者が一つのプロウィンキアに派遣されるので、同僚制という制約がなく、また、遠い所で毎年任務交代していると大変なので、何年にもわたる任期の延長が行なわれ、その意味で権力が制約のない形で行使されるという状態に近づくことになる。ここにも統領補佐役＝クアエストルが送られることになるが、クアエストルの定員が次第に増加するのは、そういう必要に応じるためである。ローマ市で任務につくクアエストルは二名で、「首都クアエストル」と呼ばれたが、プロウィンキアの統領(ないしそれに相当する者)の下で働くクアエストルは、統領の名前をつけて、例えば「ポンペイウスのクアエストル」「カエサルのクアエストル」などと呼ばれた。(12) ここでは統領と補佐役との関係は、他の公職の間では例を見ないほど親密で、親子の関係に譬えられた。(13) 任期が終わった後にも、この二人の間の親密な関係は後々まで維持されるのが普通で、例えば統領だった人が後に裁判にかけられたとき、その補佐役として彼に仕えたことのある者は、その訴追者ないし訴追者側の証人として法廷に立つことは道義に反すると考えられた。上記のようにその任命には統領の意向が強く反映されたし、共和政の最初、統領は自分の好む人をその補佐役に指名したということもあるし、元来、統領とその補佐役との関係は決していわゆる「官僚的」なものではなく、もっと血の通ったものであったようである。こうして、

〔表1〕

公職	統領《コンスル》	統領補佐役《クアエストル》

これがローマの公職の端緒的な形である。そして、この統領とその補佐役および後にそれから分かれて出たものを、後代これにプレブスが就任するようになっても「パトリキ系」の公職と呼ぶ。

補足　なお、筆者は水谷智洋氏から興味深い話をうかがったので紹介しておきたい。それは穂積陳重『法窓夜話』(岩波文庫版、二〇四～二〇五頁)が伝えるエピソードである。

箕作省吾という幕末の蘭学者が『坤輿図識』(一八四五)という本を著わすとき、オランダ語の文献の中でレピュブリーク(republiek)という言葉に出合い、それを何と訳してよいか分からず、思案のあまり大槻磐渓先生(一八〇一～七八)のもとを訪れて訳語を相談した。磐渓先生は、「国として君主のないのは変体ではあるが、支那にもその例がないこともない」とされ、周の厲王が民に襲われて出奔したとき(前八四一)に、周公、召公の二宰相がやむなく協力して国事を治め、その時期を「共和」と称したという『十八史略』の記述を思い出して、「共和政治」としたらよかろう、とすすめられ、これが現在にいたるまで使用されている、というのである。この「共和」という言葉について、唐の張守節の『史記正義』は、「公卿相與に和して政事を脩む、號して共和と曰ふ也」、と説明している。

厲王は「共和十四年」に死んだとあるから(『史記』)、「共和」というのは年号のように使われている。ローマ人は、共和制時代の初めしばらくの間「王追放後何年」という年代の数え方をしており、後になってローマ建国暦が使われるようになった。

伝えによればローマのいわゆる「共和政」の最初の統領二人のうち、一人は最後の王の甥、もう一人はこの王のイトコの子だったという。その後も統領になったのは、しばらくの間パトリキ貴族であり、まさに「公卿相與に和して政事を脩む」であった。ローマの状況はこの西周の「共和」時代と似ていると言えないだろうか。ローマも周も、それまで約二〇〇年にわたって、つまり人間社会としての記憶を遡り得る最大限の昔から王に支配されてきた。だから「国として君主のないのは変体である」という感覚はありえただろう。前五〇九年以後のローマの政治を「自由な共和政治」などと呼ぶのは、後にギリシャの影響でつくられた観念に違いない。ギリシャでもこんな観念がはっきりと出てくるのは、前五世紀からのことである。中国では、共和一四年に厲王が死ぬと「君主のない変体」が終わって、再び宣王という王が位につくが、ローマでは「君主のない変体」である「共和政治」を不器用に発足させると、それが次の発展へのステップになり、そしてギリシャの政治理論から一定の影響を受けて貴族政的な「自由な共和政」をつくる。それには、国としてのローマの規模の小ささと一定の「公開性」が大きな意味をもっただろう。そして、中国との最大の違いとしては、次に述べる「反統領」のもつ意味が大きかったと思われる。

三　反公職――「反統領」とその補佐役

さて、統領とその補佐役から成るささやかな「政府」に対して、それが誕生してからほどなく、それを上回る強力さをもってそれを否定しうる存在、いわば「反政府」が出現することになる。伝えによれば、前四九四年の事件によってである。

反統領　それが有名な「聖山事件」である。従軍中のローマの平民が、日頃の富裕者の経済的抑圧に堪えかね、ローマという国から逃散して「聖山」(むしろ鈴木一州氏に従って「呪いの山」と訳したほうがよい)にこもった、という事件である。

それは、前五一〇年の革命から一五年ほどしかたっていない。前五一〇年から後も、追放されたローマの王はローマの北方のエトルリア人の有力な王の力を借りてローマに復帰しようと努力する。これは、伝えによれば前五〇六年まで続く。この間にローマは対外的に急激に勢力を落とし、周囲の諸部族から攻められた。ローマ憎しの念に燃えた人物、つまりローマから追放された王が死ぬのが前四九五年のことである。ローマは苦しい境遇にあった。ローマが苦しい立場にあると一番苦しむのは下層民である。ローマの自由人の人口も、王政廃止直後の前五〇八年に一三万、しかし前四九三年には一一万と伝えられている。

そして、「聖山」にいた間にプレブスは、ケレス女神、リーベル神、リーベラ女神という三神(ギリシャ語でいうとデーメーテル女神、ディオニュソス神、ペルセフォネー女神)の名にかけて互いに誓いを交わして「不可侵の盟約」(lex sacrata)[14]を結び、二人のリーダーを選び、これに、まさにこの頃これら三神に奉献された神殿の二人の管理人[15](アエディーリス)が補佐役としてつき(後述)、これらを「神聖不可侵」(この概念の説明に立ち入る余裕はない)なものとした。

パトリキ側から見るともちろんこれは大変な事態である。ローマの国を防衛するはずの軍隊がローマから逃散して盟約による団結を固め、あたかも独立国になったかのように勝手に統領のようなものをつくってしまった。これでは、パトリキとしては、自分たちの国、財産や家族を外敵の襲撃から守ることはできない。それに、ローマの国にまだ残っている平民が「聖山」の連中と合流すれば、もうローマの国は解体してしまう。

それで、プレブスにローマに戻ってもらうために妥協が計られることになる。そのためにはプレブスの盟約は事実上承認せざるをえない。彼らのリーダーの神聖不可侵性も否認するわけにはいかない。筋が通らないだの、断固拒否だのと言っている場合ではない。それでパトリキは、いわば面子を失わない形で降参する。降参したのである以上、プレブスのリーダーはパトリキ政府のリーダーである統領の下風に立つことはもはやありえない。それは、いわば「対立統領」の地位を確保する。本稿では、これを「反統領」と呼ぶことにしよう(日本では普通これを「護民官」と呼ぶ)。ただ、非常の際におかれる独裁官だけは、プレブスのリーダーの力の圏外に置くことをプレブスに認めさせる。こうして事実として認められた反統領とその補佐役は、「公職」に対する「反公職」とも言うべきものである。

二人の反統領はほどなく四人、やがて一〇人になる。任期は一年である。

以後プレブスは、一つの団体として「国家の中の国家」と呼ばれ、さらに近代の学者はこれを「革命の恒久化」などと形容する。たしかに、一方ではパトリキとプレブスの共通の利害にかかわること、例えば外敵に攻められたときなどには両者は一致協力することが多く、現にパトリキとプレブスを合わせた民会(「兵員会」)で統領を選ぶなどしたが、それ以外の場合には、ローマでは二つのグループが喧嘩の状態にあったのである。しかもパトリキは、うっかり反統領に触ると大ヤケドをした。あるフランスの学者[16]の表現を借りると、反統領とは本質的にアナーキー的な存在であり、反統領の身体はタブーの力で守られており、誰も彼に指一本触れることができなかったし、彼の演説を妨害することは神聖冒瀆を意味した。野次を入れてもならなかった。前一世紀になってもある反統領は、自分の演説に野次を入れた大統領を、鼻血が出るほど乱暴に扱って牢獄に投じたという[17]。反統領ができてから六〇〇年後の紀元後二世紀になってもこの点は守られていた。[18] 前一世紀のキケロ[19]は、反統領を「反乱の中から生まれ、反乱のために存在する」ものと言っている。それは、現代人が考える一つの「官職」とは全然違ったものである。いわば、一つの国に、伝統的な政府と革命政府とが並んで存在したのに似ており、合理的な近代人には考えられないことである。初期ローマのような小ぢんまりした国民の大部分がリーダーをつくって宗教的な誓いによって団結すると、それは公職者も歯が立たない恐るべき力になったのである。反統領は、少なくとも初期については、完全な無法者というイメージに近い。

具体的にいうと、反統領はプレブスを守るために、プレブスに不利——たとえば徴兵、懲罰など——を与える者を捕らえてリンチを加え、断崖から突き落として殺すことができた。それから免れる道はただ一つ、他の反統領の「拒否」だけである(上記のように、拒否そのものを拒否することはできないが、刑の執行ということは拒否の対象になる)。このリンチ刑は前四五〇年の「十二表法」で禁止されたというが、前一世紀にいたるまで実施された例、されかけた例がいくつか伝えられている。[20]

反統領の任務は、一言でいえば、プレブスを集団としても個人としても「助ける」こと、統領のやることでプレブスにとって不利なことがあったとき、それをやらせないことだということができる。何かを「する」ことが任務だったのではなく、「させない」ことが任務だった。そして本来は、それ以外の任務はもたない。熱心な反統領は、統領が何かをしたら拒否権を発動しようとして統領をつけまわし、統領は反統領から逃げまわるという状態であった。だから、あえて言うならば「反任務」「マイナス任務」が反統領の本来の「任務」である。反統領は、統領の意志に反してでもプレブスの集会を開いて決議をつくり、これを実力によって実現させることもできた。これは後代に積極的な立法権になってゆく。

もし統領が「合法的」に任務を遂行するというならば、それをぶちこわす反統領は「非合法」を本来の任務とする。その拠りどころは大衆の力と宗教的盟約の力である。もし世の中が完全に平和で、人々に何の不満もなければ、反統領は出る幕がない。ローマ市民の食べ物や飲み水の世話も、裁判も、外交も、戦争の指揮も、すべて他の人がやってくれる。反統領は、任期の一年間、何もせずに家で寝ていても、それによってローマの「国務」が停滞するということはない。制度としてはそれは、われわれには決して「合理的」とは見えない。ある書物からの孫引きで申しわけないが、スペインの有名なオルテガはローマの制度について「ローマ人の天才的非合理性」という表現をしているとのことである。[21] むしろ「不条理」と言ったほうがいいかもしれない。ローマ帝政時代の学者プルータルコス[22]も、「反統領は公職などではまったくない。……それは公職の妨害者であり、公職であるよりも公職に対峙する者である」と言う。

こうして、「反統領」と「統領」とを比較すると、実際には「反統領」のほうが力が勝っている。モムゼンの理論構成では、反統領は「独裁官」を除く(ただし前三世紀からは除かない)すべての官職よりも、したがって統領よりも「メイジャーな権力」(major potestas)をもつとされる(正しい用語法でないことはモムゼン自身の言うとおりなのだが)。[23] 反統領は統領の行為を拒否する力をもつが、統領は反統領の行為を阻止するすべをもたない。

「拒否権」と「禁止権」　なお、同僚が同僚のやることを「拒否」するのと上級の公職が下級の公職のやろうとすることを「禁止」するのとは性質が違うし、さらに反統領が統領のやることを妨害するのはそのいずれとも違い、[24] 上に反統領の「拒否権」と言ったけれども、厳密には「拒否権」という「法的権利」ではなく、暴力に過ぎない。

上に、統領はまったくの私用をしているときも含めて「警吏」を従えていた、と述べた。反統領は「命令権」も「鳥占権」ももたないので、警吏をもたないし、あの折り畳み椅子ももたない。他方、彼はいつ助けを求められても応じ得るように、自宅の扉を夜中でも閉じてはならなかったし、一日以上ローマ市を留守にしてはならなかった。

パトリキには、パトリキ身分に属さず、プレブス集団にも加わらなかった「子分(クリエンテス)」がいたが、それが何人ぐらいの勢力だったかは、明言できない。民衆の中にも、プレブス集団の一員として行動しようか、パトリキの子分として動こうか、日和っていた人も多かっただろう。しかし、パトリキの子分はおそらくかなりたくさんいて(ときとしては一氏族に何千人という規模で)、それがパトリキを支えていたと想像される。

しかし反統領は統領のやることを破壊する力を確実にもっていた。むしろ反統領は、そんなに強いのなら、どうして政府を乗っ取ってしまわなかったのか、ということが不思議に思われる。事実ギリシャ史では、民衆の力に頼って政府を乗っ取ったものとして「僭主」がいた。これは、「ハイジャック」ならぬ「政府ジャック」のようなもので、反統領も「政府ジャック」をやろうと思えばできたかもしれない。しかしローマの反統領は「マイナス任務」に徹する。マックス・ウェーバー[25]が、「護民官は僭主のネガ像だ」という意味のことを言うのはそう理解していいように思われる。なお、統領は最高軍司令官として「軍隊」という名の「暴力装置」を握っていたから強いはずだ、と言うのなら、その「軍隊」を構成する兵士は、多くの将校まで含めて[26]ほとんどプレブスである。

だが、反統領の行動範囲はふつうローマ市内に限られていた。しかし、この中でならローマ帝国全体にかかわる事柄についても発言できた。それは当然なのであって、ローマ帝国というのは、古代末期を除くと、ローマという都市国家がよその国々を支配している、という性質のものである。よその国々を支配するためには、直接的には、統領ないしそれに類する者が現地に派遣されるが、ローマそのものはエンパイア支配の主体である都市国家であるから[27]、この都市国家であるローマ市の中で行動できれば、反統領としては、出先機関に直接働きかける機会がなくとも、一番肝腎な点は押さえていることになる。霞が関も永田町も反統領の手の届く都内にある。ここで詳しいことを述べる余裕はないが、反統領たちの活動なしにはローマによる地中海帝国の建設はありえなかったのである。

以上、ローマの公職制度の原形は次のようになる。

〔表2〕

公職	統領《コンスル》(2)	統領補佐役《クアエストル》(2)
〈反公職〉	反統領《トリブーヌス》(10)	反統領の補佐役《アエディーリス》(2)

カッコ内の数字は、前五世紀中頃の定員数である。いずれもそれぞれの身分のうち社会的地位の高い者が選ばれたが、反統領だけ他のポストに比べて目だって定員が多く、連年一〇人ずつ選ばれなければならなかったので（統領が選出されないことがあっても反統領は必ず定員だけ選出されなければならなかった）、その分だけ——富裕なプレブスを中心としつつも——プレブスの中でも社会的地位の低い者まで選ばれることが多かったことは想像に難くない。

さて、本稿の冒頭に引用したモムゼンは、共和時代のローマの公職は王権というテーマのヴァリエーションだと考えた[28]。この説はその後さまざまに批判されたが、ここでは〈反公職〉は「王→公職者」というテーマに対抗する対立テーマだったと言うべきだろうという点を指摘しておきたい。

のち「公職」は「パトリキ系公職」となり、〈反公職〉は「プレブス系公職」となる。さらに後、前者はややふくらみ、後者と結びついてエリートたちの「昇進コース」を形成する。以下、このことを見てみよう。

四 「応用問題」との取り組み

こうして、すでに前五世紀に公職と反公職というローマ共和制公職の基本的な骨組みが形成されたが、われわれの問題にとってとくに注目すべき次の出来事は、前三六七年の改革である。上に、反統領ができた頃のローマ市民の総人口は一一万ぐらいだと述べた。前三六七年ごろにはローマ市民成年男子の数は一五〜一六万である。ローマの直接の支配領域はその頃——前四世紀中頃——には日本の一つの県、それもあまり大きくない県ぐらいだった。

だが——結論を先に言ってしまうと——それから二〇〇年のうちにローマは地中海世界の東西にまたがる大エンパイアを築き上げ、さらに一四〇年後にはローマには帝政が成立し、「ローマの平和」の世界がうちたてられるが、驚くべきことに前三六七年の改革でできた形が、そのまま共和政時代の終わりまで三四〇年間にわたってローマ公職制度の一貫した枠組になっている。つまり、ローマが東京都ぐらいの支配領域しかもたなかった時期の道具立てを、運用の面で操作しながら、なんと帝政の成立にまで及んでしまう。そのための工夫として、例えば統領《コンスル》の命令権に「相当《プロ》する」命令権をもつ者、つまり「統領相当官《プロコンスル》」を何人もおくとか、任期一年という約束に縛られずに任期を何年か延長するとか、「上級命令権」の観念を導入するとか、そういったさまざまな創意を凝らしてゆく。それは壮大な「応用問題」に対する苦渋にみちた「解答」であり、ローマのエンパイア支配はまさにこのことなくしては成り立たなかったのであるが、これを説明することは公職だけの問題ではなく、もはや歴史全体の問題になってしまい、ここでは扱いきれない。

しかし、さすがにそれではもはや地中海世界全体を覆う支配には時代後れになったので、帝政時代に入ると共和政時代の公職制度は大きく修正され、いわば官僚制的な要素が取り入れられる。しかし銘記しておくべきことは、帝政時代になったときの皇帝の権力は二本の柱に支えられており、一つは「統領に相当する命令権」、もう一つは「反統領の権力」であった。帝政期の歴史家タキトゥス(29)は後者を「最高の権力を指す言葉」としている。前四九四年に早くも出揃った二つの権力が、その名も変えずに約五〇〇年の歴史を貫いて、のち皇帝権力の根幹を形成するのである。

この間の時代背景として、前四世紀の中頃、とくにその後半から、後のローマの公職の性質を規定するさまざまな要素が現れはじめるが、ここでは次の点を指摘しておこう。

第一に、農地をもつプレブスがローマ市から遠距離の地域に広く住むようになり、ローマ市には外人や解放奴隷やその子孫などの形で商工業者が急激に増大する一方、無産者が多くなってゆき、反統領を直接にバックアップするローマ市内の平民の質が徐々に変わる。(30)それはもはや、旧来の意味でのプレブス身分を代表するものではなくなる。

第二に、パトリキ貴族の数が減ってゆき(パトリキはプレブスに移籍できるがプレブスはパトリキになれない)、富裕なプレブスが力を増し、残ったパトリキはプレブスの選良と手を結んで新しい支配層(ノビレスと呼ばれる)をつくりはじめる。

五　前三六七年の改革

したがってまず前三六七年の改革をやや詳しく説明する。これには三つのポイントがある。

①　プレブスに統領の地位が確保された。

②　小統領《プラエトル》が新設された。

③　貴族按察官が新設された。

プレブスの統領　まず①として、前三六七年に二人の統領のうちの少なくとも一人がプレブスでなければならないことが定められる。ただしこれは平民会の決議で、パトリキはこれに拘束されない。だがこれが若干の曲折を経てのち完全に定着するのは(前三四二年ないし三二〇年以降)[31]、力関係やパトリキ側の譲歩(次に述べる小統領や貴族按察官——ともにパトリキ——の設置は譲歩の代価だったという)[32]などによってであった。

プレブスが統領になると、この人は同僚であるパトリキ出身の統領のやることに対して拒否権を行使しうるし、さらに統領より下位にある公職のやることに対して禁止権をもつ。そして、反統領そのものは存在を続ける。しかもプレブスは統領になることによって外地で戦争の総指揮をとることもできるようになった。前三六七年の法がプレブスの勝利を意味するとされるゆえんである。しかしこれも、ローマの貧しい市民大衆が富裕なパトリキ貴族と闘争をして勝利を得たというものではなく、プレブスの中の富裕な分子が貧民の不満をだしに使って彼らに特有の要求を貫徹させた、と言ったほうが正しい。

小統領　そして、②についていうと、この改革により、二名の統領にもう一人パトリキの同僚が加えられた。これは、三〇年ほど後からプレブスでもよいことになった。この第三人目の統領は、これまでの統領のマイナーな同僚(minor collega)、したがって、この人にとって、これまでの二人の統領はメイジャーな同僚(major collega)[33]とされる。二人の統領だけでは到底すべての国務をこなしきれなくなったので、さしあたりローマ市内における民事裁判をこの新しい統領に任せたのである。第三の統領はこれから後、およそローマ法というものを人類の遺産とする上できわめて大きな役割を果たすことになる(といっても、実際にはそれは顧問として彼らを助けた法学者たちの功績であるが)。というのは、彼らは法を形成する権限をもっていたのである。以後これまでの二人の統領はローマ市内での民事裁判には口をさしはさまない。この第三の統領は別の名前——プラエトル——で呼ばれることになる。日本ではこれを「法務官」と訳している。しかし「プラエトル」とは「長官」という意味のラテン語であって、とくに軍司令官というニュアンス[34]が強く、「法務」という意味は含んでいない。じつは統領も、前五〇九年に設けられたときから「コンスル」ではなく「プラエトル」と呼ばれたのだ、という説は定説に近い。ところで従来からの二人の統領は、あくまでプラエトルのメイジャーな同僚であるから、自分では民事裁判をやらないが、プラエトルの民事裁判(法廷の設定や裁判方式の指示——プラエトルは本来「裁判官」ではない)に干渉して拒否権を発動することができる。[35]しかも、プラエトルが握った裁判権はあくまでも民事裁判権であり、それもローマ市内のことだけに限られた。ただしローマについて何を民事法、何を刑事法と呼ぶかはここではあげつらわない。

いずれにせよ、プラエトルを「法務官」と呼ぶのは正確ではない。プラエトルはあくまで統領の「マイナーな同僚」なのだから、従来の統領を「大統領」と呼ぶことにして、プラエトルを「小統領」と呼ぶことにしよう。モムゼン[36]はあるところで、小統領の「命令権」は大統領の「命令権」よりも「より弱い」が「より完全」だと言っている。これは、小統領が民事裁判権までもつことを指している。小統領といえども、あくまで命令権と鳥占権を具えた統領である。もちろん、統領であるから、あの「車で運ぶ椅子」を使う。

さて、「小統領」の定員は、時とともに増加してゆく。設立当初には一名だったが、前二四二年には二名、前二二七年には四名、前一九七年には六名、という具合である。前二四二年に二名になったのは、「ローマ市民の間の裁判」をつかさどる小統領と、「ローマ市民と外国人との間および外人相互の間の裁判」をつかさどる小統領とが区別されたのである。前二二七年に四名になったのはその十何年か前にローマの支配下に入ったシチリアとサルディニアに、前一九七年に六名になったのはスペインの二つの部分に、それぞれ統領(総督)を派遣しなければならなくなったからである。前一世紀にはさらに増える。[37]

小統領が複数設けられるようになると、それぞれの小統領は、市民係小統領とか、外人係小統領とか、ローマ以外のそれぞれのプロウィンキアの小統領とかに分かれて(これは籤で決める)単独で任務分担をもち、小統領の集団の中ではお互いに干渉しあうことができなくなる。しかし、外人係小統領と市民係小統領とは共にローマ市で任務についた場合、互いに干渉することができた。[38]

小統領設置の最初には、小統領がローマから離れて外敵と戦うことがよくあった。[39] 後にも、元老院の命令によって市民係小統領がローマ市を離れ、軍を率いて戦争を行なう例はしばしばある。[40][41] そのときには彼はれっきとした「軍司令官」であり「法務官」ではない。とくにローマ市内で任につく外人係小統領は、前二世紀の中頃までは、その裁判権を市民係小統領に任せて「法務」官であることをやめ、他の目的(とくに戦争の遂行)のために使われることがあるもので、少なくとも前二世紀の中頃までは、元老院から見れば、出動命令を待つ予備の軍司令官のようなものだった。[42] 小統領が四人になり六人になると、その大部分は外地(戦地)に軍を率いて派遣され、ローマ市には一人しか統領(小統領)が残らないという例が多いので、[43] プラエトルを「法務官」と訳すのはますますおかしい。

さて、これが大統領と小統領であるが、これから後の反統領について一言しておく。

歴代の反統領の奮闘の結果、前二八七年の「ホルテンシウス法」によって、反統領が主宰するプレブス集会での決議はパトリキとプレブスを併せた全ローマ国民を拘束する「法律」になった。[44] ローマの国法をつくるのが「非合法」を本質とする反統領の役目になったのは前四九四年以来積み重ねられてきた「非条理」の仕上げとも言えよう。以後、反統領は広い意味での「公職」[45]となって、プレブスに限らず一般国民を守ることになる。かつてのリンチ裁判も民会裁判として少なくとも外形をととのえ、さらに後には陪審裁判に席を譲ってゆく。

以後、反統領は「体制内化」したと言われる。事実、いま述べたホルテンシウス法から二十数年のちにおとずれたポエニ戦争(前二六四年開始)の時期には、反統領は祖国の生き残りがかかっていただけに元老院・大統領サイドとよく協力し、前二世紀後半にいたるまで——およそ一世紀半ほどの間にすぎないが——はむしろ元老院の意志をそのまま立法化する役割を果たした。だが彼らは依然としてプレブスの選良を中心としつつ、破壊的な力をもちつづけ、時が熟するとグラックス兄弟のようなスケールの大きな人物によってこのポストは体制に内化された巨大な反体制原理、否定原理[46]として蘇り、それゆえに反統領という一つのポストを超えて(マリウス、カエサルなど一部の大統領やパトリキをもその戦列に引き入れて)、キケロの用語を借りればポプラーレス(民衆派)とも呼ばれて、新しい歴史をつくる力になってゆく(ただしそれは決していわゆる「人民主権」の原理に帰着するものではない。民会は公職や元老院をその「主権」のもとに従えてはいない)[47]。

按察官　そして③の点だが、先に前四九四年に反統領が設けられたときに、これに二名の補佐役がついた経緯を述べた。「アエディーリス」という言葉はラテン語で「神殿」を意味するaedesから出ており、上記のようにプレブスの盟約の中心になったケレス女神らの神殿の管理人を指した。これを「反統領補佐役」と言い切ってしまうこと(モムゼン説)には反対も多いが[48]、アエディーリスは「聖山事件」以後はっきりとプレブスの陣営に属し、しかもこれのみが反統領を助けうるポストと考えられており、一部の史料は彼らをはっきり反統領の属僚(hyperetai)と呼んでいる。[49]

ところが、前三六六年に、元老院は反統領補佐役に「ローマ大祭」(九月中頃。本来は統領がやった)をやらせようとしたが断られ、かわりにパトリキ身分の有志の者を初めて「車で運ぶ椅子を使う(クルーリス)アエディーリス」と称する新しい公職に就かせたという。これにはほどなくプレブスも就任しうることになる。これを日本での慣例に従って「貴族按察官」と呼ぶことにする。これは「車で運ぶ椅子」は使うが、命令権はもたない。この年から統領のポストの一つがプレブスに開放されたことによって、反統領そのものの存在意義が大きく変わったのと同時に、この貴族按察官が設けられて、反統領補佐役の性格も大きく変わった。少なくともそれは反統領の補佐役ではなくなった。以後これを「平民按察官」と呼ぶことにする。しかし両「按察官」の任務はほとんど違わない(にもかかわらず、小統領は大統領の同僚であるが、平民按察官は貴族按察官の同僚ではない)。彼らはローマ市の秩序維持の任にあたり、一定の裁判権をもって、罰金刑を科することができた。だが彼らの仕事がそれだけではなかったことは後に述べる。こうして、前三六六年以後のローマの公職は次のような形になる。

〔表3〕

パトリキ系公職	大統領《コンスル》 小統領《プラエトル》	貴族按察官《アエディーリス・クルーリス》	統領補佐役《クアエストル》
プレブス系〈公職〉	反統領《トリブーヌス》	〈反統領補佐役→〉 平民按察官《アエディーリス・プレービス》	

六　ウィリウス法

どの公職にどのような順序で就任するかは、人によってまちまちであった。ただ、パトリキ出身者はパトリキ系公職にしか就任できないが、プレブス出身者はある時期からのち、パトリキ系公職にもプレブス系公職にも就けた。ここに、一人のパトリキとして、アッピア街道を築いたことで有名なアッピウス・クラウディウスと、プレブスとして、前二一七年にトラシメヌス湖畔でハンニバルと戦って敗死したフラミニウスの例を挙げてみよう（(パ)はパトリキ系公職、(プ)はプレブス系公職を表す）。

アッピウス・クラウディウス

前三一六年頃に統領補佐役(パ)

前三一三年以前(?)に貴族按察官(パ)

前三一二年に大監察官(パ)

前三〇七年に大統領(パ)

前三〇五年以前(?)に再び貴族按察官(パ)

前二九七年以前に小統領(パ)

前二九六年に再び大統領(パ)

前二九五年に再び小統領(パ)

前二八五年以前に独裁官(パ)
フラミニウス
前二三二年に反統領(プ)
前二二七年に小統領(パ)
前二二三年に大統領(パ)
前二二一年に独裁官副官(パ)(?)
前二二〇年に大監察官(パ)
前二一七年に再び大統領(パ)

これで見ると、後者は反統領、小統領、大統領と理解しやすい形で昇進しているが、前者は大統領をやった後に貴族按察官や小統領をやっている。このほか、反統領をやってから反統領補佐役(=平民按察官)をやった例が、伝説の時代に二例あり、[50] 歴史時代にも四例ほど知られている。[51] 大学で、教授をやってから助手をやるような感じである。これに対して、反統領補佐役をやった後に反統領をやった人はほとんど知られていない。[52] まして、毎年、反統領は一〇名、反統領補佐役は二名であるから、反統領補佐役をやらなければ反統領になれない、という規則はなかったはずである。そういうわけで、いつのまにか反統領と反統領補佐役とは、序列が逆になってしまった。

そして、前一八〇年にウィリウス法という法律が成立する。これは、重要視されているわりに内容の分からない法律であるが、おそらくパトリキ系の公職を対象とするもので、[53] 前三六六年に出揃ったパトリキ系公職の就任条件を定めたようである。その内容はおそらく、

① 就任最低年齢(就任後その年度内にそれぞれの誕生日を迎えればよい)[54]として、大統領に四三歳、小統領に四〇歳という年齢を定めたが、さらに貴族按察官に三七歳という年齢を定めたと想像する学者もいる。

②? 一つの公職に就任してから次の公職に就任するまでに、間を二年おくこと。

③? パトリキ系公職につく者は、初めに統領補佐役を務めるのが当時の習慣だったが(前一世紀には必須になる)、統領補佐役に就任しうる条件として、その前に一〇年の従軍歴を必要とすることが定められた。従軍歴はふつう一七歳で開始されるから、二八歳(前一世紀には三一歳)にならなければ統領補佐役にはなれなかった。ただし実際に戦争に参加しなくても従軍「歴」が成り立つようになっている。この場合の従軍は「騎士」としての従軍と理解されているが、騎士というのは、ローマ国民を資産によってランク付けをしたときの、最上級の人たちがなるものである。つまり、富裕者でなければ統領補佐役になれず、したがっておよそパトリキ系公職にはつけなかったことになる。[55]

この法は、元老院の主導のもとに次第に慣習化してきたものを(とくに非常措置を必要とすることの多かった第二次ポエニ戦争期が終わって事態が鎮静化した後の状況を踏まえて)パトリキ系公職について成文化したものだろうと思われる。したがってパトリキ系、プレブス系をあわせた公職の就任順序は、事実上次のようになる。

〔表4〕

統領補佐役(quaestor)(パ)

←

反統領(tribunus plebis)(プ)

←　平民按察官＝もと反統領補佐役(aedilis plebis)㋫

←　貴族按察官(aedilis curulis)㋩

←　小統領(praetor)㋩

←　大統領(consul)㋩

プレブスであれば統領補佐役にならなくとも反統領にはなれるが、ふつう貴族按察官から上には登れない。他方、貴族按察官は小統領の直前に置かれ、同時にそれと瓜二つの役柄の平民按察官が反統領の上に引き上げられた。なぜか。そのへんの事情を詳しく見てみよう。

反統領はどうして序列が下がったのか　貴族按察官ができてから後の按察官の任務の一つに、ローマ市住民の穀物の供給ということがあった。飢饉などの際に、穀物の投機を取り締まって分配の公正を保つのである。ところが前三世紀の末葉以後、飢饉のときに、按察官になった人がコネを使ったり私財をはたいたりして市民に安い値段で穀物などを配給した例がしばしば見られるようになる。国庫が必要なだけ金を出してくれるとは限らないのである。(56)例えば、前一九六年の貴族按察官だったフラミニウスという人(前記のフラミニウスの子)は父の代からシチリアとコネがあったので、この、ローマの穀倉と言われたシチリアから穀物を送ってもらって、これを安くローマ市民に配給した。前七四年の貴族按察官だったセイウスという人は、私財を投じて安価に穀物を市民に配給したので、ローマ市民は彼のために像を建て、彼が死んだときには彼を肩に担いで火葬場まで送ったという。[57] 前六九年の平民按察官だったキケロも、シチリア人のために尽くしたので、穀物を送ってもらって、ローマ市民のために使った。

こういうことが、平民按察官が反統領よりも上位に置かれるようになったことと関係があるらしいので、もう一つこれに類する按察官の仕事を見てみよう。それは祭典の挙行である。祭典は古くは統領や神官がやったが、貴族按察官ができてから後は、両按察官が小統領と並んでその主役になった。

祝祭とはローマ国民全体が祝うものであり、その主催者である按察官や小統領には祝祭挙行の費用が国庫から支給された。[58] 祝祭・儀式に手続きなどの上でミスがあると、主催者はその全部または一部をやり直さなければならなかったが、[59] やり直しの分は主催者が自弁しなければならなかった。しかし、やり直せば喜ぶのは民衆である。民衆を喜ばせようとする者にとっては、やり直しの口実をつくるのは簡単である。こうして、自腹を切って同じことが二度、三度、さらに五度、七度と繰り返して行なわれるようになった。

祭典とはどのぐらいの費用がかかるものだったか、具体的な数字を挙げよう。まず、分かる限りでは前一世紀以後名誉ある「ローマ騎士」の身分に列せられるのに必要な資産の額は最低一〇万デナリであった。ところが、「ローマ大祭」に対して、国庫は前三世紀頃まで五万デナリ、前三世紀の末から八万三〇〇〇デナリを支出した。[60] 紀元後五一年には国庫はある祭典に、じつに一九万デナリ、ある祭典に一五万デナリ、ある祭典に九万五〇〇〇デナリを支出した。[61] 祭典はいくつもあって、カエサル以前に七種類になり、さらに時を追ってますます種類が増えていったので、これは国庫にとっては大変な支出だった。

国庫から与えられる費用に、自分の懐から費用を追加するのは自由である。そして、上記のように、やり直しのときには全額を自費で賄った。国庫から支出される金額の範囲内で祭典をやっておいても誰からも罰せられるわけではないのに、どうしてローマの公職者は私財をはたけるだけはたいて、こんな派手なことをやりたがったのだろうか。

最近ではフランスのヴェーヌという古代史学者が次のようなことを書いている。[62]「最も仕事に適した有能な人に政治をやってもらいたいというのは、高い文化をもった人々の発想である。古代の人はもっとナイーヴで、最も〈えらい人〉に治められたいと願った。そして、〈えらい人〉というとき、ギリシャ・ローマ人は何よりも〈富裕な人〉のことを考えた。ギリシャ・ローマ以外のある世界では、〈えらさ〉は、私生活の品位、儒教的教養などであった(もちろん、これは中国の科挙官僚のことを指すのであろう)」。つまり、「治める」というのは、単なる技術の問題ではなかった。自分がこういう意味で「大物」であることを宣伝する方法の一つが祭典の行事であり、いわゆる「パンとサーカス」のうちの「サーカス」がこれにあたる(パンについては上に述べた)。

モムゼンは、平民按察官の「格上げ」は反統領陣営に対する分裂策だとする一方、[63]按察官の任務である祭典の挙行が人気取り・票集めの上で政治家の野心にとって好都合だったので、できる限り統領の地位に近づけられた、だから按察官というポストが反統領のポストより上位に置かれるようになったのだ、とも論じている。[64]つまり選挙運動説である。

しかし、この説には腑に落ちない点が若干ある。一つは、上にあげた紀元後五一年というのは帝政時代であって、公職はほとんど皇帝の意志によって任命され、民会の投票はなくなっていること。選挙というものが消滅した帝政時代に「サーカス」はかえって豪華さを増すのである。今ひとつは、祭典の恩恵を受ける人は何よりもローマ市に住む人々であり、共和時代後半には少なくともその半分以上はプロレタリア(無産者)であること。というのは、上に一票の重みに何百倍、何千倍の格差があると述べたのは、まさに大統領・小統領の選挙にはっきり出てくるのである。これらの選挙において、プロレタリアの一票の価値はほとんどゼロにひとしく、むしろ(前三世紀後半について想像されるところでは)有権者の八パーセントほど(イギリスの学者ブラント(65)の史料批判に従う)の「騎士身分」を中心とする第一級の富裕市民の票が確実に摑めればよかった。それに、富裕な人は公職になくとも盛大な見世物を開く機会をもった(たとえば法事のとき)。ローマ市民を熱狂させた剣闘士競技は、むしろこちらのほうが出番だった。

平民按察官が貴族按察官とともに反統領を抜いて小統領の直前に置かれたのは選挙運動のためではないだろう。パトリキ家系の者がほかならぬ「アエディーリス」の名で「車で運ぶ椅子」の使用を許された事実は、「アエディーリス」という名称そのものに本来ある種の重みがあったことをうかがわせる。おそらく按察官が祭典をやるのは支配者(小統領、大統領)になるためではなく、支配者(「えらい人」)であるからだったろう。これに対し、反統領には富裕な人でなくとも就任できたらしい(毎年一〇人の反統領がいたが、そのうち按察官になれたのは四人に満たなかった)。(66)

おそらくプレブス集団の日常の中で、アエディーリスはもともと、クアエストルが統領の補佐役であるほどには、反統領の補佐役ではなかったのであろう。ただいわゆる「身分闘争」という局面においてのみ、反統領を主役とさせたのであろう。

こうして両按察官の地位は、前一八〇年の法律では、反統領の地位をしのいで大統領・小統領になる敷居のところに位置することになった。

ただ、付言するが、反統領は「護民官」としていかに序列が下がったとはいえ、あくまでかつての「反統領」の権威を失わず、元老院を召集・司会できたのは正規の公職では大統領・小統領・反統領の三者だけだったし、前一世紀中頃にキケロは、ローマ「政府」に宛てた書簡の正式の宛先として、「大統領諸氏および小統領諸氏および反統領諸氏および元老院殿」と書いている。[67] この宛書きは、はるか降って古代末期の勅令にまで現れる。[68]

むすび

ローマの共和政は、ほんの数人の公職者とその仕事をぶちこわすことを任務とする者との組み合わせによって始まったが、一〇人にも満たないこの一団が増殖して「公職制度」を形成してゆく過程は、古く氏族・家族の領域に属していたものが公職の手に移ることによって社会が「国」の手に取り込まれてゆく過程でもあった。その中で「国」の側におのずからなる生成の所産としてできた公職制度は、あらかじめ計画された青写真の実現ではなく、それぞれのポストが歴史の流れの中で、なんとはなしに、雑然と、まとまりのない一群の仕事をメインなものとしてもつようになったものであった。それぞれのポストにはそれぞれの特徴が生じたが、こうして生じた公職システムにおいては、公職の「任務分担」の全体像はファジーである。公職は、その任務内容よりもランクのほうに意味があった。だが、そのような中で「統領」と「反統領」という最初に提示された二つのテーマ(表1、表2)は、表3から表4へと三百十数年の変化に満ちた展開をへたのち、共和末期一〇〇年にはいわば壮大な「再現部」の時代に立ちかえり、皇帝権の成立というコーダに流れこむ。

その役者たちはいわゆる名望家なのであり、もともと役人としては素人である(公職は無給の名誉職である)。これをカバーするものとして、専門の知識をもった顧問や、「書記」以下の多くのノン・キャリアの属僚がいた。名望家の活動というものを、彼らの社会的存在の総体から切り離して考えるべきではない。社会における権威そのものが分節化されていない。つまり、政治的権威、社会的権威、文化的権威、などがはっきりした分業になっていない。

だからリーダーは全面的にリーダーなのである。エリートはエリートなるがゆえに公職につくのであって、官僚としての能力のためではない。

そういう〈えらい〉人がたくさんいて公職の階梯を昇り競い、一部の人が大統領の地位にまで昇りつめて政界のボスどもになる、しかしその上に立つ独裁者はいない、「公卿相與に和して政事を脩むる」のみ、というのがローマの「共和政治」である。

参考文献としては何よりも一九世紀を代表するTh. Mommsen, Römisches Staatsrecht^3、とくに最初の二巻(1887)と、二〇世紀を代表するW. Kunkel-R. Wittmann, Staatsordnung und Staatspraxis der römischen Republik, zweiter Abschnitt, die Magistratur (1995)を挙げなければならない(後者はS. 551まではKunkel、S. 552以降はWittmannの責任による執筆とされているので、それぞれをKunkel, Wittmannの名で引用した)。さらに最新の研究動向を知るには、*The Cambridge Ancient History*^{2} VII part 2 (1989), VIII (1989), IX (1994)、とくにそれぞれの巻末の参考文献表が有用である。もちろん、この問題に関する文献は膨大なもので、私が利用したのが九牛の一毛にすぎないことは言うをまたない。

史料の筆頭に挙げられるのは当然Liviusであるが、その注釈としてR. M. Ogilvie, A Commentary on Livy Books 1-5 (1965)とS. P. Oakley, A Commentary on Livy Books 6-10, 3 vols. (I, 1997. II, 1998. 本稿の執筆完了の時点(二〇〇二年秋)で第三巻は未入手)はWeissenborn-Müllerの注釈書と並んで、つねに座右におくべきものである。

(1) R. Staatsr. I xi.

(2) モンテスキュー『法の精神』第一一巻第一二〜一九章は古代ローマに三権の分立を確認しようとするが、読者はこの叙述に納得されないだろう。

(3) 大監察官がいないときには、その任務の主なものを統領が行なう。それはもともと統領の仕事なのだから当然である。前二九〜二八年になってもOctavianusとAgrippaはconsulの資格で「国勢調査」を行なった。*RE* Julius Augustus 340/341, *RE* Vipsanius 1247/8. Mon. Ancyr. 8, 2.

(4) das zur Leitung der Gemeinde erforderliche Charisma, Kunkel 39, vgl. 36.

(5) Kunkel 213ff.

(6) 一九八九年に至ってもDrummond, *CAH* VII^2 2, 196, 65はquaestorをconsular assistantと呼ぶ。共和時代末期にquaestorが明確にconsulの補佐役とされるのは珍しいことではなかった。Kunkel 528f.

(7) *RE* quaestor 803. De Martino, Storia della costituzione romana I^2(1972), 285(Latte, Kunkel等の説に反対)。

(8) Kunkel 512, 11. Ogilvie, Livy 623.

(9) 例えばカエサルの「財務官」としてガリアで転戦した小クラッスス(『ガリア戦記』岩波文庫、一六二頁、一七七頁以下)、シチリア総督の「財務官」でローマ艦隊を率いて海賊船を拿捕した「財務官」(吉村忠典『古代ローマ帝国』(岩波新書、一九九七)、一六七頁)、等。

(10) A. Heuss, *ZRG* (1944), 100f. ただしそのS. 130には異議あり。

(11) Kunkel 511, 9. 527. 528f. 531.

(12) Mommsen II 562. *RE* quaestor 806. 815. 例えば、Cic. div. in Caec. 62. Verr. I 34. 37. Ascon. 57 C. Sest. 8.

(13) Gelzer, *Kl. Schr.* I 81. et al.

(14) Rotondi, Leges publicae (1912), 192に従って単数とする。lex＝Treugelöbnis, *RE* Plebs (H. Siber), 130.

(15) sacerの厳密な意味については、さしあたりOgilvie to Liv. III 55, 8を参照。

(16) A. Piganiol, Conquête romaine^5 (1967), 125.

(17) Val. Max. IX 5, 2.

(18) Plin. ep. I 23, 2. Cic. Sest. 79. Mommsen, II 289, 2.

(19) legg. III 19.

(20) Wittmann 574/5.

(21) 色摩力夫『オルテガ』(中公新書、一九八八)、七六頁。

(22) Mor. 283 B.

(23) Mommsen I 26. 259. De Martino II^2 (1973), 250, 106.

(24) Bleicken, Volkstribunat 75f. *RE* Plebs 183.

(25) M. Weber, Agrarverhältnisse im Altertum 208 : eine Art negativer Tyrannis(渡辺金一・弓削達訳、三七八頁。その趣旨は、表現を変えると次のようになるだろう。「パトリキ側から見ると反統領は、本物の tyrannos の出現を防ぐための策略としてプレブスに持たせてやった一種の〈ダミー tyrannos〉であった。つまり、反統領は tyrannos の出現を阻止するためのワクチンであった」)。

(26) 前四九四年以前から。Mommsen II 187f. 272. 274. cf. *RE* Plebs 143. プレブスは centurio にはもともとなれたが、tribunus militum になれたのは前三六六年以後。

(27) cf. Cic. Cat. III 1 ローマ市は「輝かしき帝国支配の本拠」(domicilium clarissimi imperi). 26.

(28) II 3f. これはモムゼンの基本的な立場で、彼の Staatsrecht はこの考え方で貫かれている。

(29) Ann. III 56, 2.

(30) *RE* Plebs 99. Mommsen, III 183f. *CAH* VII^2 2, 211, 95.

(31) これは前三三四年、三二一年のコンスルだった T. Veturius Calvinus をパトリキと見るかプレブスと見るかによる。これをプレブスと見れば、二名のコンスルが共にパトリキであるのは前三四三年が最後である。パトリキと見れば前三二一年が最後になる。Veturii は本来パトリキだが、Münzer, Adelsp. 123 はこれを transitio ad plebem によってプレブスに移籍したものと見る。これは定説にはならなかった。

(32) Liv. VI 42, 11. VII 1, 1. Aedilis curulis 設置もこの代償であったことは Weissenborn-Müller zu Liv. VI 42, 13. Oakley 注はこの点を見ていない。

(33) Mommsen II 193, 2. Kunkel 9. *RE* praetor 1588.

(34) *RE* praetor 1582.

(35) Mommsen I 261. II 101.

(36) Mommsen II 233. vgl. I xi.

(37) Sardinia と Corsica とは言わず。*RE* Valerius Nr. 211, 45. Broughton, MRR 227 B.C. Mommsen II 198, 2.

(38) Mommsen I 61.

(39) Mommsen II 195. Kunkel 296, 5.

(40) ローマ人は、ある程度以上の高位の公職に選ばれることによって終身の元老院議員になる。したがってそれより上位の公職者は普通元老院議員の中から選ばれる。しかし、公職につくのは普通四〇代ぐらいまでの若手であるから、長老の政治家を網羅した元老院は、非常な「権威」をもち、元老院の決議は「命令」として受け取られた。

(41) 例えば前二一八年、二一六年、二一五年の pr. urb. cf. MRR.

(42) Mommsen II 210f. Kunkel 296.

(43) Kunkel 297.

(44) ただしそれ以前にも、神聖不可侵の反統領にリードされたプレブス集団の「意志表明」はパトリキにとっては「脅迫」に近かった。その時代については「平民会議決の国法上の地位」という言い方がナンセンスだという指摘(K. von Fritz, *Historia* I (1950), 25f.)があるのは当然である(平民会「議決」はいわば「無法」の産物であった)。――なお、lex Hortensia 以前にも patrum auctoritas があれば plebiscitum はパトリキを含む全市民を拘束した、という lex Valeria Horatia, lex Publilia Philonis をめぐる旧来の説の批判は、Bleicken, Volkstribunat 15. *RE* Plebiscita 58f. *RE* Publilius Philo (1913). Oakley II (1998) to Liv. VIII 12, 15 (p. 525 : no communis opinio has yet emerged). ――なお、二〇世紀に支配的であった M. Gelzer, Fr. Münzer らのローマ内政史理解を見直そうとする最近の研究の中でも、たとえば Fergus Miller (*The Journal of Roman Studies*, vol. 74, 1985, p. 19) のように「人民主権」(the sovereignty of the Roman People) を強調しようとするのは全体像を歪めるものと思うが、この問題については著者は現在別稿を用意中である。

(45) Mommsen I 18. Wittmann 611.

(46) Mommsen II 308. これに対し Siber, *RE* Plebs 182.

(47) Chr. Meier, Res Publica Amissa 117f. なお、Chr. Meier, *RE* Suppl.-Bd. X Art. Populares 555 の言葉を借りれば、populares とは、究極的には身分闘争(前五・四世紀の反統領たちの闘い)に遡るような一つの伝統を受け継ぐ人々である。cf. Wittmann 638f. ――注(44)参照。

(48) 本邦でときとして使われる「造営官」という訳(cf. Mommsen II 477/8. Kunkel 474, 8)は一面的にすぎる。――なお、aedilis に関しては、私は H. Siber, Plebeische Magistraturen を見ることができなかった。私の見た限りでは、H. Siber

の *RE* Artt. Plebiscitum, Plebs (1951) と De Martino と Kunkel が最も新しい学説をまとまった形で教えてくれた。

(49) *ὑπηρέται* Dionys. Hal. VI 90, 2-3. Zonaras VII 15, 10. Niccolini, Il tribunato della plebe 31, 4.

(50) L. Sicinius (tr. pl. 493. aed. pl. 492. tr. pl. 491), C. Viscellius (tr. pl. 493. aed. pl. 491).

(51) C. Fundanius (tr. pl. 248. aed. pl. 246), C. Servilius (tr. 211. aed. 209), L. Oppius (tr. 197. aed. 193), M. Junius Brutus (tr. 195. aed. 193).

(52) 例外的に M. Livius Drusus, aed. ca. 94. tr. 91.

(53) Mommsen I 529f. Kunkel 46. *RE* Jus honorum 1232 et al.

(54) 例えばキケロは前一〇六年一月三日の生まれであるが、前七五年に quaestor、前六九年に aedilis、前六六年に praetor、前六三年に consul となり、いずれも suo anno に選出されたという。

(55) ふつう、反統領などのプレブス系公職に就くのにも騎士の財産資格が必要だったと、漠然と考えられているが (Mommsen I 506. Kunkel 61f.)、私にはその根拠が分からない (cf. Mommsen I 488, 1. cf. Liv. III 27, 1 L. Tarquitius [magister equitum 458 B.C.], patriciae gentis, sed qui stipendia pedibus propter paupertatem fecisset)。I 473, 4 では Mommsen は Appian. b. c. I 21, 90 が、「反統領に立候補する者の数が足りない場合には、誰を反統領に選んでもよい」と解しうることを指摘している。少なくとも騎士のケンススをもたなければ反統領になれない、という規則なり習慣なりが存在したことは私には確認できなかった (cf. Polyb. VI 19, 1-4)。ウィリウス法もパトリキ系公職だけに関するものだというのが通説である。

(56) Mommsen II 502f. 512.

(57) Plin. n. h. XVIII 16.

(58) Mommsen I 294. II 61, 1. Marquardt II^3 85. III^3 487f. Veyne, Le pain et le cirque (1976), 388f.

(59) Marquardt III^3 485. Wissowa, Religion u. Kultus der Römer^2 (1912), 454, 4.

(60) Marquardt III^3 488.

(61) Marquardt II^3 85f.

(62) P. Veyne, 114, cf. 684.

(63)　II 488.
(64)　I 540. 550. II 137. 517.
(65)　Brunt, Italian manpower (1971), 47.
(66)　反統領になったのは、プレブスの中でも社会的地位の低い者が多かったらしいことは前に述べた(三〇六頁および注(55))。反統領の定員が一〇名になった前四四九年から前二〇〇年までの二五〇年間にのべ二五〇〇人の反統領がいたうち、名前の分かるのは(疑わしいものも含めて)のべ一三九人、したがって全体のわずか五・五パーセントにすぎない。おそらく歴史に名を残した反統領の大部分はプレブスの中でも少数のエリートだったのであって、大多数の反統領は名もない家柄の出身だったのであろう。
(67)　Cic. Att. XVI 4, 1. fam. XV 1 ad init., 2 ad init., Mommsen II 314, 1. Bleicken, Volkstr. 89/90.
(68)　Mommsen II 330.

［付　記］

本稿は一九九四年九月一七日に行なわれた湘南国際女子短期大学主催の神奈川県藤沢市民を対象とする「市民講座」の原稿を、『歴史と地理』(山川出版社、二〇〇〇年八月号・一一月号)に掲載するにあたって書き改めたものである。注は今回はじめて公にする。「市民講座」の際に御援助を賜った同短大での同僚諸兄姉、および改稿にあたって文献利用などの上でお世話になった東京大学助手根本和子さん(ラテン語・ラテン文学)に、厚く感謝したい。

■岩波オンデマンドブックス■

古代ローマ帝国の研究

2003年6月19日　第1刷発行
2015年10月9日　オンデマンド版発行

著　者　吉村忠典《よしむらただすけ》

発行者　岡本　厚

発行所　株式会社　岩波書店
〒101-8002 東京都千代田区一ツ橋2-5-5
電話案内 03-5210-4000
http://www.iwanami.co.jp/

印刷／製本・法令印刷

ISBN 978-4-00-730284-8　Printed in Japan